Vom Nonnenchor zum Damenplatz.
700 Jahre Kloster und Stift zum Heiligengrabe

D1734894

Kultur- und Museumsstandort Heiligengrabe • Band 1

Sarah Romeyke

# Vom Nonnenchor zum Damenplatz

## 700 Jahre Kloster und Stift zum Heiligengrabe

Lukas Verlag

Kloster Stift
zum Heiligengrabe

Begleitband zur Dauerausstellung »Vom Nonnenchor zum Damenplatz. 700 Jahre Kloster und Stift zum Heiligengrabe« im Stiftshauptmannhaus des Klosters Stift zum Heiligengrabe, eröffnet am 14. Oktober 2007.

**Ausstellung**

Konzeption und Projektleitung
Sarah Romeyke, Berlin

Wissenschaftlicher Beirat
Uwe Czubatynski, Wolfgang Dost, Felix Escher, Kaspar Nürnberg, Ursula Röper, Friederike Rupprecht, Dirk Schumann

Ausstellungsgestaltung und Graphik
Herbert Sander, Stahnsdorf

Ausstellungsrealisierung
Benno Goldbach, Kleinmachnow

**Begleitband**

Sarah Romeyke, Berlin
im Auftrag des Vereins zur Entwicklung des Kultur- und Museumsstandortes Kloster Stift zum Heiligengrabe e.V.

Redaktion
Friederike Rupprecht, Jörg Meiner

Gefördert durch

Verein zur Entwicklung des Kultur- und Museumsstandortes Kloster Stift zum Heiligengrabe e.V. (Ausstellung, Begleitband)

Verein zur Förderung und Erhaltung des evangelischen Klosters Stift zum Heiligengrabe e.V. (Begleitband).

**Lukas Verlag für Kunst- und Geistesgeschichte**
Kollwitzstraße 57
D–10405 Berlin
*www.lukasverlag.com*

Gestaltung, Reprographie, Satz: Verlag
Druck: Elbe Druckerei Wittenberg
Bindung: Stein + Lehmann, Berlin

Printed in Germany
ISBN    978–3–86732–058–0

# Inhalt

MIT DER ERÖFFNUNG der Ausstellung »Vom Nonnen-chor zum Damenplatz« im Herbst 2007 im ehemaligen Stiftshauptmannhaus ging für das Kloster Stift ein langgehegter Wunsch in Erfüllung. Endlich können nun Besucherinnen und Besucher – ergänzend zu den Führungen durch die historischen Gebäude – ganze 700 Jahre der Geschichte des Klosters und Stifts anhand von Kunstwerken, vielfältigen Objekten, Dokumenten und Installationen nachvollziehen. Bei der Erarbeitung dieses im Konzept der Museumsent-wicklung des Kloster Stift gewichtigen Bausteins konnte die Kuratorin Sarah Romeyke an vier vorangegangene Ausstellungen anknüpfen: »Preußens FrauenZimmer« (2001); »Lebenswerke. Frauen im Kloster Stift zum Heiligengrabe zwischen 1847 und 1945« (2002); »Lesen im Kloster Stift einst und jetzt« (2003); »Von blutenden Hostien, frommen Pilgern und widerspenstigen Nonnen. Heiligengrabe zwischen Spätmittelalter und Reformation« (2005). Während die vier genannten Ausstellungen jeweils eine einzelne Epoche der Kloster-geschichte beleuchteten, stand Sarah Romeyke vor der Aufgabe, die wechselhafte Geschichte des historischen Ortes als kontinuierliche und zugleich durch politische, soziale, kulturelle und religiöse Umbrüche geprägte Geschichte in ihrer Gesamtheit darzustellen.

Der Vorschlag von Felix Escher, die Ausstellungen im Museum Heiligengrabe unter das Oberthema »Frauen und Kirche« zu stellen, wurde von Sarah Romeyke aufgriffen, jedoch in einer anderen Zu-spitzung. Die politischen Bezüge berücksichtigend, fragte sie nach der »Geschichte der Frauen zwischen Herrschaft und Selbstbestimmung«, wobei der Blick auf das geistliche Leben und die Frömmigkeitspraxis der Frauen in diesem Zusammenhang besondere Be-deutung erhielt. Dieser Ansatz ermöglichte es ihr, bei dem Gang durch die Jahrhunderte einem Leitfaden zu folgen, der so unterschiedliche Epochen wie die mittelalterliche Klostergeschichte und die Geschichte des Evangelischen Damenstifts nach 1740 miteinander verbindet und über den in der Ausstellung gewählten Zeitraum hinaus zu gegenwärtigen Fragen der heutigen Heiligengraber Frauen hinüberleitet.

Dennoch war die Umsetzung des Ausstellungsvor-habens ein schwieriges Unterfangen. Für die mittelalter-liche Klostergeschichte und auch für die erste Zeit nach der Reformation sind wenige oder keine Dokumente und Gegenstände erhalten; und auch aus der gut dokumentierten Zeit seit der Erhebung des Klosters zum Damenstift durch Friedrich den Großen bis in das 20. Jahrhundert hinein ist das verbliebene Inventar spärlich. Es gelang der Kuratorin aber doch, eine an-schauliche, reichhaltige und informative Darstellung der Kloster- und Stiftsgeschichte zu erarbeiten und zu präsentieren, indem sie durch sorgfältige Recherchen bisher unbekanntes Material zu Tage förderte und in einer sehr geglückten, mittels begleitender textlicher Erläuterungen ergänzten Zusammenstellung auch kleinteilige und fragmentarische Stücke einbrachte.

Auch die kreative und mit einfachen Mitteln ge-konnt vorgehende Arbeit des Ausstellungsarchitekten Herbert Sander trug zu diesem Ergebnis bei.

Nun liegt der Katalog zur Ausstellung vor; er bringt die Fülle der von der Kuratorin zusammen-getragenen Objekte eindrucksvoll zur Anschauung; die klare Gliederung ermöglicht einen Überblick über die Geschichte des Kloster Stift; die wissenschaftlich fundierten, sorgfältig erarbeiteten Objekt- und Begleit-texte öffnen den Blick auf viele Details der Geschichte. Ich bin überzeugt, dass dieses Werk, auch durch das hervorragende Fotomaterial von Pierre Abboud, von nun an eine wertvolle und unverzichtbare Grundlage für weitere Arbeiten zur Geschichte des Klosters und Stifts Heiligengrabe sein wird.

Für das Kloster Stift, die Konventualinnen, die Vorstandsmitglieder und alle Verantwortlichen danke ich der Kuratorin Sarah Romeyke. Daneben gilt unser Dank dem »Verein zur Entwicklung des Kultur- und Museumsstandortes Kloster Stift zum Heiligengrabe e.V.«, ohne den weder die Ausstellung noch der Katalog zustande gekommen wären. Nicht zuletzt danken wir den Leihgebern, die die Ausstellung mit ihren zur Verfügung gestellten Objekten bereicherten: Altonaer Museum in Hamburg / Norddeutsches Landesmuseum; Brandenburgisches Landesamt für Denkmalpflege und Archäologisches Landesmuseum, Wünsdorf; Stadt- und Regionalmuseum Perleberg; Stadt- und Heimatmuseum Wusterhausen / Dosse; Stadt- und Brauereimuseum Pritzwalk; Museen »Alte Bischofs-burg«, Wittstock; Kirchengemeinde Alt Krüssow.

*Friederike Rupprecht*
Äbtissin des Klosters Stift zum Heiligengrabe

Es ist geschafft!

Eine Dauerausstellung zur Geschichte des Klosters Stift zum Heiligengrabe war das erklärte, vorrangige Ziel eines Vereins, der sich für den Erhalt dieses Museumsstandortes im Mai 2004 neu gründete.

Nach 100jähriger Vereinsgeschichte, mit Höhen und Tiefen, mit langen Unterbrechungen, mit dem Verlust eines Großteils des Inventars nach 1945, ist es in hervorragender Weise gelungen, die prägenden Ereignisse der über 700jährigen Geschichte eines in der Mark Brandenburg anerkannten geistlichen Zentrums und Bildungsstandortes für adlige Frauen darzustellen.

Vom archäologisch ausgerichteten Museum nach 1909 zum historischen Museum seit dem Jahr 2000 – es war eine wechselvolle Entwicklung dieses Museumsstandortes.

Der nun vorliegende Katalog ist die Vervollkommnung der historischen Ausstellung über diesen einzigartigen, bis heute lebendigen kulturhistorischen Ort in der Prignitz.

Die Vereinsmitglieder sind äußerst dankbar für die große Unterstützung dieses Projektes, insbesondere von Firmen aus der Region, von der Gemeinde Heiligengrabe und von anderen Vereinen.

Unser besonderer Dank gilt den Hauptsponsoren der Ausstellung und des vorliegenden Katalogs:

- Firma Kronotex GmbH & Co. KG, Heiligengrabe;
- Firma Heinrich Gräper GmbH & Co. KG, Heiligengrabe;
- Verein zur Förderung und Erhaltung des ev. Klosters Stift zum Heiligengrabe e.V.;
- Pro connections e.V. Initiativbüro Nordwest-Brandenburg, Steffenshagen.

Unsere besondere Anerkennung aber gilt der Kuratorin der Ausstellung und Autorin des Katalogs »Vom Nonnenchor zum Damenplatz«, Frau Sarah Romeyke.

*Wolfgang Engel*
Vorsitzender des Vereins zur Entwicklung des Kultur- und Museumsstandortes Heiligengrabe e.V.

Es waren Frauen, die 1991 nach der Wiedervereinigung Deutschlands den Verein zur Förderung und Erhaltung des evangelischen Klosters Stift zum Heiligengrabe gründeten. Sie wollten dazu beitragen, die bedeutende Klosteranlage zu erhalten und wieder nutzbar zu machen. Das Kloster in Heiligengrabe hatte sich über die Reformationszeit hinweg behauptet, überstand die Verwüstungen des Dreißigjährigen Krieges und besteht seit seiner Umwandlung in ein evangelisches Damenstift im Jahre 1742 bis in die Gegenwart als ein Ort, an dem Frauen im christlichen Glauben leben und arbeiten. Diese Tradition gilt es fortzuführen.

Mit den Spenden seiner Mitglieder, Freunde und Förderer unterstützte der Förderverein den Wiederaufbau von Gebäuden und von Anfang an auch den Ausbau des Stiftshauptmannhauses. Hier sollte die seit 1909 bestehende Tradition eines Museums in Heiligengrabe wieder aufgenommen werden. Das Museum wurde im Jahre 2001 eröffnet.

Die Dauerausstellung »Vom Nonnenchor zum Damenplatz – 700 Jahre Kloster und Stift Heiligengrabe« ist als langfristige Selbstdarstellung des Klosters Stift zum Heiligengrabe von besonderer Bedeutung. Die Museumsbesucher haben im Allgemeinen die Klosteranlage bereits gesehen und bringen Fragen mit, die das Museum beantworten soll. Die Darstellung der Klostergeschichte durch alle sieben Jahrhunderte beeindruckt dabei vor allem durch ihren Blickwinkel: Im Mittelpunkt steht das Spannungsverhältnis zwischen Herrschaftsgeschichte und geistlichem Leben von Frauen. Die lange und wechselvolle Geschichte, die diesen Ort besonders interessant macht, ist hier als historische Geschichte von Frauen erkennbar.

Der Förderverein Heiligengrabe unterstützt mit großer Freude die Herausgabe dieses Ausstellungskatalogs. Viele unserer Mitglieder sind Zeitzeuginnen eines Kapitels dieser Klostergeschichte, in dem das Verhältnis von Herrschaft und geistlichem Leben besonders gespannt war: Sie haben die ehemalige Stiftsschule für Mädchen besucht, die bis 1945 bestand, und sind dem Kloster Stift bis heute auch als Mitglieder des Fördervereins besonders verbunden.

Ich wünsche der Ausstellung ein großes öffentliches Interesse und ihren Besuchern anregende Einblicke in diesen historisch bedeutenden Ort des Landes Brandenburg.

*Gabriele Heitland*
Vorsitzende des Vereins zur Förderung und Erhaltung des ev. Klosters Stift zum Heiligengrabe e.V.

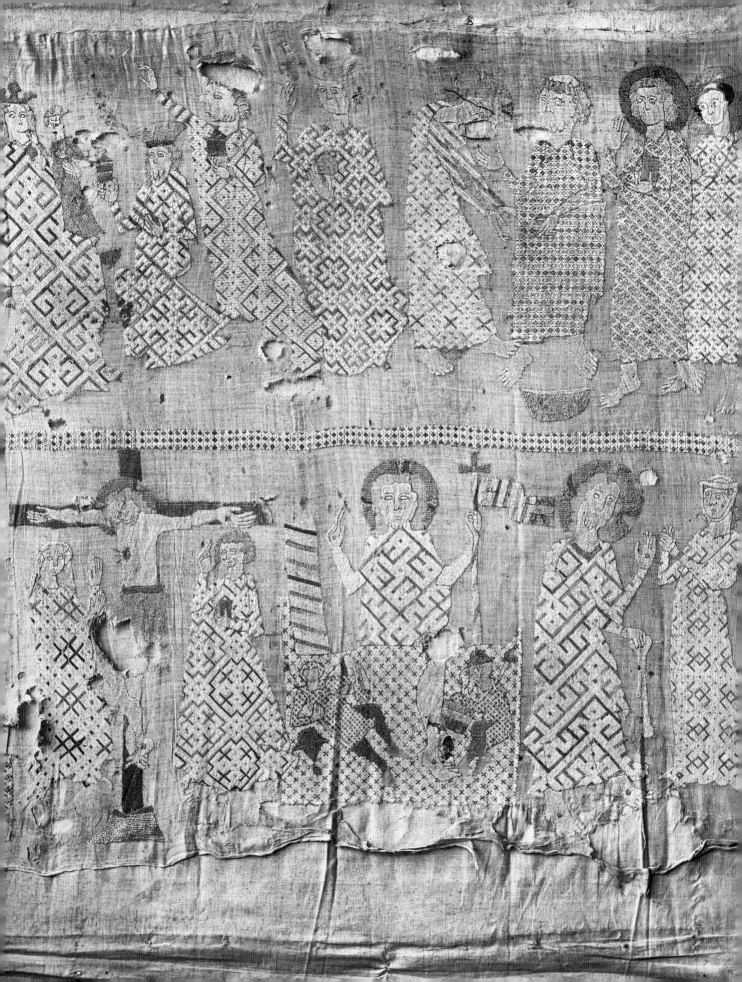

# Das Zisterzienserinnenkloster Heiligengrabe.
# Gründer, Stifter und ihre Motivationen

Das Zisterzienserinnenkloster Heiligengrabe war einst das bedeutendste Nonnenkloster der Prignitz. Einer spätmittelalterlichen Legende zufolge wurde der Bau 1287 von Markgraf Otto IV. von Brandenburg errichtet. Die politischen Verhältnisse in der Prignitz um 1300 legen indes ebenso eine Gründung durch Otto V. nahe. Die erste Äbtissin und elf Nonnen sollen aus dem Zisterzienserinnenkloster Neuendorf bei Gardelegen in der Altmark gekommen sein.

Wie auch immer die wahren Umstände seiner Entstehung ausgesehen haben – sicher ist, dass der markgräflichen Klostergründung »beim Dorfe Techow«, wie ihre älteste Nennung 1306 lautet, hinsichtlich der herrschaftlichen Durchdringung des Pritzwalker Raumes durch die askanischen Markgrafen eine wichtige Funktion zukam. Vor allem die lokale Ritterschaft suchte man damit stärker an sich zu binden. Zugleich bildete das Kloster einen geistlichen Mittelpunkt innerhalb des neu erschlossenen Herrschaftsraumes.

Bereits 1317 wird das Kloster in einer Urkunde mit dem Zusatz »ad sanctum sepulchrum« erwähnt. Die mit dem Ort verbundene kultische Verehrung eines Heiligen Grabes muss demnach schon früh von besonderer Bedeutung gewesen sein.

Als oberster Beweggrund der Stiftung eines Klosters werden zumeist die Ehre Gottes und Marias sowie das Seelenheil des Stifters und seiner Vorfahren angeführt. Die Gründung eines Frauenklosters erfolgte darüber hinaus aber immer auch mit dem Ziel der standesgemäßen Versorgung der unverheirateten Töchter und der Witwen des Landadels, deren Angehörige es darum oft großzügig mit Grundbesitz ausstatteten. Bereits frühe Schenkungsurkunden belegen dieses Versorgungsprinzip auch für Heiligengrabe. Im Gegenzug dafür sorgten die Nonnen mit ihrem Gebet für das Seelenheil ihrer verstorbenen Verwandten und Wohltäter.

Das klösterliche Leben bot den adeligen Frauen daneben aber auch die Möglichkeit, sozialen und geistigen Tätigkeiten nachzugehen, die ihnen im »normalen Leben« meist verwehrt blieben. So ist für Heiligengrabe spätestens seit dem ausgehenden Mittelalter eine Klosterschule bezeugt, in der nicht allein die dem Kloster geweihten Jungfrauen, sondern auch die nur zeitweilig im Kloster lebenden Töchter des regionalen Adels unterrichtet wurden. Dieser Umstand spielt auch anlässlich der Einführung der Reformation eine Rolle, als die Prignitzer Ritterschaft den Fortbestand ihrer Klöster mit der Begründung fordert, dass der Adel »seine kinder und gefreundete darinne […] lernen und erzihen« lassen könne. Noch das 19. Jahrhundert knüpft an diese Tradition an, wenn es im Zuge der Reform des Damenstifts 1853 heißt, dass das Stift durch die Erziehungsanstalt seiner ursprünglichen klösterlichen Bestimmung wieder zugeführt werden solle.

Vermutlich wird es, wie in mittelalterlichen Klöstern üblich, auch in Heiligengrabe eine Bibliothek gegeben haben. Dennoch werden die Verhältnisse, was ihre Ausstattung betrifft, wohl eher bescheiden gewesen sein. Von der Bildung und Kunstfertigkeit der Frauen zeugen die hier entstandenen großformatigen Stickereien.

Der Konvent zählte zeitweise mehr als siebzig Nonnen. Durch adlige Schenkungen und Einnahmen, die das Kloster aus der Bewirtschaftung seiner Ländereien erhielt, gelangte es im Laufe der Zeit zu einigem Wohlstand. Es verfügte über Besitzungen in siebzehn Dörfern und besaß zahlreiche Kirchenpatronate. Obgleich der Konvent nach den Regeln der Zisterzienser lebte, war das Kloster dem Orden nicht angeschlossen. Vielmehr unterstand es der geistlichen Aufsicht des Bischofs von Havelberg, der im nahegelegenen Wittstock residierte. Für den weltlichen Schutz des Klosters sorgte der Landesherr. Beide besaßen das Recht des freien Ablagers, von dem sie, auch wenn Belege fehlen, gewiss schon früh Gebrauch machten.

Lit.: Simon 1928. – Simon 1929. – Bergstedt 1995. – Enders 2000, S. 97f. – Czubatynski 2005. – Bergstedt 2008. – Schumann 2008a.

## Siegel der Propstei des Klosters zum Heiligen Grabe

14. Jahrhundert
rote Siegelmasse
H 5 cm; B 3 cm
Kloster Stift zum Heiligengrabe

An zahlreichen Schriftstücken des Klosters finden sich Abdrücke von Siegeln. Siegel waren bis ins Hochmittelalter private Zeichen ihrer Inhaber. Die Identität einer Person oder Institution wurde auf dem Siegel durch das Zusammenspiel von Textumschrift und Bild generiert. Im 13. Jahrhundert legten sich auch Klöster Siegel zu, um sich an der auf Schriftlichkeit basierenden Rechtskommunikation zu beteiligen.[1]

I. 1　Siegel der Propstei des Klosters zum Heiligen Grabe

Der älteste erhaltene Abdruck des Heiligengraber Propsteisiegels ist an einem Brief der Äbtissin und des Konvents aus dem Jahre 1543 überliefert, zu einem Zeitpunkt also, als sich offenbar schon ein Wechsel in der Geschäftsführung des Klosters vollzogen hatte.[2] Stilistisch verweisen Siegelbild und Umschrift jedoch auf einen älteren Entwurf. Das Siegel weist die für geistliche Siegel übliche spitzovale Form auf. Wie so oft, wurde auch hier das Patrozinium des Klosters bestimmend für das Siegelbild: Umgeben von einer Mandorla sieht man den aus dem Grabe auferstehenden, seine Wundmale an Hand und Brust weisenden Christus mit Nimbus und Siegesfahne. Die ikonographisch feststehende Szene findet sich ähnlich auch auf dem um 1300 entstandenen Heiligengraber Hungertuch. (Kat.-Nr. I. 4) Die Umschrift, durch Perlstablinien von Siegelfeld und Rand abgegrenzt, nennt die siegelführende Institution: »+ S[igillum]. PREPOSITI + IN HEYLIGNGRAB. RVC«. Unklar bleiben indes die letzten drei Buchstaben der Umschrift.[3]

1　Vgl.: SIGNORI 2007.
2　GStA PK, I. HA GR, Rep. 21 Brandenburgische Städte, Ämter und Kreise. Nr. 71a, Vol. 4. – Vgl. auch: SIMON 1929, S. 13 und 102, Abb. 9.
3　Die seitenverkehrt und zum Teil auf dem Kopf stehenden Majuskeln lassen sich auch als CVR lesen.

## Siegel des Pfarrgeistlichen von Techow

14. Jahrhundert
rotes Wachs
D 3 cm; H 0,4 cm
Kloster Stift zum Heiligengrabe

Im Besitz der Techower Pfarre befand sich noch in den 1920er Jahren ein altes Siegel aus dem 14. Jahrhundert.[1] Erhalten hat sich ein Wachsabdruck desselben im Stiftsarchiv. Auf rundem, mit kleinen Blattranken besätem Feld zeigt es einen gewölbten Wappenschild, der mit der Geweihkrone eines Achtenders belegt ist. Über dem Schild reicht eine ausgestreckte Hand einen Kelch.[2] Um das Siegelbild zieht sich in gotischen Majuskeln die von Perllinien gerahmte Legende: »S [IGILLUM] IOHANNIS.TECHOV.PRESBI-

I. 2    Siegel des Pfarrgeistlichen von Techow

1   Vgl.: Simon 1929, S. 18, Anm. 60 und Abb. 10. Die Umstände seiner Auffindung lassen allerdings eher eine Petschaft vermuten. Nur dies erklärt den erhaltenen Abdruck. Nachforschungen über seinen Verbleib in den zuständigen Archiven waren ohne Erfolg.

2   Simons Vergleich mit einem Siegel des Stendaler Domherrn Dietrich von Beust von 1326 überzeugt nicht.

3   Vgl.: Siebmacher 1884, S. 30 und Taf. 19.

4   Vgl.: Rohr 1963, S. 303.

5   Vgl.: Bünz 2007.

6   Vgl.: Simon 1929, S. 49f.

7   Bei der Reorganisation des Stifts 1853 wurde dann per Statut (§ 40) festgelegt, dass der Pfarrer von Techow künftig Seelsorger des Stifts, geistlicher Adjunkt der Äbtissin und Stiftspropst sein soll. Vgl.: Kieckebusch 2008, S. 173ff.

TERI.« Demnach handelt es sich um das Privatsiegel des Priesters Johannes von Techow. Dem Wappen zufolge könnte dieser der Familie von Calf angehört haben, ein dem Erzstift Magdeburg nahestehendes Ministerialengeschlecht.[3] Ein Propst desselben Namens ist in den Klosterurkunden jedoch nicht nachweisbar. Mehrfach sind um diese Zeit dagegen Pröpste aus der Familie von Rohr und Königsmarck bezeugt.[4]

Seinem Erscheinungsbild nach dürfte das Siegel um die Mitte des 14. Jahrhunderts entstanden sein. Zu dieser Zeit wurden Pfarrersiegel und Privatsiegel von Weltgeistlichen wegen der zunehmenden Schriftlichkeit und Beurkundungstätigkeit immer gebräuchlicher.[5] Da das Kloster Heiligengrabe im Sprengel der Techower Pfarre lag, war der Ortsgeistliche vermutlich zugleich Propst des Klosters. In dieser Funktion versah er im Kloster nicht nur die priesterlichen Ämter; als dessen weltlicher Verwalter wird er auch zur Besiegelung von Rechtsgeschäften herangezogen worden sein.[6] Bei der Einführung der Reformation im Kloster Heiligengrabe sprach Kurfürst Joachim II. von Brandenburg unter dem Vorwand des wirtschaftlichen Unvermögens des Propstes den Nonnen das Recht der freien Propstwahl ab und setzte ihnen mit Kurt von Rohr einen landesherrlichen Beamten als Stiftshauptmann vor. Erst 1790 wurde das Amt des Propstes wieder eingeführt. Es war jedoch lediglich ein Ehrentitel; dem Inhaber standen weder Rechte noch Einkünfte zu.[7]

## I. 3
## Abschrift und Übersetzung der Urkunde des Markgrafen Waldemar von Brandenburg über den Verkauf des Dorfes Könkendorf an das Kloster vom 19. Juni 1317

1770
Reproduktion
H 33 cm; B 20 cm
Kloster Stift zum Heiligengrabe, StAH, Nr. 321

Im Jahre 1317 verkaufte Markgraf Waldemar von Brandenburg einen Teil des Dorfes »keninkendorff« für 506 brandenburgische Mark an das Kloster »bey dem Dorffe Techow«.[1] Der Rest der Feldmark ging erst später an Heiligengrabe über. Nachdem der Ort beinah das ganze Spätmittelalter hindurch brachgelegen hatte, wurde es 1747 als Vorwerk Könkendorf wieder aufgebaut und galt in der Folge als eines der ertragreichsten, im 19. Jahrhundert durchgehend verpachteten Stiftsgüter.[2] Vermutlich sorgte Äbtissin Henriette von Winterfeldt, während deren Amtszeit der Wiederaufbau erfolgte, für die 1770 angefertigte Abschrift des Kaufvertrags und dessen Übersetzung.

Die verlorene Originalurkunde[3], von der nur diese Abschrift und deren Übersetzung noch erhalten sind, spricht erstmals von »denen heiligen Jungfrauen des Klosters heiligen Grabe«.[4] Knapp dreißig Jahre nach der Gründung wird damit die mit dem Ort offenbar von Anfang an verbundene Heiliggrabverehrung urkundlich fassbar. 1320 ist noch zweimal vom Kloster Techow die Rede. Schon bald aber setzt sich der Name Heiligengrabe für das Kloster durch.

1   Vgl. auch: RIEDEL 1838, S. 480 und StAH, Nr. 77.
2   Ausführlich dazu: KIECKEBUSCH 2008, S. 389ff.
3   Da schon von Johannes Simon am Aktenstück StAH, Nr. 321 der handschriftliche Vermerk »Abschrift des verschollenen lateinischen Originals!« stammt, kann sie nicht erst 1945 verlorengegangen sein.
4   Vgl. auch: RIEDEL 1838, S. 480. Unter dem Aktenstück StAH, Nr. 77 findet sich noch eine Abschrift der verlorenen lateinischen Urkunde von etwa 1770, in der das Kloster erstmals als »claustrum sancti sepulchri« bezeichnet wird.

## I. 4
## Fastentuch

1. Hälfte 14. Jahrhundert
Original verschollen
Reproduktion nach einem Foto von Max Zeisig
H 150 cm; B 320 cm
Kloster Stift zum Heiligengrabe

Kloster Heiligengrabe besaß einst mehrere bedeutende mittelalterliche Leinenstickereien.[1] Dazu zählte auch ein Fastentuch (lat. velum quadragesimale) oder sogenanntes Hungertuch, das vermutlich noch aus der Anfangszeit des Klosters stammte.[2] Mit ihm wurde während der vierzigtägigen Fastenzeit der Altar verhängt, ein Vorgang, der die Buße symbolisieren sollte, zu der die Gläubigen in dieser Zeit aufgefordert waren.

Heute kann nur noch eine von dem Perleberger Fotografen Max Zeisig stammende, etwa 1914 entstandene Fotoaufnahme einen Eindruck des seit 1945 verschollenen Tuches vermitteln: Sie zeigt das gut drei Meter lange und eineinhalb Meter breite Tuch im unrestaurierten Zustand.[3] Die zentrale Mandorla, in

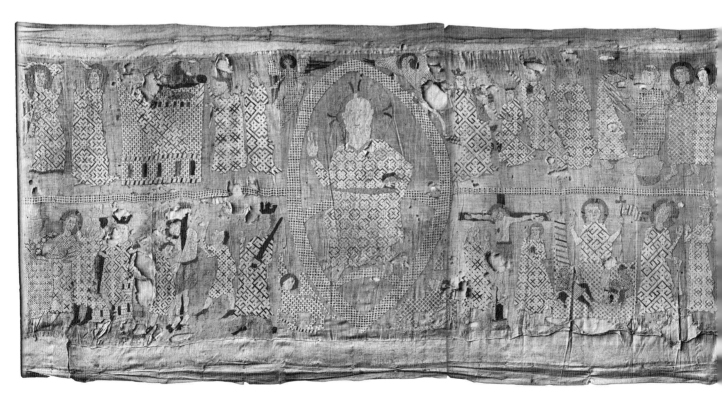

I. 4   Fastentuch (vgl. auch Ausschnitt auf S. 10)

der Christus als Weltenrichter auf einem zweifachen Regenbogen thront, wird von den vier apokalyptischen Wesen umgeben. Rechts und links davon befinden sich in zwei Bildzeilen übereinander Szenen aus dem Leben Jesu: (obere Zeile v.l.n.r.) Verkündigung, Geburt, Anbetung der Könige, Fußwaschung, (untere Zeile v.l.n.r.) Gefangennahme, Geißelung, Pilatus als Richter, Kreuzigung, Auferstehung, Jesus begegnet Maria Magdalena (Noli me tangere). (Detail S. 10)

Deutlich überwiegen die Darstellungen der Passion. Auch dies deutet auf eine Verwendung während der Karzeit hin. Die Stickerei zeigt die typischen Stilmerkmale zeitgleicher Stickereien der Frauenklöster des Harzvorlandes. Charakteristisch für diese sind vor allem die flächendeckenden Muster und Winkelhakenmotive in Leinen unter partieller Verwendung farbiger Seiden. Dort dürften wohl auch die Vorbilder für den Entwurf zu suchen sein.[4]

Das Tuch wurde 1888 in der Kirche von Breitenfeld entdeckt. Da das Kloster seit 1306 das Patronat über das Dorf besaß, nahm man an, dass es ursprünglich auch aus Heiligengrabe stammen und erst später nach Breitenfeld gelangt sein müsse.[5] 1911 wurde es von Adolphine von Rohr, Äbtissin des Klosters, auf Anregung Paul Quentes erworben.[6] Zusammen mit einigen anderen mittelalterlichen Stickereien wurde das Tuch Anfang des 20. Jahrhunderts umfassend restauriert.[7] 1927 zeigte man ausgewählte Stücke im Märkischen Museum in Berlin einer breiteren Öffentlichkeit.[8] Ab 1937 war das Hungertuch dann in der Heiliggrabkapelle dauerhaft ausgestellt.[9] Gegen Kriegsende 1945 haben die Stiftsdamen alle Kunstwerke und Wertgegenstände versteckt. Doch wurde fast alles von den russischen Truppen entdeckt und geplündert, darunter auch das Hungertuch.[10] Über das weitere Schicksal der mittelalterlichen Textilien ist bis heute nichts bekannt.[11]

1 Vgl.: EICHHOLZ/SOLGER/SPATZ 1907, S. 73ff., Taf. 2b u. 8. Die dort relativ genau beschriebenen und abgebildeten Textilien, fünf mittelalterliche Stickereien und zwei Pilgerhemden, wurden zusammen mit anderen Altertümern »in der Kammer in der südwestlichen Ecke der Kirche« (ebd., S. 72) aufbewahrt. Das Fastentuch wird darunter nicht erwähnt, da es erst 1911 erworben wurde.

2 Vgl.: AUERSWALD 1929, S. 102–109, Tfl. 3. – AUERSWALD 1930, S. 19–28. – HOHMANN 1950, S. 152–164. – JEITNER 2007, S. 360ff. – Vgl. auch: OELKER/REUTER 2002, S. 39f., Abb. S. 40.

3 Perleberg, Stadt- und Regionalmuseum, Max-Zeisig-Fotoarchiv, Inv.-Nr. II/31. Nach dieser Platte wurde die Reproduktion angefertigt.

4 Siehe zur Technik und zu den möglichen Vorlagen auch: JEITNER 2007, S. 360ff.

5 Mit dieser Erklärung begründete das Stift sowohl die Provenienz des Tuches wie auch die Frage des Eigentümers. Vgl.: StAH, Nr. 1310: Inventaraufstellung des Museums vom Dezember 1934; ebenso: StAH, Nr. 1311: Schreiben Äbtissin Elisabeth von Saldern an den Oberkirchenrat vom 10. Januar 1937.

6 Vgl.: AUERSWALD 1929, S. 102. Dem Museum wurde das Tuch nur zu Ausstellungszwecken überlassen, es blieb jedoch immer im Besitz des Stifts. Vgl.: StAH, Nr. 1310.

7 Ein Teil der Stickereien wurde 1905–06 an die Königliche Kunst- und Kunstgewerbeschule in Breslau, zu Händen der Leiterin der Fachklasse für Kunststickerei, Gertrud Daubert, gegeben. Die hohen Kosten erlaubten jedoch keine weitere Beauftragung. Statt dessen beabsichtigte Äbtissin von Rohr, die »Ausbesserungen« an den Textilien selbst vorzunehmen. Vgl.: EZA, 22/115, fol. 21–50 (Briefwechsel Äbtissin von Rohr mit Oberkirchenrat von 1904–1914) und StAH, Nr. 115. Vgl. auch: NEESE 1992/2005, Bd. V, S. 237. Durch wen der Kontakt zu Gertrud Daubert vermittelt worden war, die seit 1901 die Fachklasse für Textilkunst an der Breslauer Akademie für Kunst und Kunstgewerbe leitete, geht aus dem Briefwechsel nicht hervor. Vgl. auch: HÖLSCHER 2003, S. 65–69.

8 Vgl.: AUERSWALD 1927, S. 27.

9 Vgl.: Anlage zum Kreisblatt und Generalanzeiger für den Kreis Ostprignitz, Nr. 147 vom 28. Juni 1937.

10 Vgl.: WINTZINGERODE 1945, S. 17–19.

11 Eine im Jahre 1999 an die Koordinierungsstelle der Länder für die Rückführung von Kulturgütern gerichtete Suchanfrage blieb bislang erfolglos.

## I. 5

### Farbig gefasste Bretter einer Holzdecke

Anfang 16. Jahrhundert
Kiefernholz, Temperafarbe
H 92 cm; B 15 cm; T 4 cm
Kloster Stift zum Heiligengrabe

Die mit aufwendiger Schablonenmalerei verzierten Bohlenbretter waren ursprünglich Teil einer farbig gefassten Holzdecke. Wohl nach dem verheerenden Brand 1719, dem große Teile der Kirchenausstattung zum Opfer fielen, wurden sie im Obergeschoss des südlichen Kreuzgangs wiederverwendet. 2006 sind sie im Zuge von Restaurierungsarbeiten freigelegt worden. Die Bretter gehören zu den wenigen Zeugnissen aus der spätmittelalterlichen Bauphase der Abtei. Dem dendrochronologisch ermittelten Fälldatum eines zugehörigen Deckenbalkens von 1516 zufolge könnten sie einer farbig gefassten Holzdecke im Bereich der Nonnenempore angehört haben.[1]

Die mittelalterliche Klosterkirche war aufgrund des Klausurgebots der Nonnen dreigeteilt. Der östliche Teil durfte nur von den Geistlichen betreten werden, die den Dienst am Altar versahen. Im westlichen Teil hatten die Laien Zutritt zur Kirche. Der Platz des Frauenkonvents war dagegen die Nonnenempore. Diese lag meist im westlichen Teil der Kirche und ragte, je nach Größe des Konvents – um 1500 sollen es in Heiligengrabe etwa siebzig Nonnen gewesen sein[2] – in das Kirchenschiff hinein. Dieser auch als Nonnenchor bezeichnete Raum – denn er diente den Frauen vor allem dazu, ihrem von Gebeten und Gesängen bestimmten Tagesablauf nachzugehen – war für Laien nicht zugänglich. Die Nonnenempore war oft reich geschmückt mit Wandmalereien und Teppichen. Auch befand sich hier meist noch ein zweiter Altar, der als Aufbewahrungs- bzw. Ausstellungsort des Sanktissimum (Hostie) diente. Zugang zum Chor hatten die Nonnen im Falle Heiligengrabes nur über das nördlich an die Kirche anschließende östliche Klausurgebäude. Erst um 1520 wurde im Zuge von Umbauarbeiten der Klausurgebäude an der Hofseite des Kreuzgangsüdflügels eine Emporentreppe angebaut.[3]

1  Vgl.: GIMAJEW 2007, S. 127.
2  Vgl.: SIMON 1929, S. 43.
3  Zur spätgotischen Entwicklung des Baus siehe: SCHUMANN 2008b, bes. S. 120f.

## I.6
## Lichtstock

15. Jahrhundert
Hellbraun-rötlicher, hartgebrannter Ziegelton, geglättete und verzierte Oberfläche
H 17 cm; B 20 cm; T 9 cm
Wusterhausen/Dosse, Stadt- und Heimatmuseum, V314H

Zur Beleuchtung von Kirchen und Kapellen nutzte man im Mittelalter neben Öl- und Wachslampen auch Kienspäne, die man in kunstvoll verzierte Halterungen steckte. Der aus rotem Ziegelton geformte Lichtstock diente ursprünglich als Lichtquelle im Innern der Abtei. 1925 wurde er bei Ausschachtungsarbeiten »unter der ehemaligen Pförtnerstube zwischen Resten alter Grundmauern in zwei Metern Tiefe«[1] gefunden. Er wurde daraufhin dem Heiligengraber Heimatmuseum übergeben.[2] Im Zuge der Auflösung des Museums 1947 kam der Leuchter an das Kreismuseum des Kreises Kyritz in Wusterhausen.

In ursprünglich sieben Tüllen, die wie Finger einer Hand nach den Seiten hin stufenförmig angeordnet waren, konnten brennende Kerzen oder Kienspäne gesteckt werden. Der auf einem Fuß stehende Leuchter ist mit sternförmigen Einkerbungen und runden Stempeln verziert, die noch vor dem Brennen in den feuchten Lehm gedrückt wurden. Ebenso wurden die Löcher mit einem spitzen Gegenstand in den noch frischen Lehm gebohrt. Die Schwere des Ziegeltons und die durchdachte Formgebung verliehen dem Leuchter Standfestigkeit und eine sichere Handhabe.

Keramische Produkte dieser Art gehören zu den selteneren archäologischen Funden in Brandenburg. Der Leuchter stammt sicherlich aus heimischer Produktion, wahrscheinlich ist er sogar vor Ort entstanden. Seit dem Mittelalter unterhielt das Kloster sowohl für eigene Bauzwecke wie auch zum Verkauf einen Ziegelofen zur Herstellung von Backsteinen. Im Vergleich mit ähnlichen Funden ist der Lichtstock von Heiligengrabe ein besonders attraktives Beispiel. Produkte dieser Art könnten im Umfeld des Klosters durchaus in größerem Umfang hergestellt worden sein.[3]

1  Vgl.: WITKOWSKI 1993, S. 181ff., Kat.-Nr. 10.
2  Vgl.: AUERSWALD 1926, S. 126. – MATTHES 1929, S. 160: »[…] ein eigenartiger Leuchter für 7 Kerzen aus hellroter Ziegelmasse, mit Stempel und Strichmustern reich verziert. Mus. Heilgr.« Ein von der damaligen Museumsleiterin Annemarie von Auerswald angelegtes handschriftliches Inventarverzeichnis des Heimatmuseums, heute im Besitz des BLDAM, verzeichnet den »Leuchter aus gebranntem Ziegel« unter der lfd. Nummer 18, »erworben 1925«.
3  Ein zweiter, ähnlich verzierter Leuchter aus Ziegelton wurde bei Grabungen Mitte der 1980er Jahre an der Ostseite der Heiliggrabkapelle gefunden. Er befindet sich heute im Archäologischen Landesmuseum in Brandenburg. Nach Auswertung von Münzen aus dem Grabungskontext muss dieser Lichtstock bereits vor 1440 gefertigt worden sein. Vgl.: WITKOWSKI 1993, S. 181, Kat.-Nr. 9.

I.6   Lichtstock

I.7   Anna selbdritt

## I.7
### Anna selbdritt

Um 1510
Original verschollen
Fotoabzug nach der Originalnegativglasplatte von Max Zeisig
Perleberg, Stadt- und Regionalmuseum, Max-Zeisig-Archiv,
II/36

Die heilige Anna, Mutter der Maria, meist mit Tochter und Jesuskind – »selbdritt« – dargestellt, war im Spätmittelalter eine der beliebtesten Heiligen. Der Legende nach dreimal verheiratet, galt sie als vorbildliche Mutter, Gattin, Witwe und Helferin bei Krankheiten. Besonders populär war sie in den Jahrzehnten vor der Reformation. Neben der Gründung von Bruderschaften und der Stiftung von Altären entstanden zahlreiche ihr geweihte Kapellen und Kirchen.[1]

Aber auch in Frauenklöstern spielte das Thema der Heiligen Sippe, deren zentrales Motiv die Anna selbdritt war, wegen seiner vorbildhaften Funktion eine wichtige Rolle.[2] Das in diesem Zusammenhang häufig wiedergegebene häusliche Milieu und die damit verbundenen Rollenmuster für Frauen machten die Heilige Sippe zum idealen Abbild für Familie, Ehe, soziale Kompetenz und Gemeinschaft – Aspekte, die besonders für die Erziehung junger Mädchen von großer Bedeutung waren.

Wie aus den Visitationsprotokollen des Klosters Heiligengrabe hervorgeht, hat es auch in der Klosterkirche noch bis zur Reformation einen der heiligen Anna geweihten Altar gegeben.[3] Vieles spricht sogar dafür, dass dieser Altar sich ursprünglich auf dem Nonnenchor befand, da der Konvent ihm besonders eng verbunden war.[4] Noch 1920 besaß das Heimatmuseum von Heiligengrabe eine etwa 50 cm große, farbig gefasste Annenskulptur, die aus der Klosterkirche stammte.[5] Nach einer Fotografie von Max Zeisig[6] hielt die stehende, in ein langes faltenreiches Gewand gehüllte Anna auf dem linken Arm die als thronende Himmelskönigin gestaltete Maria mit Buch und in ihrer Rechten den nur unwesentlich kleiner gearbeiteten Jesusknaben. Im Vergleich mit den etwa zeitgleich entstandenen Einzelskulpturen für die Wallfahrtskirche in Alt Krüssow[7] wirkt die Heiligengraber Anna matronenhafter und schwerfälliger als ihre Schwestern. Vielleicht war sie ursprünglich als

Andachtsbild für eine Nische gedacht. Ebenso denkbar wäre sie als zentrale Figurengruppe eines Annenretabels. Seit der Besetzung der Abtei im Mai 1945 ist die Skulptur verschollen.

1 Vgl.: DÖRFLER-DIERKEN 1992. – KÜHNE/SCHUMANN 2006.
2 Erwähnt sei hier nur stellvertretend das Sippen-Retabel der ehemaligen Benediktinerinnenklosterkirche von Preetz. Vgl.: BUCHHOLZ 2005.
3 Vgl.: SIMON 1929, S. 52.
4 Vgl.: Ebd. Auch das Sippen-Retabel aus Kloster Preetz befand sich ursprünglich auf dem Nonnenchor. Vgl.: BUCHHOLZ 2005, S. 4.
5 Vgl.: AUERSWALD 1920, S. 26f., die unter der Rubrik »Einige Stücke altkirchlicher Kunst« eine 52 cm große, ehemals farbig gefasste Annenskulptur im Besitz des Museums erwähnt, welche sie in einem Winkel der Stiftskirche geborgen habe.
6 Abgebildet auch in: Mitteilungen 8, 1925, Heft 2/3, Tafel S. 26.
7 Vgl.: KÜHNE/SCHUMANN 2006, S. 43ff., mit Abbildungen.

## I.8
### Fragment eines Codex mit Passionstexten und Notenschrift

Zweite Hälfte 14. Jahrhundert
Pergament (in der Ausst. Reproduktion nach dem Original)
H 36 cm; B 25 cm
Pritzwalk, Stadt- und Brauereimuseum

I.8   Codex mit Passionstexten und Notenschrift

Auf Lektüre, Gebet und Gesang im Nonnenchor verweist ein Handschriftenfragment aus dem 14. Jahrhundert mit Passionstexten und Notenschrift.[1] Das Anfang des 17. Jahrhunderts als Makulatur zum Einbinden eines Rechnungsbuches verwendete Blatt wurde in einer Lade der Meyenburger Schusterinnung geborgen. Seine genaue Herkunft ist nicht bekannt. Dass es aus einem der Prignitzer Zisterzienserinnenklöster stammt, ist zumindest wahrscheinlich.

Der in zwei Kolumnen geschriebene lateinische Text enthält zum Teil gesprochene, zum Teil im gregorianischen Gesang zelebrierte Gebete, wie die Notenschrift erkennen lässt. Inhaltlich beziehen sich die Texte auf Psalm 63, Vers 2, dem eine freie Auslegung folgt, und auf den 1. Korintherbrief, 11. Kapitel, Vers 20–22. Unterhalb der Noten erscheinen freie, nicht an das Bibelwort gebundene Texte. Darin ist von der nach

Gott »dürstenden Seele« die Rede, von der »Gemeinde Gottes« und dem gemeinsamen Mahl. Die inhaltlich stark auf die christliche Glaubensgemeinschaft sich beziehenden Texte lassen eine Verwendung im Zusammenhang mit der Eucharistie vermuten.[2]

Alle Frauenkonvente benötigten einen Grundstock an Handschriften zum Vollzug des Gottesdienstes sowie Psalter und Gebetbücher für das tägliche Stundengebet. Handschriften gelangten als Geschenke ins Kloster, wurden in Auftrag gegeben oder im eigenen Skriptorium produziert. Mitunter waren sie mit prachtvollen Miniaturen ausgestattet. Denn auch Schreiben und Malen wurden als Teil des klösterlichen Gotteslobs verstanden.

1 Siehe hierzu und im folgenden: KÖHLER 1966.
2 Der von Köhler (ebd., S. 79) konstatierte starke Bezug zur Passion ist natürlich nicht nur zur Passionszeit, sondern regelmäßig bei der Feier der Sakramente gegeben.

# II

# Die Verbreitung einer Legende.
# Heiligblutverehrung und Wunderglaube im Spätmittelalter

Als Äbtissin Anna von Rohr um das Jahr 1512 die Heilig-Grab-Kapelle errichten ließ, knüpfte sie mit dem Neubau an ein weithin bekanntes Vorbild an: den 1460 vollendeten südlichen Querhausgiebel der Wallfahrtskirche von Wilsnack, zu der Zeit bedeutendstes Wallfahrtsziel in Norddeutschland. Seit dem ausgehenden 14. Jahrhundert verehrte man dort ein Heiliges Blut.

Vermutlich mit dem gleichen Ziel, die Popularität des Ortes zu steigern, gab Anna von Rohr 1532 einen Bilderzyklus in Auftrag, der die Gründungslegende des Klosters Heiligengrabe zum Inhalt hat. Die Tafeln fußen auf einem 1521 erschienenen und mit zahlreichen Holzschnitten versehenen Druck der Legende. Wie viele andere Wallfahrtsorte behauptet auch diese, dass die Gründung des Zisterzienserinnenklosters Heiligengrabe angeblich auf eine jüdische Hostienschändung zurückginge. Danach habe ein aus Freiberg stammender Jude am Freitag nach Himmelfahrt 1287 die geweihten Hostien aus der Techower Dorfkirche entwendet. Von Gewissensbissen geplagt, wollte er seine Beute wieder loswerden, zerstückelte die Hostien und vergrub sie nahe dem Dorfe, beim Galgenberg. Als die Hostien jedoch zu bluten anfingen, floh er nach Pritzwalk. Doch das Blut an seinen Händen verriet den Dieb, und durch eine List wurde er von den Bauern gestellt. Ein Richter verurteilte daraufhin den Juden zum Tode durch das Rad. Vergebens soll er um Gnade gebeten haben. Am Ort, wo er die Hostien vergrub, haben sich später Wunder ereignet. Dies soll den Bischof von Havelberg und Markgraf Otto dazu bewogen haben, ein Jungfrauenkloster zu errichten, das dem Orden der Zisterzienser angehören sollte.

Ursprungslegenden wurden meist mit Orten verbunden, denen man eine besondere Bedeutung beimaß. Vieles spricht indes dafür, dass die Entstehung der Heiligengraber Legende zugleich politisch motiviert war und, wie ähnlichlautende Legenden auch andernorts, gegen die landesherrliche Politik zur Ansiedlung von Juden in Brandenburg gerichtet war.

Der Vorwurf, geweihte Hostien seien von Juden geraubt und misshandelt worden, war ein zentrales Motiv des schon im 13. Jahrhundert aufgekommenen Fronleichnamskultes: Die nach christlicher Auffassung am Kreuzestod Christi schuldigen Juden vergingen sich hierdurch erneut an seinem in der Hostie präsenten Leib. Wie dieser erfährt auch die Hostie das Martyrium. Nach dem Karfreitagsgeschehen waren sie die eigentlichen Sünder, die die göttliche Heilswahrheit nicht erkennen wollten. Darum sollte dem, der sie bestritt oder gar in lästerlicher Weise über sie spottete – wie jenem Freiberger Juden – auch keine Gnade zuteil werden. Der Vorwurf der Hostienschändung war die antijüdische Kehrseite christlicher Glaubensvorstellungen von Tod und Auferstehung. In der Karfreitagsliturgie und wiederholten Sakramentsandachten, deren Mittelpunkt nicht selten eine liturgische Heilig-Grab-Anlage bildete, wurde dieser Zusammenhang immer wieder präsent gemacht. Ein den Heiligengraber Legendendruck abschließender Holzschnitt gibt eine Vorstellung davon, wie man sich eine derart geübte Gebetspraxis szenisch vorzustellen hat.

Archäologische Untersuchungen 1985/86 im Inneren der Kapelle haben in der Nähe des Eingangs, unter dem Fußboden, zur Freilegung eines aus Ziegeln gemauerten Gewölbes geführt, das zweifellos jenes liturgische Grab ist, das dem Kloster ursprünglich seinen Namen gab. Der Gründungslegende zufolge war dies die Stelle, an der einst der Jude die Hostie begrub. Noch im frühen 18. Jahrhundert soll die Grabanlage in der Kapelle auch oberirdisch sichtbar und reich mit Figuren und Zierrat ausgestattet gewesen sein.

Lit.: Bekmann 1717. – Simon 1929, S. 37. – Kötzsche 1987. – Strohmeier-Wiederanders 1989. – Faensen 1997. – Kühne 2005. – Schumann 2005. – Escher 2005. – Escher 2008.

Il. 1  Van dem ortsprunghe des klosters tome hilligen grave …, Titelblatt

## II.1
### »Van dem ortsprunghe des klosters tome hilligen grave in der marke belegen, unde deme hilligen Sacramente dar suluest«

Rostock, 1521
8 Blatt mit 15 Holzschnitten
(Faksimiledruck, Heiligengrabe 1928)
Kloster Stift zum Heiligengrabe

Einblattdrucke und Flugschriften waren um 1500 beliebte Mittel der Kultwerbung. Auch die unmittelbar im Zusammenhang mit dem Neubau der Heilig-grabkapelle in Umlauf gebrachte Druckschrift mit der

Gründungslegende des Klosters Heiligengrabe ist als gezielte Bewerbung der neuerrichteten Wunderstätte zu verstehen.

Bereits 1516 in einer lateinischen Version verfasst, erschien sie erstmals 1521 in niederdeutscher Sprache bei Ludwig Dietz in Rostock im Druck.[1] Wie die 1532 entstandenen Tafeln fällt damit auch ihr Erscheinen in die Regierungszeit der Äbtissin Anna von Rohr.

Die acht Blatt umfassende, kleine niederdeutsche Schrift war mit fünfzehn aufwendigen Holzschnitten illustriert.[2] In enger Anlehnung daran entstanden 1532 die von Anna von Rohr zur bildlichen Ausstattung der neu errichteten Kapelle in Auftrag gegebenen Tafeln mit der Sakramentserhebung (vgl. Kat.-Nr. II. 3–9). Ein einziges heute noch erhaltenes Exemplar des Drucks in der Universitäts- und Landesbibliothek Sachsen-Anhalt in Halle bildete die Grundlage des vorliegenden, 1928 von Johannes Simon herausgegebenen und von demselben mit einem Kommentar versehenen Faksimiledrucks.

Nach der Legende, die in dieser Form wohl erst Anfang des 16. Jahrhunderts nach älteren Vorbildern verfasst wurde[3], soll die Gründung des Klosters auf einen Hostiendiebstahl und anschließend sich ereignete Wunder am Ort der Auffindung des geschändeten Sakraments, einer alten Richtstätte, erfolgt sein.

Die genauen Umstände der Gründung des Klosters liegen jedoch im Dunkeln. Auch der Wahrheitsgehalt der Legende ist eher gering einzuschätzen.[4] Vor allem das Motiv des jüdischen Hostienfrevels – ein immer wieder in Krisen- und Umbruchszeiten seitens der Christen gegen die Juden gerichteter Vorwurf – scheint vielmehr infolge der Verbreitung antijüdischer Stimmungen um 1500 in Mecklenburg und Brandenburg in die Legende Eingang gefunden zu haben.[5] In typisierter Form findet sich derselbe Vorwurf bereits in den Wundererzählungen von Sternberg und Knoblauch. Das Interesse Heiligengrabes an der Verbreitung der Legende dürfte dagegen vor allem pekuniärer Art gewesen sein: mit dem Ziel, sich in Anlehnung an die älteren Vorbilder Wilsnack, Güstrow, Sternberg und Beelitz, wo man ebenfalls Heilig-Blut-Reliquien verehrte und von den Einnahmen der Wallfahrt profitierte, als ein vielbesuchter Gnadenort zu etablieren.

1 Halle, Universitäts- und Landesbibliothek Sachsen-Anhalt, Signatur 80 L 1065 (2).
2 Vgl. hierzu auch: Kühne 2005, S. 39ff. – Schumann 2005, S. 63ff.
3 Dass ihre Entstehung jüngeren Datums sein müsse als die Legende vorgibt, beobachtete schon Strohmaier-Wiederanders 1989. Zu den Parallelen in der Erzählstruktur mit anderen norddeutschen Wundererzählungen siehe: Escher 2005, S. 28ff.
4 Dennoch stellt sie hinsichtlich des Gründungsdatums 1287 und der Aussage, dass das Kloster eine markgräfliche Gründung sei, das älteste bis heute erhalten gebliebene schriftliche Zeugnis dar.
5 Siehe ausführlich dazu: Escher 2005.

## II. 2
### Nonnen im Gebet um einen Schrein

Holzschnitt aus dem bei Ludwig Dietz erschienenen Druck der Klostergründungslegende »Van dem ortsprunghe des Klosters tome hilligen grave« (Bl. 7v, Reproduktion)
Rostock, 1521
H 7,5 cm; B 6 cm
Kloster Stift zum Heiligengrabe

II. 2    Nonnen im Gebet um einen Schrein

Der Holzschnitt entstammt der 1521 erschienenen Klostergründungssage, in der ein Hostienfrevel und das sich anschließende Blutwunder als Ursprung der Klostergründung behauptet werden. Die Gebetsszene ist betitelt: »Wo dat kloster ghebuwet wart / In de ere des hilligen lichammes unses heren Jesu cristi«. Sie zeigt in einer Kirche eine Schar in Ordenstracht gekleideter Frauen, die mit Gebetbüchern in den Händen um einen Schrein stehen. Auffällig erinnert dieser seiner Form nach an die später errichtete Heilig-Grab-Kapelle. Vermutlich handelt es sich hierbei jedoch nur um ein schlichtes, hausförmig gestaltetes Behältnis, in dem das Sakrament verborgen war. Denn als »Heiliges Grab« bezeichnete man von jeher den Ort bzw. das Gefäß, in dem nach der Karfreitagsliturgie das Sakrament deponiert wurde.[1] Hintergrund für diese Entwicklung war das bereits 1264 eingeführte Fronleichnamsfest, das der Verehrung der Eucharistie galt, im Volksmund auch Heilig-Blut-Tag genannt. Besonders im Norden Deutschlands war der Heilig-Blut-Kult weit verbreitet.[2] Gerade die bei den Zisterziensern im Zentrum der Liturgie stehende Corpus-Christi-Verehrung führte zu seiner raschen Aufnahme und Verschmelzung mit den damit verbundenen theologischen Auffassungen.[3] Vermutlich hat es darum auch in Heiligengrabe schon bald nach der Gründung des Klosters ein solches architektonisch eingebundenes und bildlich ausgeschmücktes »Grab« gegeben, das aufgrund der von den Nonnen geübten Frömmigkeit namengebend für den Ort wurde. 1317 erscheint in den Quellen erstmals die Bezeichnung »claustrum Sancti Sepulchri«, ab 1326 auch »Hylghen Grave«.[2] Die spätere Bezeichnung der Kapelle als Heilig-Blut-Kapelle – erst im 20. Jahrhundert aus dem Sprachgebrauch verdrängt – verdeutlicht noch den Zusammenhang zwischen Heiliggrab- und Bluthostienkult.[3]

1 Ein ähnlich gestaltetes »Heiliges Grab« hat sich im Kloster Wienhausen erhalten. Dieses birgt noch heute eine Skulptur des Leichnams Christi. Auch dort wurden in dem hausförmigen Schrein ursprünglich die geweihten Hostien deponiert. Vgl.: Appuhn 1961.
2 Zur Mark Brandenburg vgl.: Bynum 2007, S. 47–81.
3 Vgl.: Wipfler 2003, S. 34ff.
4 Vgl.: Simon 1929, S. 32.
5 Ausführlich dazu: Faensen 1997.

II. 3　Der Jude stiehlt ein Tabernakel mit den geweihten Hostien aus der Pfarrkirche von Techow

*Die Verbreitung einer Legende*

## II. 3
### Der Jude stiehlt ein Tabernakel mit den geweihten Hostien aus der Pfarrkirche von Techow

1532
Temperamalerei auf Eichenholz
Bez.: »Wo de Jode dat hillige Sacramente stelte«
H 88 cm; B 82 cm
Kloster Stift zum Heiligengrabe


## II. 4
### Der Jude wird durch göttliche Fügung und Gewalt am Fortgehen gehindert

1532
Temperamalerei auf Eichenholz
Bez.: »Wo de Jode dorch gotlike schickinge und gewalt nicht vortghaen konde«
H 88 cm; B 75 cm
Kloster Stift zum Heiligengrabe


## II. 5
### Der Jude vergräbt die Hostien unterm Galgen

1532
Temperamalerei auf Eichenholz
Bez.: »Wo de Jode dat hillige sacrament under de galgen begroff 1287«
H 88 cm; B 75 cm
Kloster Stift zum Heiligengrabe


## II. 6
### Der Jude flüchtet nach Pritzwalk

1532
Temperamalerei auf Eichenholz
Bez.: »Wo de Jode wangketh myt blodigen henden nach Prißwalgk«
H 89 cm; B 75 cm
Kloster Stift zum Heiligengrabe


## II. 7
### Techower Bauern stellen den Juden in Pritzwalk und wollen ihn zum Geständnis zwingen

1532
Temperamalerei auf Eichenholz
Bez.: »Wo de buren den Joden anspraken«
H 88 cm; 75 cm
Kloster Stift zum Heiligengrabe


## II. 8
### Der Jude wird durch einen falschen Priester überlistet

1532
Temperamalerei auf Eichenholz
Bez.: unten »Wo sik eyn borger dorch de buren leeth torichten als eyne preester«
H 88 cm; B 75 cm
Kloster Stift zum Heiligengrabe


## II. 9
### Darstellung der Monstranz, in der man das Heilige Blut nach seiner Auffindung verwahrte, mit dem Legendentext und dem Wappen der Stifterin Anna von Rohr

1532
Temperamalerei auf Eichenholz
H 89 cm; B 78 cm
Kloster Stift zum Heiligengrabe


Von ursprünglich »fünfzehn auf Holz gemalte[n] Bilder[n] und eine[r] Schrifttafel«[1], die Anna von Rohr 1532 zur bildlichen Ausstattung der neuerrichteten Wunderblutkapelle in Auftrag gab, sind heute noch sieben Tafeln erhalten, eine davon mit kaum noch erkennbarer Bemalung.[2] Begleitet wurde der Bildzyklus von Anfang an von einer Schrifttafel.[3] (Abb. S. 20) Auf ihr ist das kostbar gestaltete Gefäß, eine spätgotische Monstranz, dargestellt, in das man, wie Legendentext und Inschrift besagen, das heilige Sakrament nach seiner Auffindung hineinlegte, um es darin auszustellen.[4] Die Schrifttafel greift damit die kurzen theologischen Erläuterungen auf, die

Il. 4 Der Jude wird durch göttliche Fügung und Gewalt am Fortgehen gehindert

die Legende im zehnten Abschnitt über die Gegenwärtigkeit des Leibes Christi in der Hostie wie auch in ihren Teilen gibt. Der auf den Seiten verkürzt wiedergegebene Text der Legende, der sich indes nur auf die Begebenheiten bis hin zur Auffindung der Hostie durch einen Pritzwalker Priester und die anschließende Sicherstellung und Erhebung des Wunderblutes beschränkt[5], ist heute weitestgehend zerstört. Überliefert ist er jedoch in einer handschriftlichen Beschreibung Johann Christoph Bekmanns aus dem 18. Jahrhundert.[6] Ein Vergleich des Textes mit den überlieferten Szenen zeigt, dass diese mit relativer Genauigkeit dem vorgegebenen Verlauf der Handlung folgen. Anders als die Holzschnitte des 1521 erschienenen Legendendrucks, die zugunsten eines mehr narrativen, die Entstehung des Klosters illustrierenden Charakters dem Text beigefügt sind, scheinen die Heiligengraber Bildtafeln vor allem der Darstellung des Martyriums der Wunderhostie gedient zu haben, durch den der Nachweis ihrer Heilswirksamkeit erbracht worden war. Der Fokus liegt denn auch nicht so sehr auf einer die Gründung des Klosters

legitimierenden Darstellung als vielmehr auf dem Ausstellen der Bluthostie selbst und der von ihr ausgehenden, Wunder wirkenden Kraft – zu der ebenso die Bestrafung desjenigen gehört, der sie so schmählich verletzt hat –, die das Kloster als Gnadenort für sich in Anspruch zu nehmen sucht. Das Heilsgeschehen in Bild und Text für jedermann sichtbar wird so zur *communio per occulos*. Bestätigt wird dies durch die Beobachtung, dass die Tafeln, im Gegensatz zu den Holzschnitten, folgerichtig mit der Darstellung der Erhebung des Sakraments enden und damit genau in der Reihenfolge, wie die einst darauf zu lesende Inschrift den Werdegang des Geschehens beschreibt.[7] Ganz auf die historische Gegenwart bezogen schließt der Bericht des Legendentextes: »An welkerem orde dat sulffte kloester gebuwet wart, dar men noch dat sulffte hillige Sacrament so blodich yn eyner cristallen yn syden doke hillichliken toget. Welkere stede ok to dusser tyt unde by regemente des dorchluchtigsten unde hochgeborn fforsten unde hern, hern Joachyms marggrauen to Brandenborg, Korfforsten [...] Dorch groten tolop veler pelgrimen uth orsaken der mirakel myt ynnicheyt heymgesocht wert.«[8]

Indem das Kloster behaupten konnte, noch immer im Besitz der Überreste der Hostien und Partikeln des heiligen Blutes zu sein, verfügte es gleichsam über die Quelle der Gnade, derer alle Gläubigen teilhaftig zu werden begehrten. Denn den durch die Freveltat blutenden Hostien schrieb man dieselbe Heilskraft zu, wie dem Blute Jesu Christi. Man nannte sie »Heiliges Blut« und verwahrte sie, wie die letzte Tafel zeigt, in einem Tabernakel, einem zur Anschauung und Anbetung des Sakraments ausgestellten, kostbar gestalteten Gefäß. Besondere Verehrung erfuhr das »Heilige Blut« jährlich am Fronleichnamsfest, mit dem man in Gegenwart zahlreicher Gläubiger an das letzte Abendmahl Jesu erinnerte. Die Tafeln sollen, wie Johann Christoph Bekmann noch im 18. Jahrhundert beschrieb, ursprünglich für jedermann sichtbar an einer Empore in der Kapelle gehangen haben. Noch bis ins 20. Jahrhundert hinein nannte man den spätgotischen Bau daher auch »Heilig-Blut-Kapelle«.

1   Vgl.: Simon 1929, S. 37, der sich offensichtlich auf die schon von Bekmann beschriebene Situation bezieht. Vgl. dazu: GStA PK, HA VI Rep. 92, Nachlass Bekmann III, Ecclesiastica Nr. 7, Bl. 3v.

*Die Verbreitung einer Legende*

**Vo ꝫ de ꝫ Jode ꝫ dat ꝫ hillige ꝫ sacrament ꝫ vnder ꝫ de ꝫ galgen ꝫ begroff ꝫ 18**

II. 5   Der Jude vergräbt die Hostien unterm Galgen

II. 6 Der Jude flüchtet nach Pritzwalk

II. 7    Techower Bauern stellen den Juden in Pritzwalk und wollen ihn zum Geständnis zwingen

II. 8    Der Jude wird durch einen falschen Priester überlistet

2    Eine Aufstellung des Inventars der Stiftskirche aus dem Jahre
     1810 erwähnt noch »9 alte Gemälde mit Wasserfarbe, sehr grob
     auf Holz gemalt, auf welchen die fabelhafte Geschichte von der
     Entstehung des Stifts abgebildet ist, mit plattdeutschen Unter-
     schriften, von denen die meisten aber schon ganz verwischt
     sind«. Vgl.: Kieckebusch 2008, S. 198. Auch ein Inventar des
     Klosters von 1846, das einige Gegenstände auflistet, »welche
     sich unter dem Verschlusse […] befinden«, nennt nur noch
     »[…] neun alte, die Legende betreffende Bilder«. Vgl.: StAH,
     Nr. 174 »Chor- und Kirchendamen«. Simon spricht dagegen
     nur von sieben Bildern und einer Schrifttafel, die noch im
     Vorraum der Kirche hängen würden (Simon 1929, S. 12 und
     38, Anm. 6).
3    Ebenso: Simon 1929, S. 37. – Schumann 2005, S. 66.
4    Interessanterweise wird hier keine Monstranz gezeigt, die eine
     Wunderbluthostie einschließt, sondern – in Anlehnung an
     den Text, der von der Aufnahme der aufgefundenen Überreste
     der Hostie in einem rot-seidenen Tuch spricht – ein Taber-
     nakel mit einem in der Mitte befindlichen kelchförmigen
     Gefäß, das auf rotem Grund kleine weiße Partikel erkennen
     lässt.
5    Ihr folgt – in leichter Abweichung vom Text des Drucks –
     eine Beschreibung der Sicherstellung des Heiligen Blutes in
     einem Federkiel und der Aufnahme der Partikel der Hostie
     in einem rot-seidenen Tuch, welches man tags darauf in einer
     Monstranz verwahrt habe. Vgl.: GStA PK, HA VI Rep. 92,
     Nachlass Bekmann III, Ecclesiastica Nr. 7, Bl. 3v und Bl. 4r.
     Abdruck des Textes auch bei: Schumann 2005, S. 66.
6    Ebd.
7    Schumann sieht in ihr dagegen analog zum Titelholzschnitt
     des Druckes die den Bilderzyklus einleitende Tafel. Dies
     widerspräche jedoch ganz der Chronologie der Handlung.
     Vgl.: Schumann 2005, S. 66.
8    Zitiert nach: Simon 1928, S. 27.

## II. 10
### Verkündigung

um 1530
Temperamalerei auf Eichenholz
Reproduktion nach einem Foto von Max Zeisig, Perleberg
Kloster Stift zum Heiligengrabe

Die ganz im Stile der Legendentafeln gemalte Darstellung einer Verkündigung scheint offenbar von
derselben Malerhand zu stammen. Johannes Simon
erwähnt sie noch Anfang des 20. Jahrhunderts als
ein zur ehemaligen Ausstattung der Klosterkirche ge-
hörendes Bildwerk.[1] Auf einer weiteren Tafel sei die
Heimsuchung zu sehen gewesen.[2] Möglicherweise
erklärt dies die in der Literatur immer wieder unter-
schiedlich angegebene Zahl der Tafeln, so dass der
Verlust der auf die Legende bezogenen Darstellungen
– als gleichsam typologische Gegenüberstellung zum
Heilsgeschehen – keineswegs so groß wie angenommen
wäre.[3] Später gingen sie in den Bestand des Heimatmuseums über und sind vermutlich, wie viele andere
Objekte auch, nach dem Krieg verschollen. Überliefert
ist einzig ein Foto von der Tafel der Verkündigung, das
vom Perleberger Fotografen Max Zeisig stammt.[4]

1    Vgl.: Simon 1929, S. 38 und Abb. 6.
2    Ebd.
3    Während Bekmann in seinem Bericht von 1717 noch von vier-
     zehn Tafeln spricht, ist in einem alten Inventar des Klosters
     von 1810 nur noch von neun alten Gemälden mit Wasserfarbe
     »sehr grob auf Holz gemalt« die Rede. Vgl.: Kieckebusch
     2008, S. 198.– Siehe auch: StAH, Nr. 174.
4    Abgebildet auch in: Mitteilungen 8/1925, Heft 2/3.

II. 10    Verkündigung

# III

# Streitbare Frauen.
# Kloster Heiligengrabe zur Zeit der Reformation

Seine Zustimmung zur Kirchenreform in der Mark Brandenburg hatte Kurfürst Joachim II. durch den Empfang des Abendmahls in beiderlei Gestalt am 1. November 1539 gegeben. Die darauf folgenden Visitationen brandenburgischer Klöster in den Jahren 1540 bis 1543 dienten vor allem der Durchsetzung der evangelischen Kirchenordnung. Vielerorts begegnete man den mit dieser Aufgabe betrauten Gutachtern jedoch mit großer Skepsis, denn sie drohten nicht nur Eingriff in die traditionellen Lebensgewohnheiten zu nehmen, sondern auch mit den althergebrachten Glaubensvorstellungen aufzuräumen. Viele geistliche Stiftungen verhielten sich daher zurückhaltend oder standen dem Umwandlungsprozess sogar ablehnend gegenüber. Um jedoch weiterhin im Schutze der Klostermauern leben zu können, mussten die Konvente die evangelische Kirchenordnung schließlich anerkennen.

Unter geradezu spektakulären Umständen erfolgte die Einführung der evangelischen Lehre in Heiligengrabe. Angeführt von der Äbtissin Anna von Quitzow versuchten sich die Nonnen den rigiden Eingriffen des Kurfürsten in das Klosterleben zu widersetzen. Die Lage spitzte sich zu, als unter dem Vorwand der Misswirtschaft der Kurfürst 1543 das Kloster und seine Besitzungen an den Landeshauptmann Kurt von Rohr verpfändete. 1546 erneuerte er die Verschreibung. Dieses Vorgehen empfanden die Frauen als Verrat, denn Joachim II. hatte den Ständen auf dem Landtag 1540 den Erhalt der Frauenklöster zur Versorgung der adligen Frauen zugesichert. Mit der Verpfändung des Klosters brach er nicht nur sein Versprechen, er verfügte damit auch eigenmächtig über fremden Besitz. Das brachte schließlich die Prignitzer Ritterschaft gegen ihren Landesherren auf, die die pekuniären Interessen des Kurfürsten durchschaute und für die Frauen Partei ergriff. Denn immerhin verdankte das Kloster vielen in der Prignitz und Altmark ansässigen adligen Geschlechtern seine Existenz und den meisten Besitz, weshalb sie zu Recht forderten, dass das Kloster auch weiterhin dem

Adel dazu dienen möge, »seine kinder und gefreundete darinne […] lernen und erzihen« zu lassen.

Schließlich verließ ein Teil der Nonnen, darunter auch die Äbtissin Anna von Quitzow, das Kloster. Doch auch dem Versuch des Kurfürsten, das Kloster auszuhungern, widerstanden die Nonnen. Erst nach langen Verhandlungen wurden die Streitigkeiten beigelegt. Der Konvent übernahm die Zahlung der 5000 Gulden an den Kurfürsten, für die das Kloster an Kurt von Rohr verpfändet worden war. Die Frauen erkannten nun offiziell die evangelische Lehre an und gelangten wieder in den Besitz ihrer Güter. Am 17. April 1548 kehrten sie unter großem Jubel in ihr Kloster zurück.

Trotz der Anerkennung der neuen Kirchenordnung pflegten die Nonnen noch lange ihre gewohnten Sitten und Bräuche. Sie trugen weiterhin die alte Ordenstracht und feierten die traditionellen Kirchenfeste. Ihren Widerstand gegen die Einführung der evangelischen Lehre wird man jedoch nicht so sehr als grundsätzliche Ablehnung der konfessionellen Veränderungen zu verstehen haben. Vielmehr spiegelt das Auftreten der Frauen – obgleich sie ganz sicher noch immer von einer tiefen Verwurzelung in der katholischen Frömmigkeit und Lehre geprägt waren, an die sie sich nicht zuletzt auch durch ihr Gelübde gebunden fühlten – vor allem ein Beharren auf angestammten Rechten und Freiheiten, die ihnen über Jahrhunderte hinweg ihre Existenz sicherten und die sie nun durch den Landesherren angetastet sahen. Letztlich konnten beide Seiten nur durch Zugeständnisse ihre Interessen durchsetzen. 1564 versprach Kurfürst Joachim II. den Ständen als Gegenleistung für die Bewilligung von Steuern, dass »tzu underhaldunge armer oder gebrechlicher jungfrauen von adell […] in unserm lande tzum wenigsten ein jungfrauen kloster« bestehen bleibe und bestimmte für die Prignitz das Kloster Heiligengrabe.

Lit.: Curschmann 1913. – Simon 1929, S. 101–136. – Strohmaier-Wiederanders 1988. – Escher 1995, bes. S. 268ff. – Kugler 1998. – Kugler-Simmerl 2003, S. 120ff. – Hackstein 2005. – Kieckebusch 2008, S. 15ff.

III. 1  Busso von Alvensleben

sammelt. Darunter finden sich auch hochstehende Persönlichkeiten der Reformationszeit wie der Visitator und Kanzler des Kurfürsten, Johann Weinlöben, und der katholisch gesinnte Bischof von Havelberg, Busso von Alvensleben. Letzterer wurde 1523 Bischof von Havelberg und war maßgeblich an der Organisation des Ablasshandels beteiligt, der 1517 Luthers Thesenveröffentlichung in Wittenberg ausgelöst hatte. Er residierte vorzugsweise in der Bischofsburg in Wittstock und auf der Plattenburg. Als sich Kurfürst Joachim II. von Brandenburg 1539 der Reformation anschloss, verhinderte Busso II. von Alvensleben die Einführung der 1540 beschlossenen brandenburgischen Kirchenordnung in seinem Bistum[1], was den hier ansässigen Klöstern, insbesondere Heiligengrabe, in ihrem Kampf um Selbstbestimmung und gegen die landesherrliche Einflussnahme Rückhalt gegeben haben dürfte. Busso von Alvensleben starb am 4. Mai 1548, nur wenige Wochen vor der Aussöhnung des Klosters mit seinem Landesherrn.[2] Es gibt allerdings keine Hinweise, dass der Bischof den Widerstand der Nonnen von Heiligengrabe in irgendeiner Weise unterstützt hat.[3]

1  Vgl.: BAUTZ 1990.
2  Zu den genauen Daten beider Ereignisse siehe: SIMON 1929, S. 132 und Anm. 132.
3  Ausführlich dazu: KUGLER-SIMMERL 2003.

III. 1
**Martin Friedrich Seidel**
**Bilder=Sammlung, in welcher hundert größtentheils in der Mark Brandenburg gebohrne, allerseits aber um dieselbe wohlverdiente Männer vorgestellet werden, mit beygefügter Erläuterung, in welcher Derselben merkwürdigste Lebens=Umstände und Schrifften erzehlet werden, 1657 [1751 neu hg. von Gottfried Küster, Berlin]**

Berlin, 1751
H 31 cm; B 21 cm; T 6 cm
Kloster Stift zum Heiligengrabe

Das aus der Stiftsbibliothek stammende Exemplar von Martin Friedrich Seidels »Bildersammlung« erschien erstmals 1657 und wurde 1551 durch Georg Gottfried Küster neu herausgegeben. Darin sind mit zahlreichen Kupferstichen versehene Lebensbeschreibungen bedeutender Männer und Frauen des geistlichen und politischen Lebens in der Mark Brandenburg ver-

III. 2
**Martin Luther**
**An den Christlichenn Adel deutscher Nation: von des Christlichen Standes besserung**

Wittenberg, 1520
Titelholzschnitt von Lucas Cranach d. Ä.
Privatbesitz

Bereits der Titel dieser frühen Luther-Schrift nennt ausdrücklich die deutschen Adligen als Adressaten. Denn er ist Programm. Gleich im ersten Teil, dem Kernstück der Schrift, legt Luther sein Verständnis vom Priestertum aller Glaubenden dar, womit er sich deutlich gegen die bis dato noch immer gültige sakral-

*Streitbare Frauen*

hierarchische Ständeordnung der mittelalterlichen Welt stellt. Vor allem dem angemaßten Rechtsanspruch des Papsttums sei ein Ende zu machen, mit dem dieses sich über alle erhoben und damit die ganze Christenheit zu Fall gebracht habe. Luther bezeichnet den christlichen Grundsatz, wonach die hierarchische Überordnung der geistlichen Gewalt über die weltliche als unumstößliche Wahrheit gilt, als schlichtweg erfunden. Damit formuliert er einen theologisch begründeten »Freiheitsruf«[1], der durch die Lehre vom Priestertum aller Glaubenden gerechtfertigt wird und gegen falsche Knechtschaft gerichtet ist. Luther spricht mit seiner gegen den Klerus gerichteten Schrift den Adel insofern nicht nur als weltliche Gewalt an, sondern als Mitchristen, Mitpriester, Mitgeistliche und Mitmächtige, die gerade aufgrund ihrer gesellschaftlichen Stellung am ehesten imstande sind, für die Christenheit als ganze dem Papst entgegenzutreten.[2]

In 26 Verbesserungsvorschlägen ruft er den Kaiser, die Fürsten und den übrigen Adel zu einer durchgreifenden Reform des kirchlichen und weltlichen Lebens auf. Insbesondere die von den Bischöfen geduldeten »wilden Capellen und Feldkirchen«, wie die im mecklenburgischen Sternberg und dem unweit von Heiligengrabe gelegenen Wilsnack, die Wallfahrten und Ablasshandel förderten und damit die Verlogenheit des päpstlichen Systems noch unterstützten, erregen seinen Zorn, dass er wünscht, sie »würden zu Boden verstöret«. Im 20. Kapitel legt er dar, wie den gottlosen Zuständen abzuhelfen sei. Seine ganze Verachtung gilt dem Ablasswesen und einem mehr und mehr veräußerlichten, vornehmlich am Geld orientierten kirchlichen Kult.

1  Zu dieser Deutung siehe: BORNKAMM 2002, bes. S. 118–121.
2  Siehe auch: MÖLLER 1993.

## III. 3
### Kelch

1606
Silber, vergoldet, getrieben, graviert, mit Edelsteinen besetzt
Bez.: auf dem Fuß »1606«, Wappen mit Stifterinschrift: »GERTRAVTT EINE GEBORINE SCHLVBVTTIN, DES EDLEN ERNTVESTEN ERHARTS VON BARTEIN SELIGER, NACHGELASSENE WITWE 1606«; auf der Kuppa »Das Blut Jesu Christi, des sons Gottes, machet vns rein, von aller svnde. Nemet hin, vnd trincket alle darauss. Dieser Kelch ist das Newe Testament, in meinem Blut das fvr euch vergossen wird, zur Vergebung der sunden. Solches thut, so offt ir davon trincket, zu meinem Gedechtnis.«
H 29 cm; D 13,8 cm
Kloster Stift zum Heiligen Grabe (Sammlung Kunstdienst der Evangelischen Kirche in Berlin)

Die 1540 erschienene evangelische Kirchenordnung der Mark Brandenburg handelt ausführlich von den Sakramenten und Zeremonien, die trotz der Veränderungen in den kurfürstlichen Landen bestehen bleiben sollten, sofern sie dem Wort der Heiligen Schrift nicht entgegenstanden.[1] Schon in seiner 1523 in Wittenberg herausgegebenen Schrift »Von anbeten des Sacraments des heyligen leychnams Christi« hatte Luther klargestellt, welche Bedeutung diese nach reformatorischem Verständnis haben sollten: Nicht mehr das Äußere des Sakraments, sondern Christi Wort und der Glaube daran waren entscheidend. Die für die katholische Kirche so wichtige, in der Liturgie meist durch einen hellen Glockenton angezeigte Transsubstantiation spielte danach keine Rolle mehr. In der Folge findet sich die Beteiligung der Gemeinde am Genuss von Brot und Wein häufig auch auf Bildern dargestellt. Durch die Geistlichen wird nicht nur das Brot, sondern auch der Wein an die am Altar knienden Laien ausgeteilt, so wie es Jesus mit seinen Jüngern tat.

Dass die Berufung auf die Heilige Schrift und das ausführliche Zitieren daraus auch an Altargeräten anzutreffen ist, ist bezeichnend für das Gewicht des Bibelwortes in der Kirche Luthers. Die auf dem Kelch zitierten Einsetzungsworte Jesu, die er beim letzten gemeinsamen Mahl an die Jünger richtete, bekräftigen das evangelische Verständnis des Abendmahls in beiderlei Gestalt und heben dessen Gemeinschaft stiftenden Charakter hervor.

1  Vgl.: SEHLING 1909.

## III. 4.
### Urkunde des Kurfürsten Joachim II.
### von Brandenburg, 21. Januar 1543

Pergament mit Wachssiegel (Reproduktion)
Potsdam, Brandenburgisches Landeshauptarchiv

## III. 5.
### Urkunde des Kurfürsten Joachim II.
### von Brandenburg, 18. Mai 1546

Pergament mit Wachssiegel (Reproduktion)
Potsdam, Brandenburgisches Landeshauptarchiv

Im Jahre 1543 wurde das Kloster Heiligengrabe von Kurfürst Joachim II. für 5000 Gulden zu je 12 Silbergroschen, geprägt in den vier Städten Wismar, Lübeck, Hamburg und Lüneburg, an den Hauptmann des Landes Ruppin, Kurt von Rohr, auf zehn Jahre verpfändet.[1] Obgleich der Begünstigte dazu verpflichtet

wurde, die Äbtissin und den Konvent auf Lebenszeit zu versorgen, erregte dies den Unmut der Klosterfrauen. Denn der Kurfürst hatte den Ständen auf dem Landtag 1540 versprochen, die zur Versorgung lediger und verwitweter adeliger Frauen dienenden Nonnenklöster zu erhalten. Mit der Verpfändung der klösterlichen Güter nahm er ihnen nicht nur ihre Selbständigkeit und Eigenverantwortung über ihre Lebensgrundlage, sondern brach damit zugleich sein Wort. Die Nonnen wandten sich daraufhin an die Landstände und baten diese um Hilfe. Der Streit weitete sich in der Folge auf die gesamte Ritterschaft der Altmark und der Prignitz aus, die das Vorgehen Joachims II. nicht nur als rücksichtslos gegenüber ihren Standesangehörigen betrachteten, sondern auch die mit der Verpfändung verbundenen wirtschaftlichen Interessen des Kurfürsten durchschauten.[2] Doch der Konflikt hielt an. Eine Lösung war nicht in Sicht. Vielmehr schien sich das Ganze zum Exempel für alle auszuweiten, die die Autorität des Kurfürsten zukünftig in Frage stellen

III. 5    Verschreibungsurkunde des Klosters Heiligengrabe durch Joachim II. an Kurt von Rohr, 1546

würden. Am 18. Mai 1546 verschrieb der Kurfürst das Kloster Heiligengrabe erneut an Kurt von Rohr und seinen Sohn, diesmal auf Lebenszeit.[3] Allerdings war der Kauf an eine Bedingung gebunden. Sollte der Kurfürst das Kloster zu eigenen Zwecken brauchen, konnten die Verschreibung aufgehoben und Kurt von Rohr die 5000 Gulden zurückgegeben werden. Mit dieser Klausel war es jederzeit möglich, das Kloster wieder auszulösen. Erst 1549 wurde der Konflikt durch Vermittlung von Familienangehörigen der Äbtissin beigelegt. Die Verpfändung wurde aufgehoben. Allerdings war der Konvent gezwungen, die Pfandsumme für Kurt von Rohr zu übernehmen.

1  Vgl.: BLHA, Pr. Br. Rep. 10B, Zisterzienserinnenkloster Stift Heiligengrabe, Urkunde Nr. 29.
2  Siehe zu den Einzelheiten des Streits ausführlich: Simon 1929a, S. 101–136. – Kugler-Simmerl 2003, S. 120ff. – Hackstein 2005. – Escher 2008, S. 37.
3  Vgl.: BLHA, Pr. Br. Rep. 10B, Zisterzienserinnenkloster Stift Heiligengrabe, Urkunde Nr. 30.

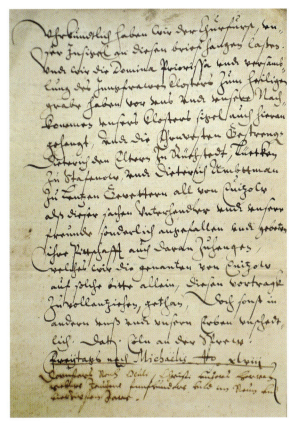

III. 6  Aussöhnungsvertrag, letzte Seite

## III. 6
**Vertrag zwischen dem Kurfürsten Joachim II. von Brandenburg und dem Kloster Heiligengrabe, Cölln an der Spree, 5. Oktober 1548 (Abschrift um 1710)**

Reproduktion
Kloster Stift zum Heiligengrabe, StAH, Nr. 633

Kern des langandauernden Streites zwischen der Landesherrschaft und dem Kloster war die Forderung des brandenburgischen Kurfürsten, die Verwaltung der geistlichen Güter einem weltlichen Beamten zu übertragen, statt wie bisher dem Propst. Damit hätten die Frauen jedoch auf ein altes, für das Selbstverständnis geistlicher Stiftungen zentrales Recht verzichtet. Entsprechend heftig war ihr Widerstand. Ein umfangreicher Briefwechsel zwischen Äbtissin, Konvent, der umliegenden Ritterschaft und dem Kurfürsten

offenbart die wahren Hintergründe der Auseinandersetzung.[1] Danach waren nicht die Anerkennung der Kirchenordnung und ihrer Glaubensinhalte Ursache des Konflikts – bereits 1539 hatte man der neuen Kirchenordnung zugestimmt –, vielmehr sahen die Frauen ihre wirtschaftliche Grundlage durch den Landesherrn angetastet. Zu einer Aussöhnung kam es lange Zeit nicht. Schließlich erfolgte die Besetzung des Klosters durch landesherrliche Truppen, und den auswärtigen Nonnen, darunter auch die Äbtissin Anna von Quitzow, wurde der Zutritt zum Kloster verweigert. Die Streitigkeiten fanden erst ein Ende, als die Ritterschaft für die Frauen Partei ergriff.[2]

Das Kloster entging damit nur knapp seiner Auflösung. Sein Fortbestehen als evangelisches Damenstift hat es sich letztlich jedoch teuer erkaufen müssen. »Freytags nach Michaelis Ao XLIII« (5. Oktober 1548) wurde dem Konvent die Erlaubnis zur Rückkehr ins Kloster erteilt. Der Vertrag[3] – auch als Aussöhnungsschreiben zwischen dem Kloster und dem Kurfürsten bezeichnet – hält u.a. fest, dass das Kloster die 5000 Gulden zur Tilgung der Schulden des Kurfürsten an Kurt von Rohr übernimmt, wodurch der Konvent wieder in den Besitz seiner Rechte und Güter gelangt. Ferner solle das Kloster sich einsichtig zeigen und seine Schuld anerkennen. Jegliche Klagen müsse man fallenlassen, und auch gegenüber den im Kloster verbliebenen Nonnen, die dem Kurfürsten gehorsam waren, solle man nicht nachtragend sein. Domina und Konvent sollen die Kirchenordnung anerkennen. Durch einen heiligen Eid sollen alle Frauen schwören, dass sie den Vertrag halten und kein höheres Gericht um Hilfe anrufen.

Unter festlichem Gesang zogen die Frauen am Dienstag nach Miserikordias Domini 1548, also am 17. April[4], wieder in ihr Kloster ein. Noch lange danach sollen sie diesen Tag jährlich als »Klostereinzugsfest« gefeiert haben.

1 Vgl.: GStA PK, I. HA Rep. 21, Nr. 71a, Vol. I–VI. Der Streit ist auch nachzulesen in den Aufzeichnungen Bekmanns aus dem 18. Jahrhundert; vgl. GStA PK ,VI. HA Rep. 92 Bekmann, Heiligengrabe.
2 Ausführlich dazu: Simon 1929, S. 101–136. – Kugler-Simmerl 2003, S. 120ff. – Hackstein 2005. – Escher 2008, S. 37.
3 In vollem Wortlaut abgedruckt bei: Riedel 1838, S. 505f.
4 Die Datumsangabe variiert in der Literatur. Siehe zur Richtigstellung: Simon 1929, S. 132, Anm. 132.

## III. 7
## Grapen

16. Jahrhundert
Bronzeguss, Eisen geschmiedet (Henkel)
Bez.: umlaufend auf der Wandung »elisabeth konesmarcken domina tom dem heilhgen grafe anno Lxx [?]«
H 29,1 cm; D 27 cm; G 14,75 kg
Hamburg, Altonaer Museum in Hamburg, Norddeutsches Landesmuseum, Inv.-Nr. 1661

Der ungewöhnlich große Grapen[1] (Abb. S. 32) aus Heiligengrabe könnte als Speisetopf für eine größere Mahlzeit gedacht gewesen sein, bei der einst der gesamte Konvent zusammenkam. Das gemeinsame Mahl, insbesondere das einer klösterlichen Gemeinschaft, war von jeher ein Sinnbild der Eintracht und Versöhnung. 1904 erwarb das Altonaer Museum den Grapen, der laut Vorbesitzer auf der Nordseeinsel Pellworm gefunden wurde.[2]

Den Gefäßkörper umgibt eine Minuskelinschrift, die sowohl das Jahr der Stiftung als auch die Stifterin des Grapens nennt: »elisabeth. konesmarcken. domina. tom. dem. heilhgen. grafe. anno Lxx [?]«.

Obwohl die Jahresangabe am Ende der Inschrift nicht eindeutig zu identifizieren ist, wird der Grapen allgemein auf 1470 datiert.[3] Die Bezeichnung »domina« wie auch die Schreibweise »heilhgen grafe« deuten indes eher auf eine Entstehung nach der Reformation hin. Hierfür spricht ebenfalls die Historie des Klosters: Während der Streitigkeiten mit dem Kurfürsten wird eine Elisabeth von Königsmarck unter den im Kloster lebenden Nonnen erwähnt.[4] Um seine Forderungen durchzusetzen, verweigerte der Kurfürst Joachim II. den Nonnen die Versorgung mit Nahrungsmitteln. Viele von ihnen, darunter auch die Äbtissin, verließen das Kloster. Eine zur Vermittlung eingesetzte Kommission forderte die Nonnen 1544 auf, aus der Reihe der im Kloster verbliebenen Frauen, wozu auch Elisabeth von Königsmark zählte, eine neue Domina zu wählen. Die Korrespondenz zwischen Konvent und Vermittlern lässt sogar erkennen, dass die Frauen zu Zugeständnissen bereit waren.[5] Vor diesem Hintergrund ist durchaus denkbar, dass man aufgrund der rechtlich prekären Situation, schon allein um verhandlungsfähig zu bleiben, Elisabeth von Königsmarck zur neuen Domina bestimmte.[6] Die Nachricht, dass Äbtissin Anna von Quitzow sich zu Fuß nach Wien an den kaiserlichen Hof aufgemacht und dort ein Mandat erwirkt haben soll, woraufhin man sie wieder in ihr Amt hat einsetzen müssen, ist kaum zu belegen.[7] Gewiss ist jedoch, dass noch im selben Jahr, 1544, die Rückkehr des Konvents ins Kloster begann.[8]

Eine Ahnung davon, wie sehr die zurückliegenden Ereignisse zur Zerreißprobe für die Frauengemeinschaft geworden waren, lässt sich indirekt dem Aussöhnungsvertrag von 1548 zwischen Kloster und Kurfürst entnehmen. Dieser hält ausdrücklich das Versprechen fest, dass der Konvent die zum Einlenken gewillten Nonnen ihr Verhalten nicht büßen lasse.[9]

Vieles spricht daher dafür, dass die Stiftung des Grapens in einem Zusammenhang mit den turbulenten Ereignissen um die Einführung der Reformation im Kloster Heiligengrabe steht. Möglicherweise suchte denn auch die Stifterin Elisabeth von Königsmarck durch ein derart prominentes Geschenk ihre zweifelhafte Position als Domina zu manifestieren. Auffällig ist zudem, dass Äbtissin Anna von Quitzow ihr Amt vorzeitig, bereits 1549, niederlegte.[10] Ihre Nachfolgerin, Ursula von der Schulenburg, soll ebenfalls schon bald resigniert haben.[11] Erst mit der folgenden Äbtissin, Lucia von Königsmarck (gest. 1581), ab 1561 im Amt[12], gewinnt die Familie, ähnlich wie sie es schon einmal zur Zeit der Gründung tat, für die Geschichte des Klosters wieder größere Bedeutung.[13]

1   Mit Grapen (niederdeutsch: grapen, gropen = aushöhlen) bezeichnete man seit dem 13. Jahrhundert kugelförmige Gefäße auf drei Beinen aus Ton oder Metall, die der Zubereitung von Hafer- und Buchweizengrütze dienten. Sie waren äußerst wertvoll und wurden deshalb oft über Generationen weitervererbt.

2   Unter der lfd. Nummer 1661 im Inventarband des Altonaer Museums heißt es: »1 alter Bronzegrapen mit Minuskeln v. Pellworm 1570«.

3   Vgl.: DRESCHER 1967, S. 62f., der jedoch die nur schwer deutbare lateinische Zahl »Lxx« nicht weiter analysiert und auch die angeführten genealogischen Belege nicht überzeugend auswertet.

4   1544 ist eine Elisabeth von Königsmarck als Nonne in Heiligengrabe belegt. Vgl.: GStA PK, Rep. 21, 71a, Vol. II, Bl. 68–73. Vgl. auch: SIMON 1929, S. 127.

5   Vgl.: SIMON 1929, S. 126ff.

6   Vgl. zur Frage der Neuwahl auch: SIMON 1929, S. 128, der dies jedoch für unwahrscheinlich hält.

7   Vgl.: BLHA, Pr. Br. Rep 10 B, Nr. 139 (Acta betr. das Kloster Stepenitz 1808–1313), unpag. Siehe auch: SIMON 1929, S. 133, Anm. 136.

8   Vgl.: SIMON 1929, S. 130 und Anm. 124.

9   Dass es hinsichtlich der Lösung des Konflikts unterschiedliche Auffassungen gab, bezeugt das Aussöhnungsschreiben zwischen Kurfürst und Konvent vom 5. Oktober 1548, worin es heißt, dass das Kloster verspricht, diejenigen Nonnen, die dem Kurfürsten gehorsam und im Kloster geblieben seien, in keiner Weise bedrückt würden, noch dass man sie entgelten lasse, dass sie der Domina eine Zeit lang nicht gefolgt seien. Vgl.: StAH, Nr. 633 (Abschrift des Originals von ca. 1720). Ebenso: RIEDEL 1838, S. 505f. Vgl. auch: KIECKEBUSCH 2008, S. 88.

10  Sie verstarb erst 1565. Vgl.: Brandenburg, Domarchiv, Gesamtkirchenbuch Heiligengrabe, Techow und Bölzke, fol. 104v, und KIECKEBUSCH 2008, S. 89.

11  Vgl.: Brandenburg, Domarchiv, Gesamtkirchenbuch Heiligengrabe, Techow und Bölzke, fol. 104v, ähnlich: KIECKEBUSCH 2008, S. 89.

12  Nach KIECKEBUSCH 2008, S. 90 und Anm. 276, erfolgte ihre Amtseinführung 1561. Johannes Helwig, Pfarrer von Techow 1667–81, erwähnt sie unter »Des Klosters Dominae seit der Reformation« an dritter Stelle: »Lucia von Königsmarck aus Kötzlin. vixit dominum 1575. […] † 1581.«. Vgl.: Brandenburg, Domarchiv, Gesamtkirchenbuch Heiligengrabe, Techow und Bölzke, fol. 104v.

13  Während ihrer Regentschaft machen Mitglieder der Familie mehrfach größere Geldanleihen beim Kloster. Zu den frühen Beziehungen siehe: CZUBATYNSKI 1998/99, bes. S. 146ff.

# IV

# Zwischen den Fronten.
# Vom Dreißigjährigen Krieg zum »wahren Glauben«

Im Dreißigjährigen Krieg lag das Kloster in unmittelbarer Nähe zum Kampfgebiet der Schlacht bei Wittstock (1636). Abziehende Truppen, Brandschatzungen und anschließende Plünderungen hatten es stark in Mitleidenschaft gezogen. Die Frauen waren während dieser Zeit nach Wittstock auf die Bischofsburg geflüchtet. Auf diese Weise überlebten sie zwar den Krieg, viele starben jedoch während der darauf folgenden Hungersnot und Pest. Nur wenige kehrten 1645 unter der Domina Anna von Rathenow ins Kloster zurück. Ihr ganzes Streben galt jetzt dem Wiederaufbau der Abtei.

Das einst durch Gelübde besiegelte lebenslange Klausurgebot gab es seit der Reformation nicht mehr, und auch das Gemeinschaftsleben hatte man schon vor dem Krieg aufgegeben. Dennoch unterlagen die Klosterfrauen auch weiterhin strengen Regeln der Lebensführung. Grundsätzlich war ihnen zwar erlaubt – z.B. zum Zweck der Eheschließung –, aus dem Konvent auch wieder auszuscheiden. In der Praxis sah dies meist jedoch viel schwieriger aus, denn die Familien der Frauen hatten oft gar kein Interesse daran. Da die Abtei zunächst unbewohnbar war, errichtete man kleine Häuser östlich der Klausur, die sogenannten Kurien, in denen die Damen ihren eigenen Haushalt führten. 1719 fielen diese einem verheerenden Brand zum Opfer, wurden aber schon bald darauf durch barocke Fachwerkhäuser ersetzt. Als sogenannter Damenplatz existieren sie bis heute.

Größere Bedeutung wurde indes noch lange den gemeinsamen Mahlzeiten beigemessen, zu denen sich die Stiftsdamen regelmäßig versammelten. Ihre alte Tracht hatten sie abgelegt und trugen nun ein schlichtes schwarzwollenes Gewand. Vermutlich gehörte schon damals auch die Unterbringung und Erziehung von Kindern – meist Verwandte – zu den Aufgaben der Stiftsdamen. Ebenso widmeten sie sich der Armen- und Krankenpflege.

Wohl erst seit dieser Zeit wurden die Vorgaben eines christlichen Lebens nach reformatorischen Grundsätzen auch wirklich befolgt. Im Mittelpunkt des religiösen Lebens stand nun die Verkündigung des Wortes Gottes. Dazu gehörten das Lesen der Lutherbibel und der deutsche Kirchengesang. Die Damen hingen einer vom Pietismus kommenden, zum Teil sogar mystisch geprägten Frömmigkeit und Spiritualität an. Besonders die Schriften des Theologen Johann Arndt, die auf Erbauung und Förderung des »inneren Menschen« und auf den »wahren, lebendigen Glauben« zielten, fanden bei den Frauen Anklang. Welche Rolle besonders die geistliche Literatur während dieser Zeit in Heiligengrabe spielte, belegt die Anschaffung zahlreicher Bücher dieser Gattung, mit denen man den Wiederaufbau der im Dreißigjährigen Krieg zerstörten Bibliothek begann. 1668 machte der damalige Stiftshauptmann Erdmann von Bertikow mit einer zehnbändigen Ausgabe von Luthers Schriften einen »höchstrühmlichen Anfang zur Reparation der verwüsteten Bibliothek«. 1670 sammelten die Frauen 23 Taler eigens zur Anschaffung von elf christlichen Erbauungsschriften. Einen herben Rückschlag erfuhr die Bibliothek allerdings schon bald darauf im Jahre 1672 durch die geforderte Herausgabe von 19 Bänden an die Kurfürstliche Bibliothek in Berlin. In dieselbe Zeit fällt die barocke Ausstattung der Stiftskirche, die heute nur noch in wenigen Teilen erhalten ist.

Lit.: Enders 2001. – Czubatynski 2007. – Kieckebusch 2008, bes. S. 465ff. – Holland/Potthoff 2008.

IV. 1
## Plan der Schlacht bei Wittstock

aus: Matthäus Merian: »Theatrum Europæum«
Frankfurt am Main, 1640
Kupferstich
H 27 cm; B 36 cm
Kloster Stift zum Heiligengrabe

Heiligengrabe lag in unmittelbarer Nähe eines der berühmtesten Kriegsschauplätze des Dreißigjährigen Krieges. In der Schlacht am Scharfenberg siegte am 24. September (4. Oktober) 1636 die zahlenmäßig weit unterlegene schwedische Armee über die kaiserlich-sächsischen Truppen. Die Schweden setzten den Fliehenden nach und erbeuteten nicht nur Kanonen,

Munition und Proviant, sondern auch die sächsische Kriegskasse. Der Schlacht und ihren Folgen fielen fast 6000 Menschen zum Opfer.[1]

Wittstock und seine Umgebung war eine der am meisten verheerten Regionen des Dreißigjährigen Krieges. Das nahegelegene Kloster wurde geplündert und ausgebrannt. Die Frauen flüchteten auf die Bischofsburg nach Wittstock. Als der Krieg vorbei war, starben die meisten an der Pest. Nur wenige kehrten nach dem Krieg ins Kloster zurück. Erst um 1645 machte man sich unter der Domina Anna von Rathenow an den Wiederaufbau. Es entstand der Damenplatz.[2]

Der Schlachtplan erschien erstmals 1640 in Matthäus Merians »Theatrum Europaeum«, einem umfangreichen topographischen Werk, in dem wie

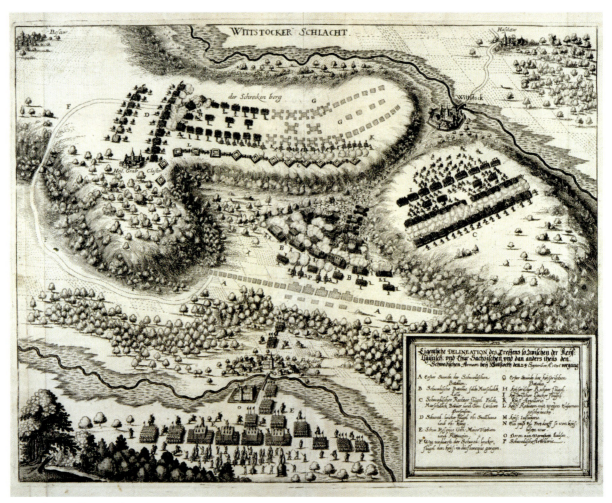

IV. 1    Matthäus Merian: Wittstocker Schlacht von 1636

*Zwischen den Fronten*

durch ein Fernrohr der Blick des Betrachters auf zeitgenössische Kriegsschauplätze und Städte gerichtet wird. So zeigt auch dieser Plan in Vogelperspektive die Aufstellung der Truppen während der »Wittstocker Schlacht«. Unten rechts befindet sich eine Legende zur Erschließung militärischer Details.

1 Vgl.: GUTHRIE 2003, S. 37–76. – Museum des Dreißigjährigen Krieges 1998.
2 Obgleich davon auszugehen ist, dass schon mit Einführung der Reformation und dem aufgehobenen Klausurgebot mit dem Bau jenseits der Abtei gelegener Wohnhäuser für Stiftsdamen begonnen wurde – angeblich hätten schon zur Zeit der Äbtissin Anna von Quitzow einzelne adelige Familien ihren Töchtern sog. Erbhäuser errichtet, die nur Mädchen dieser Familie bewohnen durften –, gilt der Zeitpunkt nach dem Ende des Dreißigjährigen Krieges gemeinhin als eigentlicher Baubeginn des Damenplatzes. Diese ältere Bebauung ist nahezu völlig beim Brand 1719 verlorengegangen und wurde durch den noch heute erhaltenen Häuserkomplex ersetzt, den das Stift auf eigene Kosten, jedoch nur »in Dach und Fach«, errichtete. Ausbauen musste jedes Fräulein das Haus auf eigene Kosten, und die Nachfolgerin übernahm, was noch nicht abgewohnt war. Seitdem gilt auch das Prinzip der Erbhäuser nicht mehr, sondern wurde durch das Verfahren des »Einschreibens« ersetzt. Vgl. dazu: BLHA, Pr. Br. Rep 10 B, Nr. 139 (Acta betr. das Kloster Stepenitz 1808–1813): Kopie eines Schreibens von August Heinrich von Quitzow an Landrat Friedrich von Petersdorff in Perleberg v. 25. Juni o.J. – Siehe zur baulichen Entwicklung des Damenplatzes auch die neuesten Untersuchungen von: HOLLAND/POTTHOFF 2008.

## IV. 2

### Auferstehender Christus

Ende 17. Jahrhundert
Lindenholz, polychrom gefasst, teilweise vergoldet
H 115 cm; B 50 cm; T 27 cm
Kloster Stift zum Heiligengrabe

### Zierelement von der barocken Ausstattung der Stiftskirche

Ende 17. Jahrhundert
Lindenholz, polychrom gefasst, teilweise vergoldet
H 84 cm; B 10 cm; T 4 cm
Kloster Stift zum Heiligengrabe

Bei der stark auf Untersicht gearbeiteten Skulptur[1] handelt es sich um die Darstellung des auferstehenden Christus. (Abb. S. 40) Der ikonographisch an Weltgerichtsdarstellungen orientierte Erlöser mit Seitenwunde hält die linke Hand zum Segensgestus erhoben, mit der rechten umfasste er ursprünglich den Stab der Kreuzesfahne – typischer Gestus des Auferstehenden. Offenbar gehörte die Skulptur zur ehemaligen barocken Ausstattung der Stiftskirche. Dort könnte sie den Schalldeckel der Kanzel geziert haben oder war Teil eines barocken Altaraufsatzes. Drei ebenfalls noch erhaltene Prophetenfiguren aus Lindenholz, gleichfalls farbig gefasst, darunter ein Moses, scheinen demselben Zusammenhang wie die Christusfigur zu entstammen.[2] So werden in den »Kunstdenkmälern der Provinz Brandenburg« von 1907 noch mehrere erhaltene holzgeschnitzte Figuren erwähnt, »sämtlich von barockem Charakter«.[3] Darunter soll sich auch ein Taufengel befunden haben. Ihr ursprünglicher Zusammenhang lässt sich heute jedoch kaum noch rekonstruieren. 1719 hat es einen verheerenden Brand in der Abtei gegeben, dem große Teile der Stiftskirche und der angrenzenden Klausurgebäude zum Opfer fielen. Der mittelalterliche Nonnenchor, zahlreiche farbige Glasfenster, ein schon 1474 erwähntes Altargemälde und die aus vorreformatorischer Zeit stammenden Nebenaltäre gingen in dem Zusammenhang verloren.[4] Nur wenige Teile der barocken Ausstattung haben sich erhalten.

1 2007 restauriert durch Christiane Thiel, Potsdam.
2 Im Unterschied zur Christusfigur sind die Propheten mit einem bräunlichen, Holz imitierenden Anstrich überzogen. Fehlstellen lassen jedoch noch die darunter befindliche polychrome Fassung mit teilweiser Vergoldung erkennen. Die Figuren sind heute magaziniert.
3 Schon damals vermutete man, dass die im Chor abgestellten Figuren zur alten Kanzel gehörten. In der südwestlich gelegenen Kammer der Kirche waren neben anderen Altertümern noch »zwei hölzerne Figuren mit je einem aufgereckten Arm« sowie ein farbig gefasster, wenngleich schlecht erhaltener Taufengel untergebracht. Vgl.: EICHHOLZ/SOLGER/SPATZ 1907, S. 72f.
4 Vgl.: SIMON 1929, S. 38. – KIECKEBUSCH 2008, S. 177.

IV. 3  Opferbecken

## IV. 3
### Opferbecken

Wittstock, um 1730
Zinn
Marken: Beschauzeichen für Wittstock; Meisterzeichen Metzel
Dm 22 cm; H 6 cm
Kloster Stift zum Heiligengrabe

Zur Ausstattung von Kirchen gehören seit dem Mittelalter Armenblöcke, Opfertruhen oder mitunter kunstvoll gearbeitete Opferbüchsen. Die zinnene Schale mit stark gewölbtem Spiegel wurde vermutlich in der Klosterkirche als Opferbecken gebraucht.[1] Auf der Fahne ist sie mit zwei gekreuzten Bischofsstäben gemarkt, dem für Wittstocker Zinngießer üblichen Beschauzeichen.[2] Die Mark Brandenburg war schon früh bekannt für ihre hervorragenden Werke des Zinngusses. Zu Beginn des 17. Jahrhunderts gab es in Wittstock zahlreiche Familien, die das Handwerk des Zinn- oder Kannengießers betrieben.[3] Laut Churmärkischer Polizeiordnung war seit 1550 die Stempelung aller Geräte für Zinngießer vorgeschrieben. Das feine Zinn sollte mit zwei Stadtzeichen und dem Meisterzeichen markiert werden. 1691 wurde dagegen durch ein Berliner Privileg verordnet, dass die Stadtmarke nur einmal und die Meistermarke zweimal zu erscheinen habe. Beide Male erging die Anordnung

durch die Landesherrschaft.[4] Aufgrund der Stempelung mit zweifachem Meisterzeichen, einem Henkelgefäß mit drei Rosenblüten, lässt sich die Schale der Familie Metzel zuweisen, die zwischen 1693 und 1774 über mehrere Generationen hinweg das Zinngießerhandwerk in Wittstock ausübte.[5]

1 Ein Inventarverzeichnis der Stiftskirche aus dem Jahre 1810 erwähnt »1 zinnenes Taufbecken« und »4 Zinnteller zum Kollekten-Einsammeln«. Vgl.: Kieckebusch 2008, S. 198.
2 Vgl.: Hintze 1964, S. 453ff.
3 Polthier 1933, S. 223.
4 Vgl.: Haedeke 1963, S. 287.
5 Die Marken sind im unteren Bereich leicht verschlagen. Wahrscheinlich aber handelt es sich um den seit 1730 als Zinngießer in Wittstock nachgewiesenen Sohn des Johann Metzel, welcher mit den Initialen PM signierte. Vgl.: Hintze 1963, S. 456, Nr. 2468.

## IV. 4
### Johann Friedrich Recken (?)
### Abendmahlskelch

1790
Zinn
Bez.: Umschrift unleserlich; »1790«
Marken: Engel-Marke (Feinzinn); Marke »IFR«
H 23,5 cm; D 13,5 cm
Kloster Stift zum Heiligengrabe, V331 C121

## IV. 5
### Kollektenteller

Um 1790
Marken: 3 Punzen mit Engel-Marke (Feinzinn); Lorbeerkranz mit Umschrift »ARNOLT LEEKINGH« (?)
Dm 23 cm
Kloster Stift zum Heiligengrabe, V334 C124

Bereits vor der Einführung der Reformation verwahrte eine der Nonnen des Konvents die heiligen Geräte und Ornate für den Dienst am Altar und händigte sie nur bei Bedarf dem Altaristen aus.[1] Während des Streits mit dem Kurfürsten von 1542 bis 1548 wurden die Nonnen mehrfach zur Herausgabe ihrer Kleinodien, der Kruzifixe und Kelche aufgefordert.[2] Vorsorglich hatten die Frauen jedoch alles in Sicherheit gebracht. Auch andernorts blieben auf die Weise Kelche und

Patenen, die auf Befehl des Landesherrn eingezogen werden sollten, im Besitz der Gemeinden. Erst in den Wirren des Dreißigjährigen Krieges soll, wie später gemutmaßt wurde[3], das mittelalterliche Kirchengerät verlorengegangen sein.

Der schlichte, jedoch ausgesprochen stattliche, durch eine Jahreszahl auf dem Fuß auf 1790 zu datierende Abendmahlskelch wurde vermutlich für die Klosterkirche gestiftet. Seine Meistermarke deutet wohl auf den ab 1757 als Zinngießer in Pritzwalk tätigen Johann Friedrich Recken hin.[4] Dazu gehört ein passender Kollektenteller, dessen Meistermarke allerdings nicht eindeutig zu identifizieren ist.[5] Beide bestehen aus hochwertigem bleifreien Feinzinn, das bei entsprechender Pflege wie Silber glänzte. 1790 wurde Magdalena Maria Rosina von Quitzow zur neuen Äbtissin des Klosters Heiligengrabe gewählt, ein Umstand, der vielleicht Anlass für die Stiftung neuer Abendmahlsgeräte war.[6]

1   Vgl.: Simon 1929, S. 52.
2   Ob dies je erfolgt ist, ist ungewiss. Vgl.: Simon 1929, S. 126.
3   Vgl.: Simon 1929, S. 9f., der diese Behauptung jedoch zu entkräften sucht. Immer wieder wurde dagegen von Einbrüchen sowohl in die Stifts- wie auch in die Techower Dorfkirche berichtet, wobei kostbare Gegenstände wie Altardecken, Kelche und Oblatenschüsseln entwendet worden seien. Vgl.: Kieckebusch 2008, S. 198, Anm. 613.

4   Vgl.: Hintze 1964, S. 341.
5   Dreifach punziert mit Engel-Marke, umgeben von Lorbeerkranz mit schlecht leserlicher Umschrift »ARNOLT LEEKINGH«, nicht nachweisbar.
6   Ein Inventarverzeichnis von 1810 über die Ausstattung der Stiftskirche verzeichnet mehrere silber-vergoldete Vasa sacra und vier Zinnteller zum Einsammeln der Kollekte. Vermutlich kamen die Gefäße je nach Bedarf und Anzahl der Gottesdienstbesucher zum Einsatz. Vgl.: Kieckebusch 2008, S. 197f.

## IV. 6

### Biblia. Mit der Außlegung. Das ist: Die gantze Heilige Schrift/ Altes und Neues Testaments/ D. Martini Lutheri/ Mit einer kurtzen/ jedoch gründlichen Erklärung deß Textes/ D. Lucae Osiandri

Lüneburg, 1711
Papier, Leder über Holzdeckeln, Messingbeschläge
H 45 cm; B 31 cm; T 15 cm
Kloster Stift zum Heiligengrabe, Stiftsbibliothek

Die erstmals im Jahre 1650 im Lüneburger Verlag Stern[1] erschienene, sogenannte »Osiander-Bibel« erhielt ihren Namen nach dem Verfasser des Kommentars, dem reformatorischen Theologen Lucas Osiander d. Ä.

IV. 4 und IV. 5
Abendmahlskelch und Kollektenteller

Sie ist eine reine Textbibel, bei der man auf die Bewahrung des lutherischen Textes großen Wert legte und keine Illustrationen von Gottes Wort ablenken sollten. Lediglich ein prächtiges Titelkupfer und ein aufwendig gestaltetes Titelblatt gehen dem Text voran.

Laut handschriftlicher Widmung auf dem Vorsatzblatt ist die Bibel eine Schenkung der Anna Catharina von Grabow aus dem Jahre 1725. Ausdrücklich ist sie für den gottesdienstlichen Gebrauch in der Klosterkirche bestimmt. Die Widmung schließt mit den Worten: »Daß alle diejenigen so dieses edle Buch lesen und gebrauchen, die rechten Schätze der Weißheit und des Erkenntnißes nach Anweisung des Weisen Salomonis mögen mit Fleiß darin suchen, dieselben im Glauben an Christo Jesu finden und schenken, und dort in höchster Vollkommenheit und Freude besitzen und ewiglich genießen, solches wünscht von Herzens Grunde und Schenket zu dem Ende diese Bibel in die Kirche des Closters Zum Heiligen Grabe. Anno 1725 III. August. Anna Catharina von Grabow.« Zitate aus den Sprüchen Salomos (Spr. II. 2–5) und dem Kolosserbrief (Kol. 2,3) sind der Widmung als Motto

vorangestellt. Der ledergeprägte Einband mit Messingschließen trägt neben den Initialen der Stifterin auch das Jahr der Schenkung.

Anna Catharina von Grabow trat unter der Domina Anna Dorothea von Mundt als Konventualin ins Kloster ein und verstarb daselbst 73jährig nach langer Krankheit am 8. August 1732.[2] Vermutlich war die Bibel eine Schenkung nach dem verheerenden Brand 1719, durch den große Teile der Kirche und deren Ausstattung vernichtet worden waren.

1   Der Verlag begann 1612 mit dem Druck von Bibeln. Über zwei Jahrhunderte hinweg entstanden hier über 70 Bibelausgaben in hohen Auflagen. Neben dem Nürnberger Verlag Endter galten die »Sterne« als die besten Bibeldrucker Deutschlands.
2   Anlässlich ihres Todes verfasste der damalige Prediger des Klosters, Joachim Lehfeld, eine »Gedächtnis-Predigt«, die auch eine Ahnenaufstellung, die Lebensdaten und die Umstände ihrer Aufnahme ins Kloster – sie war seit ihrem 22. Lebensjahr Vollwaise – überliefert (LEHFELD 1732, S. 51–57).

*Zwischen den Fronten*

## IV. 7

**Joachim Lehfeld**

**Die Herrlichkeit der Kirche Christi in der letzten Zeit an dem Vorbilde des neuen Tempels und Jerusalems in den 9 letzten Capiteln Heseckiels beschrieben**

Halle, 1752
Papier, Pappeinband
H 17,5 cm; B 10,5 cm; T 3 cm
Kloster Stift zum Heiligengrabe, Stiftsbibliothek

Joachim Lehfeld kam 1730 als Stiftsprediger nach Heiligengrabe und bekleidete dieses Amt bis zu seinem Tode 1771.[1] Neben Leichenpredigten auf hochgestellte Persönlichkeiten des Prignitzer Adels wie den Stiftshauptmann Christian Ludwig von Rohr und Anna Catharina von Grabow, Konventualin des Klosters zum Heiligengrabe[2], verfasste er auch die hier ausgestellte Schrift »Die Herrlichkeit der Kirche Christi« aus dem Jahre 1752. Ihr geht eine Vorrede von Johann Georg Knapp voraus, Professor der Theologie in Halle und ab 1769 Direktor der Franckeschen Anstalten.

Schon während Lehfelds Amtszeit gelangte die Stiftsbibliothek in den Besitz vieler noch heute vorhandener Bücher.[3] Zum Teil wurden sie gezielt angeschafft, andere Bücher waren Geschenke von Gönnern oder stammten aus dem privaten Besitz der Stiftsdamen. Den Grundstock legte bereits 1668 Stiftshauptmann Erdmann von Bertikow mit einer zehnbändigen Ausgabe aller Schriften Martin Luthers. Ihrem Bedürfnis nach mehr geistlicher Literatur kamen die Frauen um 1670 durch die Anschaffung von elf christlichen Erbauungsschriften nach, wofür sie 23 Thaler sammelten. Hart traf darum 1672 den Konvent die Forderung nach der Herausgabe von 19 Bänden an die Kurfürstliche Bibliothek in Berlin, darunter mehrere lateinische Drucke, deren Anschaffung wohl noch in vorreformatorischer Zeit erfolgte und die als ein interessanter Beleg für den Grad der Bildung im Kloster gelten können. Der jüngere Bestand setzt sich vornehmlich aus Werken der Aufklärungszeit zusammen, mit einem hohen Anteil an französischer Literatur. Die in ihrer Zusammensetzung einmalige Bibliothek spiegelt vor allem die Muße, den bescheidenen Wohlstand, aber auch den geistigen Horizont der Stiftsdamen.[4]

1 Vgl.: Kieckebusch 2008, S. 202.
2 Vgl.: Lehfeld 1731. – Lehfeld 1732. – Czubatynski 2003.
3 Den weit größeren Teil der Bibliothek aber sammelte man in den letzten Jahrzehnten des 18. Jahrhunderts, als Gottlob Joachim von Hindenberg Stiftsprediger war, welcher bei der Auswahl der Bücher der Äbtissin möglicherweise beratend zur Seite stand.
4 Ausführlich dazu: Röper 2001. Siehe auch: Czubatynski 1996. – Czubatynski 2007. – Amtmann 2003.

## IV. 8

**Johann Crüger**

**PRAXIS PIETATIS MELICA. Das ist Uebung der Gottseeligkeit in Christlichen und trostreichen Gesängen**

Berlin, 1690
Papier, Pappeinband
Kleinoktav
Kloster Stift zum Heiligengrabe, Stiftsbibliothek

Das Gesangbuch von Johann Crüger wurde 1640 zunächst unter dem Titel »Newes vollkömliches Gesangbuch, Augspurgischer Confession« in Berlin herausgegeben. Erst ab der zweiten Auflage trug es den Titel »Praxis pietatis melica«.

Crüger hatte zunächst in Wittenberg Theologie studiert. 1622 wurde er als Kantor an die St. Nicolai-Kirche in Berlin berufen und lehrte dort zugleich am Gymnasium »Zum Grauen Kloster«.[1]

Gesangbücher waren bis dahin häusliche Erbauungsbücher. Crüger bestimmte sein »Newes vollkömliches Gesangbuch, Augspurgischer Confession« ausdrücklich für den Gebrauch in den Kirchengemeinden. Neben Liedern Martin Luthers, Johann Hermann Scheins und Paul Gerhardts versammelt es auch ältere Kirchenlieder, die Crüger zum Teil mit ganz neuen Melodien versehen hatte. Im Anhang enthält es Gebete für jeden Wochentag und für besondere Anlässe. Bis ins späte 18. Jahrhundert immer wieder aufgelegt, gilt die »PRAXIS PIETATIS MELICA« als das wichtigste evangelische Kirchengesangbuch des 17. Jahrhunderts. Noch heute versammelt das Evangelische Gesangbuch etliche seiner Melodien und Choralsätze.

1 Vgl.: Bunners 1999. – Noack/Splett 1997, S. 103–117, bes. S. 106ff.

# V

# Disziplinierung und Unabhängigkeit.
# Leben am »Damenplatz« im 18. und frühen 19. Jahrhundert

Auch im 18. Jahrhundert oblag den Hohenzollern als Landesherren die Aufsicht über die Klöster ihres Herrschaftsgebietes. Ihre Verantwortung für das Damenstift Heiligengrabe drückte sich vor allem in der Vergabe der Statuten aus. In ihnen war das Zusammenleben der Frauen geregelt, sie enthielten Bestimmungen über die Stellung der Äbtissin sowie die Bedingungen der Aufnahme, die Aufgaben und die Versorgung der Stiftsdamen. Vorrang bei der Vergabe einer Präbende sollten vor allem Frauen aus bedürftigen Adelsfamilien haben.

Der Eintritt in das Stift erfolgte freiwillig. Jede Frau konnte, wenn sie wollte, aus diesem auch wieder austreten. Auch war den Damen erlaubt, junge Mädchen zu sich nehmen, um sie zu erziehen. Während Gericht und Verwaltung des Klosters in den Händen eines Stiftshauptmanns lagen, stand dem Konvent eine Domina vor. Bei Vakanz einer Stiftspräbende bestimmte sie eine neue Konventualin, die möglichst brandenburgischer Herkunft sein sollte. Diese hatte bei ihrer Aufnahme eine festgesetzte Summe zu entrichten. Neben weiteren Zuwendungen in Form von Naturalien stand ihr dafür lebenslang eine jährliche Präbende von 25 Talern zu. Das Leben im Damenstift bot damit vorrangig adeligen unverheirateten Frauen die Möglichkeit, ein ihrem Stande angemessenes, von ihren Familien weitestgehend unabhängiges und finanziell abgesichertes Leben zu führen.

1740 ernannte König Friedrich Wilhelm I. Juliana Augusta Henriette von Winterfeldt zur neuen Domina. Unter ihrer klugen und energischen Leitung erfuhr das Kloster in den folgenden Jahren eine wirtschaftliche Blüte. Im selben Jahr verlieh Friedrich der Große den Damen des Klosters zum Heiligen Grabe den Orden »PAR GRACE« zum »Zeichen freier landesherrlicher Gnade, Huld und Protektion« und erhob das evangelische Nonnenkloster 1742 zum Damenstift. Seitdem war der Domina wieder erlaubt, sich Äbtissin zu nennen. Im Gegenzug beteten die Frauen für den Erhalt und das Wohl des Königshauses.

Das Leben hinter den Mauern des Stifts bedeutete indes nicht, dass sie dem aktuellen Zeitgeschehen abgewandt gegenüberstanden. Ein Blick in die noch heute erhaltene Stiftsbibliothek lässt erkennen, dass die Stiftsdamen auch am zeitgenössischen geistigen und kulturellen Leben regen Anteil nahmen. Zahlreiche Werke der deutschen, französischen und englischen Literatur spiegeln das breitgefächerte Interesse der Stiftsdamen an den unterschiedlichsten Themen und Geistesströmungen ihrer Zeit.

Durch den Reichsdeputationshauptschluss von 1803 wurde auch Preußen die Säkularisierung seiner Klöster und Bistümer anheimgestellt. Damit wäre eine Enteignung Heiligengrabes möglich gewesen. Friedrich Wilhelm III. verzichtete jedoch auf dieses Recht und verfügte für die evangelischen Damenstifte in Preußen, »solche fortdauern zu lassen, jedoch die bisherige Verfassung zu modifizieren«. Verändert wurden in Heiligengrabe u.a. der Modus bei der Vergabe der Stiftsstellen, die nunmehr hauptsächlich ein Recht des Königs war, und die unter dem Aspekt der Unionsbemühungen des Königs zu betrachtende Maßgabe, ab sofort nicht mehr allein Damen der lutherischem Konfession aufzunehmen, sondern auch solche mit reformiertem Bekenntnis. Im Zuge der Stein-Hardenbergschen Reformen wurden 1811 allerdings viele alte Rechte des Klosters beschnitten und auch der Besitz auf die zwei gutsherrlichen Rittergüter Könkendorf, Rapshagen und das Stiftsgut Heiligengrabe reduziert.

Lit.: Maltitz 1894, S. 77f. – Kugler 2001a, bes. S 331. – Kugler 2001b. – Röper 2001. – Kieckebusch 2008, S. 125–127, 235–250 und 284f.

## V. 1

### Grabungsfunde bei Ausschachtungsarbeiten an der Westseite der Abtei

18. Jahrhundert
1) Austernmuschelschalen
2) Wasserballon aus Waldglas
   H 33 cm; D 15 cm
3) Scherben eines Weinglases
4) Fragmente von Tabakspfeifen
5) Teller, bleiglasierte Irdenware
   Dm 28 cm; H 8 cm
Kloster Stift zum Heiligengrabe

An die Stelle des Propstes, der vor der Reformation neben den kirchlichen Fragen auch die weltlichen Belange des Klosters regelte, trat vom Jahre 1552 an ein nur noch für die Wirtschaft des Klosters zuständiger Klosterhauptmann. Dieser entstammte vorzugsweise dem Adel der Prignitz. Für die Zeit seines Aufenthalts in Heiligengrabe bewohnte er die sogenannte »kembde« (niederdeutsch für »Kemenate«), ein allein ihm vorbehaltenes festes Gebäude, das spätere Stiftshauptmannhaus.[1]

Seit 1705 hatte das Amt des Stiftshauptmanns Christian Ludwig von Rohr inne. Gegen ihn wurden bald schwere Vorwürfe wegen Misswirtschaft laut. Als am 16. März 1714 König Friedrich Wilhelm I. Heiligengrabe besuchte, überzeugte er sich persönlich von der verschwenderischen Lebensweise des Stiftshauptmanns. Dieser empfing und bewirtete den Regenten auf das Prächtigste. Im krassen Widerspruch dazu standen die Beschwerden der Damen über ihre unzureichende Versorgung. Der empörte und auf Sparsamkeit bedachte König berief daraufhin eine Kommission zur Untersuchung der Vorwürfe. Im Ergebnis erhielt das Kloster am 7. November 1714 seine ersten Statuten, worin auch die Rechte und Pflichten des Stiftshauptmanns geregelt waren.[2]

1  Im Dreißigjährigen Krieg stark zerstört, wurde es erst 1670 wieder aufgebaut. Vgl.: KIECKEBUSCH 2008, S. 131.
2  Vgl.: KIECKEBUSCH 2008, S. 133f.

## V. 2

### Statuten des Damenstifts Heiligengrabe vom 7. November 1714 (Abschrift)

H 32,5 cm; B 39,5 cm
Kloster Stift zum Heiligengrabe, StAH, Nr. 1056

Anhaltende Streitigkeiten zwischen dem Konvent und dem seit 1705 amtierenden Stiftshauptmann Christian Ludwig von Rohr gaben Anlass, bereits 1710 eine erste Stiftsordnung mit 49 Artikeln zu erlassen.[1] Doch der Konflikt dauerte fort. Als am 16. März 1714 König Friedrich Wilhelm I. Heiligengrabe besuchte, beklagten die Frauen vor allem die Misswirtschaft des Stiftshauptmanns. Der König berief daraufhin eine Kommission zur Untersuchung der Vorwürfe und befahl eine nochmalige Revision der Statuten. Am 7. November 1714 genehmigte Friedrich Wilhelm I. die 50 Artikel umfassenden Statuten.[2] Sinn und Zweck eines Damenstifts werden in § 1 dargelegt: »Wie bey allen Evangelischen Clöstern, also auch soll bey diesem zufoderst die Absicht seyn, daß die Domina, Priorin und Conventualinnen der Welt und derer Aergerniß entzogen, ihr Leben, so lange sie in dem Kloster zu bleiben gedencken, außer der Ehe, Gott und Menschen gefällig zubringen [...].«[3] Die Statuten regelten das Leben im Damenstift. Sie enthalten unter anderem Bestimmungen über die Stellung der Äbtissin, die Aufnahmebedingungen und die Aufgaben der Stiftsdamen sowie die Festlegung ihrer Deputate. Danach stand jeder Konventualin mit einer Majorpräbende ein jährlicher Barbetrag in Höhe von 25 Talern zu. Hinzu kamen Naturalien in Form von Roggen, Buchweizen, Hafer, Erbsen, Fleisch, Fisch, Gewürzen und Dörrobst. Dies ermöglichte ihnen die Führung eines eigenen Hausstandes innerhalb des Stifts. Schon damals sahen die Frauen es als eine ihrer Hauptaufgaben an, die Töchter ihrer Verwandten oder andere junge Mädchen aus adeligen Familien zu sich zu nehmen, um »dieselben in der Erkenntniß und Furcht des Allerhöchsten, Zucht, Tugend und Erbarkeit« zu erziehen wie auch sie »zu einem stillen und eingezogenen Wandel und Jungfräulicher Arbeit« anzuhalten.[4] Breiten Raum nehmen darüber hinaus Verhaltensregeln zur Ausübung des religiösen Lebens ein. Derart versorgt und

V. 2
Statuten des Damenstifts
Heiligengrabe vom
7. November 1714

mit weitreichenden Rechten ausgestattet, waren die Frauen imstande, unabhängig von ihren Familien ein relativ selbstbestimmtes, weitgehend ungestörtes Leben zu führen.[5]

1750 beabsichtigte der König nach nochmaliger Prüfung der wirtschaftlichen Verhältnisse des Stifts eine Neufassung der Statuten. Doch kam es nicht dazu. Erst unter König Friedrich Wilhelm IV. ging man dieses Vorhaben erneut an.

1   GStAPK, I. HA Rep. 47, H. 2, unpag.: Statuten vom 20. Februar 1710.
2   Das Stiftsarchiv verzeichnet mehrere Abschriften. Vgl. auch: KIECKEBUSCH 2008, S. 235–250. – NEESE 1992/2005, Bd. II, S. 588–596.
3   StAH, Nr. 1079/2: Abschrift der Statuten vom 7. November 1714, § 1.
4   Ebd.
5   Ausführlicher zu einzelnen Artikeln siehe: KUGLER 2001, S. 82ff.

V. 3
## Georg Dietrich Lüderwaldt
## Beth=Andachten

Neuruppin, 1715
H 18,5 cm; B 16 cm
Kloster Stift zum Heiligengrabe, StAH, Nr. 1799

Schon in vorreformatorischer Zeit war das Stundengebet bestimmend für den Tagesablauf der Nonnen. In Anlehnung daran werden noch in den Stiftsstatuten von 1714 die Domina, Priorin und Konventualinnen ausdrücklich dazu ermahnt, ihrer Pflicht zum gemeinsamen Gebet nachzukommen (Art. 19, 20). Täglich sollten zwei Gebetsstunden, die sogenannten Horen (lat. Hora: Stunde), eine in der Morgenstunde und eine am Nachmittag, von der Domina bzw. Äbtissin im Beisein des Konvents auf dem Chor der Stiftskirche abgehalten werden. Ablauf und Gebetsinhalt waren ebenfalls streng vorgegeben. Nach dem Morgenlied folgte der Lobpreis Gottes. Dem schloss sich ein Gebet für den Erhalt und das Wohl des Königshauses an. Es folgten das Vaterunser und ein Psalm mit der Auslegung des Johann Arndt sowie ein Gebet aus dessen »Paradiesgärtlein«. Zum Schluss sang man ein Lied entsprechend der Kirchenjahreszeit. Die nachmittägliche Hore umfasste neben dem Bußgesang und der Fürbitte für die gesamte weltliche Obrigkeit und die ganze christliche Kirche, worin auch das Kloster zum Heiligengrabe eingeschlossen war, ein Kapitel aus dem Neuen Testament und abermals ein Gebet aus Arndts »Paradiesgärtlein«. Den Abschluss bildeten zwei Gesänge, ein Lob- oder Danklied und ein Abendlied.[1]

Die Zusammenstellung der »Beth-Andachten« wurde auf königliche Order von Georg Dietrich Lüderwaldt besorgt, welcher 1712 bis 1717 Klosterprediger in Heiligengrabe war.[2] Sie erschienen 1715 bei Wendelin Müller in Neuruppin im Druck. 1847 erfuhren die Horen ihrem Ablauf und Inhalt nach eine Überarbeitung durch den damaligen Propst des Stifts, den Hof- und Domprediger Karl Wilhelm Moritz Snethlage.[3] Hierauf könnten die in der vorliegenden Ausgabe begegnenden handschriftlichen Korrekturen zurückzuführen sein, durch die man bestimmte Begriffe einer zeitgemäßeren Ausdruckweise anzugleichen versucht hat. Abgehalten wurden die Horen seitdem wieder in der zur selben Zeit instand gesetzten Heiliggrabkapelle.

1  Siehe auch: Kugler 2001, S. 85f.
2  Vgl. auch: Kieckebusch 2008, S. 201f.
3  Vgl.: StAH, Nr. 174 und Neese 1992/2005, Bd. II, S. 567ff.

## V. 4
## Johann Arndt
## Vier Bücher vom wahren Christenthum nebst dessen Paradiesgärtlein

Berlin, 1831
Papier, Pappe
H 21 cm; B 12,5 cm; T 6 cm
Kloster Stift zum Heiligengrabe, Stiftsbibliothek

Johann Arndt war einer der bedeutendsten nachreformatorischen Theologen.[1] Als Generalsuperintendent in Celle verfasste er zahlreiche religiöse Schriften, die bis ins 19. Jahrhundert immer wieder verlegt wurden. Die bekanntesten unter ihnen sind seine von 1606 bis 1610 erstmals erschienenen »Vier Bücher vom wahren Christenthum« und das 1612 gedruckte »Paradies-Gärtlein voller christlicher Tugenden«. Auch die Heiligengraber Stiftsbibliothek ist im Besitz von zwei Ausgaben dieser Textsammlung.[2] Mit seinen Ausführungen über ein praktisches Christentum gab er auch dem Alltagsleben der Menschen Wegweisung, indem er forderte, die Reformation durch eine »Reformation des Lebens« zu vollenden. Sowohl das lutherische Gesangbuch als auch der deutsche Pietismus sind stark von Arndts Schriften beeinflusst. Sein »Paradies-Gärtlein« fand weite Verbreitung und gilt als eines der einflussreichsten Andachtsbücher des deutschen Protestantismus. Die 1714 verfassten Statuten des Klosters sahen unter Art. 19 und 20 vor, täglich zu den Gebetszeiten einen Psalm mit der Auslegung[3] Johann Arndts zu lesen. Sowohl die vormittägliche als auch die nachmittägliche Hore sollten die Frauen mit Gesang und einem Gebet aus Arndts »Paradies-Gärtlein« beenden.

1  Vgl.: Schneider 2006.
2  Ab 1695 erschienen die »Vier Bücher«, das »Paradiesgärtlein« und weitere Schriften unter dem Titel »Sechs Bücher vom wahren Christentum«. Die Stiftsbibliothek ist im Besitz je einer Ausgabe von 1746 und 1845.
3  Gemeint war seine 1617 in Jena erschienene »Auslegung des ganzen Psalters in 451 Predigten«.

## V. 5
## Juliane Auguste Henriette von Winterfeldt, Äbtissin 1740–90

1752
Öl auf Leinwand
Bez.: u.l. »Juliana Augusta Henrietta von Winterfeldt 1740«; auf der Rückseite »Juliana Augusta Henrietta von Winterfeldt, aus dem Hause Schmarsow in der Uckermarck. Abbatissa des hiesigen Stiftes und alhier eingekleidet 1740, gemahlt 1752«
H 125,5 cm; B 91,5 cm
Kloster Stift zum Heiligengrabe

Überdurchschnittlich hohe Stiftseinkünfte sollen es im Jahre 1752 ermöglicht haben, eine Porträtfolge aller zu der Zeit im Kloster lebenden Stiftsdamen in Auftrag zu geben. Die erhaltenen zehn Gemälde von unbekannter Hand, ursprünglich im Kapitelsaal versammelt[1], hängen heute in der Kapitelstube. Darunter befindet sich auch ein Bildnis der Äbtissin von Winterfeldt, das sie zum Zeitpunkt ihrer Amtseinsetzung zeigt.[2] Im Gegensatz zu den übrigen, sehr schlicht gehaltenen Brustbildern der Stiftsdamen[3] sitzt die Porträtierte in Dreiviertelansicht nach links gewandt und gegen den Betrachter blickend, auf einem barocken, mit reichen Schnitzereien verzierten Lehnstuhl, den linken Arm auf eine marmorne Tischplatte gestützt. Die ganze Szene wird von Draperien aus rot gemustertem Brokatstoff hinterfangen. Nicht nur das größere Bildformat, sondern auch die auf den höfischen Porträttypus des 18. Jahrhunderts rekurrierende Darstellung unterstreicht die herausgehobene Stellung der Äbtissin.[4] Dargestellt ist Henriette von Winterfeldt wie die übrigen Damen im »großen Ornat«: im schlichten schwarzen Kleid, mit weißer Haube und Schleier sowie mit dem von Friedrich dem Großen 1740 verliehenen Stiftsorden am breiten, gris de lin-farbenen Band. Lediglich das reich gefältelte Brusttuch und die breiten Seidengageantes an den Ärmeln nehmen Bezug auf zeitgenössische Mode.

Henriette von Winterfeld wurde 1740 von König Friedrich Wilhelm I. zur Domina ernannt. Bei der Erhebung des Klosters zum Damenstift am 28. Dezember 1742 verlieh ihr Friedrich II. den Titel einer Äbtissin.[5] Durch ihren Bruder Hans Karl von Winterfeldt, Generaladjutant und engster Vertrauter Friedrichs des Großen, unterhielt sie gute Beziehungen zum königlichen Hof. Ihre energische und umsichtige Führung

V. 5   Äbtissin Juliane Auguste Henriette von Winterfeldt

des Stifts wurde schon von den Zeitgenossen gerühmt. Während ihrer Amtszeit wurde unter anderem das Stiftsgut Könkendorf wiederaufgebaut, das seit dem Mittelalter wüst lag. Sie starb am 14. Dezember 1790. Ihr Epitaph mit Porträtbüste befindet sich im Chor der Stiftskirche hinter dem Altar.[6]

1   Vgl.: Foto des Kapitelsaals von 1890, in: ESCHER 2008, S. 39, Abb. 7.
2   Abb. in: KIECKEBUSCH 2008, S. 513.
3   Abb. in: KIECKEBUSCH 2008, S. 514–521. In Auswahl auch bei: OELKER/REUTER 2001, bes. S. 34f., 77 und 120f.
4   Jedes Bild soll drei Taler gekostet haben, während das der Äbtissin neun Taler kostete, weil der Maler sie mit Händen darstellte. Vgl.: KIECKEBUSCH 2008, S. 99, Anm. 307.
5   Vgl. hierzu: KIECKEBUSCH 2008, S. 98f.
6   Abb. des Epitaphs in: BADSTÜBNER 2007, S. 12.

V. 6   Stiftsorden »PAR GRACE«, Vorderseite

V. 6   Stiftsorden »PAR GRACE«, Rückseite

## V. 6
### Stiftsorden »PAR GRACE« des Klosters und Damenstifts zum Heiligen Grabe

6. November 1740
Kupfer, vergoldet, emailliert
Dm 4,5 cm; H 0,4 cm
Kloster Stift zum Heiligengrabe

## V. 7
### Gestickter Ordensstern »PAR GRACE«

1776
Versilberte Pailletten, Gold- und Silberlahn
Dm 8,5 cm
Kloster Stift zum Heiligengrabe

Am 6. November 1740, nur wenige Monate nach seiner Thronbesteigung, verlieh Friedrich II. auf Bitten des Klosters der Domina Juliane Augusta Henriette von Winterfeld einen Stiftsorden.[1] Nur ihr, der Priorin und den vier ältesten Konventualinnen war gestattet, diesen an einer Damenschärpe von der rechten Schulter zur linken Hüfte zu tragen; alle übrigen Stiftsdamen trugen ein etwas kleineres Kreuz an einem Band um den Hals. Die Verleihung erfolgte zum Zeichen freier, landesherrlicher Gnade,

Huld und Protektion. Entsprechend war der Orden gestaltet: Auf der Vorderseite zeigt er auf blauem Grund die Devise »Par grace«. Diese wird auf den Schenkeln des achtspitzigen weißen Kreuzes durch die Initialen des Königs gerahmt. Rückseitig befinden sich vier Paar zum Gebet erhobene Hände, die von der Devise »Pour la conservation de la maison royale« umschlossen werden.[2]

Bis 1810 trugen die Damen den Orden an einem breiten gris de lin-farbenen Band[3] (Abb. S. 48), später an einem schwarzen, mit Silber eingefassten Seidenband.[4] Auf Bitten der Äbtissin von Winterfeld stiftete Friedrich II. 1776 noch einen gestickten Bruststern, welcher auf dunkelroter Metallfolie mit silberner Einfassung die Initialen des Königs und die Devise »PAR GRACE« trug.[5] Er war allen Stiftsdamen, die im Besitz einer vollen Präbende waren, zu tragen gestattet. Bei feierlichen Gelegenheiten wurden das Kreuz über der rechten Schulter an der linken Seite und der Stern an der linken Brust getragen. In »kleiner Gesellschaft« befestigte man hingegen nur das Kreuz an einer Bandschleife über der linken Brust. Am 16. Dezember 1790 genehmigte König Friedrich Wilhelm II. auf Ersuchen des Heiligengraber Konvents auch dem Stiftspropst und dem Stiftshauptmann das Anlegen des Stifts-

*Disziplinierung und Unabhängigkeit*

V. 7    Gestickter Ordensstern »PAR GRACE«

V. 8    Gerichtssiegel des Stifts

ordens. Dieser unterschied sich von dem der Damen nur in seiner Größe. Ein eigens für Stiftsvorsteher entworfener Orden in Form eines goldenen Sterns mit Strahlenkranz, welcher an einem blauen Seidenband getragen wurde, zeigte auf blau emailliertem Grund die Initialen des Stifts.[6]

1    Vgl.: GRITZNER 1888, S. 90f. und Taf. VII. – KLIETMANN 1969. – HANSEL 1991, S. 253ff. – KIECKEBUSCH 2008, S. 125. Abbildungen vom Stiftsorden und vom Habit der Heiligengraber Stiftsdamen finden sich auch als Beilage zu: HINDENBERG 1782, Bd. VII.
2    Nach den 1714 verabschiedeten Statuten des Klosters war das Gebet für das Herrscherhaus des Landes fester Bestandteil der täglichen Gebetsstunden von Domina und Konvent. Siehe zum Motto auch: KUGLER 2001A.
3    Unter »gris de lin« verstand man eine an Leinblüten erinnernde, ins Rosé gehende Schattierung des Violett.
4    Vgl.: HANSEL 1991, S. 254, Anm. 310.
5    Vgl.: KLIETMANN 1969, S. 160f.
6    Ein in Familienbesitz noch erhaltener Orden dieser Form wurde Otto Carl Sigismund von Karstedt, Majoratsherr von Karstedt auf Fretzdorf, verliehen, welcher 1867 zum Stiftsvorsteher gewählt worden war. Freundliche Auskunft Michael Brusche.

## V. 8
## Stiftssiegel

Ab 1740
Siegelwachs
Bez.: Umschrift »STIFFT HEIL' GRAABES INSIGEL 1740«
Dm 4 cm
Kloster Stift zum Heiligengrabe

Im Zentrum des ab 1740 gültigen Stiftssiegels steht das Monogramm Jesu »IHS«, denen die Initialen des Stifts »SHG« (Stift Heiligen Grabe) hinzugefügt wurden. Die Umschrift lautet »STIFFT HEIL' GRAABES INSIGEL 1740«. Das Monogrammfeld wird flankiert von Krummstab, Bischofsmütze und Krone. Darunter zeigt es das dem Kloster bei seiner Erhebung zum Damenstift verliehene Stiftskreuz.[1] Seine Form wurde aus dem Privatsiegel der Domina Anna Dorothea von Mundt (Amtszeit 1665–1698) entwickelt, welches ebenfalls das statt des sonst üblichen Familienwappens das Monogramm Christi »IHS« zeigte, über welchem die Initialen der Siegelinhaberin standen.[2] Hieraus leitete sich das Gerichtssiegel des Stifts ab. (Abb. V. 8)

1    Vgl.: SIMON 1929, Abb. 12.
2    Vgl. auch: KIECKEBUSCH 2008, S. 250, der jedoch behauptet, das Siegel sei erst ab 1742 geführt worden.

V. 9
## Hans Fincke
## Heiligengrabe in der Prignitz

1843
Stahlstich
Bez.: r. u. »gest. v. Fincke.«, u. m. »Heiligengrabe«
H 15 cm; B 21 cm (Platte); H 24,5 cm; B 31 cm (Blatt)
Kloster Stift zum Heiligengrabe

Der Stich wurde erstmals zusammen mit elf weiteren Stahlstichen im Berliner Kalender 1843 publiziert.[1] Er zeigt die älteste überlieferte Ansicht der Stiftsanlage von Westen mit Blick auf die Giebelseiten der Heiliggrabkapelle und der Stiftskirche. Im Vordergrund, von hohen Bäumen umstanden, liegt der ehemalige Mühlenteich. Rechts davon ist die Nordseite des 1838 im klassizistischen Stil wiedererrichteten Stiftshauptmannhauses zu sehen.[2] 1842 hatte Äbtissin von

Schierstedt beschlossen, die Abtei wieder in die bis dahin nicht mehr bewohnten alten Klausurgebäude zurückzuverlegen. Bereits erste Umbaupläne von 1844 des mit den Bauangelegenheiten beauftragten Bauinspektors Rosainsky sahen einen teilweisen Abriss der Westbebauung des Damenplatzes vor.[3] Wohl im selben Zusammenhang erfolgte der Abriss der in dieser Ansicht noch bestehenden Bebauung westlich der Abtei. Damit einher ging die gärtnerische Neugestaltung der Außenanlage.[4] Erst hierdurch wurde der Blick frei auf den nach Entwürfen von Friedrich August Stüler errichteten westlichen Teil des Nordflügels der Klausurgebäude mit Kapitelstube im Erdgeschoss und den Repräsentations- und Wohnräumen der Äbtissin im Obergeschoss.

1  MÖLLER 1961, Abb. Nr. 63. – BERNDT 2007, S. 984, Kat.-Nr. 982. – Unter dem Titel »Ansicht von Heiligengrabe aus dem

V. 9   Hans Fincke: Heiligengrabe in der Prignitz

*Disziplinierung und Unabhängigkeit*

Jahre 1835« wurde er 1915 dem Heimatmuseum geschenkt. Vgl.: GODDENTHOW 1915, S. 7.

2   Die im Dreißigjährigen Krieg abgebrannte »Kemnade« oder »kembde«, Wohnhaus des Stiftshauptmanns, wurde 1670 wieder aufgebaut. Vgl.: RUDLOFF 1910, S. 4. Einen erneuten Umbau erfuhr das Stiftshauptmannhaus 1838 unter der Äbtissin Henriette von Steinwehr.

3   EZA, 22/202.

4   Das 1863 entstandene Aquarell (Kat.-Nr. VI.4) mit Blick von Nordwesten auf Abtei und Stiftskirche zeigt bereits den neu angelegten Garten ohne die alte Bebauung. Siehe zur Entwicklung der Außen- und Gartenanlage des Klosters auch: HÜBINGER/VOLKMANN 2008.

## V. 10
### Stiftsdame des Klosters zum Heiligen Grabe

Kupferstich aus: Gottlob Joachim Hindenberg: Gesammlete Nachrichten vom Heiligen Grabe in der Prignitz, in: »Johann Bernoulli's Sammlung kurzer Reisebeschreibungen und anderer zur Erweiterung der Länder- und Menschenkenntniß dienender Nachrichten«, Band 7, Tafel II
Berlin, 1782
Klein Oktav
Kloster Stift zum Heiligengrabe (Reproduktion)

Nach § 33 der 1714 verliehenen Statuten sollten die Konventualinnen »demüthige Kleider« tragen und allen »Übermuth« und »Üppigkeit« in der Kleidung vermeiden. Sie sollten »in dem Closter einerley, undt zwar den alten undt bißhero gebräuchlichen Habit haben, außer demselben aber schwartz undt weiß gehen, immaßen sie sich der Welt nicht gleich zu stellen, sondern aller Vanität, Pracht, Buntes, Gestricktes, kostbahrer Kleidung, auch schwartzer undt weißer dergleichen Kanten undt aller Borten von Goldt undt Silber undt dergleichen, insbesondere aber aller leichtsinnigen Tracht undt Entblößung des Leibes, es geschehe unter was Praetext es immer wolle, sich zu enthalten habe.«[1]

Der 1782 in den »Reisebeschreibungen« von Johann Bernoulli erschienene Kupferstich diente als Beilage zu Gottlob Joachim Hindenbergs »Gesammlete Nachrichten vom Heiligen Grabe« und illustrierte dessen Ausführungen im zweiten Abschnitt seines Berichts zur jüngeren Geschichte des Stifts. Die Tafel zeigt eine Stiftsdame des Klosters zum Heiligengrabe im zeit-

V. 10   Tracht einer Stiftsdame

genössischen Habit: mit Haube, hoch geschlossenem, schwarz-wollenen Kleid und weißer Schürze und dem von Friedrich dem Großen 1740 und 1776 verliehenen Stern »Par grace« an Brust und Schärpe. Hindenberg, welcher 1772 auf Bitten der Äbtissin von Winterfeldt als Klosterprediger nach Heiligengrabe kam[2], wusste offenbar um den Vorteil einer einfachen und wenig kostbaren Tracht in Einrichtungen wie diesen: denn »[…] sie beuget einen unnützem Aufwande vor und verhindert kleine Zänkereyen, welche nicht selten, insonderheyt bey dem andern Geschlechte, die wichtigsten und traurigsten Folgen haben.«[3] Er heiratete zweimal eine Stiftsdame des Klosters und war von daher mit den Verhältnissen bestens vertraut.

1   § 32 der Statuten von 1714, zitiert nach: KIECKEBUSCH 2008, S. 243.

2   Vgl.: KIECKEBUSCH 2008, S. 202.

3   Vgl.: HINDENBERG 1782, S. 333.

V. 11
Bildnis einer Stiftsdame

V. 11
**Bildnis einer unbekannten Stiftsdame
(Priorin Sophie von Rohr?)**

Um 1830
Bez.: auf der Rückseite »Eigentum der Frau Äbtissin AvRohr, geb.
v. Gersdorff«
Farbige Malerei auf Porzellan, Originalrahmen
H 13 cm; B 10 cm
Kloster Stift zum Heiligengrabe

Das ganz im Stile biedermeierlicher Miniaturmalerei
gehaltene kleine Porträt stammt laut einer handschriftlichen Notiz auf der Rückseite aus dem Besitz der Äbtissin Adolphine von Rohr. Es zeigt eine
Stiftsdame im Alter von etwa siebzig Jahren in Dreiviertelansicht mit weißer Rüschenhaube, in grünem
Kleid und mit dem von Friedrich dem Großen 1740
verliehenen Stiftsorden an gris de lin-farbener Schleife.

Im Vergleich mit den äußerst repräsentativen Porträts
der Äbtissinnen, die die Dargestellte meist in vollem
Ornat und mit allen Stiftsinsignien zeigen, handelt
es sich bei dieser Darstellung wohl eher um ein für
private Zwecke entstandenes Bildnis. Einige Wahr-
scheinlichkeit besitzt die Vermutung, dass es die Stiftsdame Sophie von Rohr a.d.H. Tramnitz darstellt, die
1824 bis 1832 unter Äbtissin Henriette von Steinwehr
Priorin des Stifts war.[1] In dieser Funktion war sie direkt
in den Konflikt mit Luise von Schierstedt involviert,
deren religiöse Überzeugungen im Heiligengraber
Kapitel für große Unruhe gesorgt hatten.[2] Aufgrund
der verwandtschaftlichen Verbindung könnte das
Bildnis in den Besitz der späteren Äbtissin von Rohr
gelangt sein.

1  Vgl.: Kieckebusch 2008, S. 121.
2  Vgl.: Röper 2002a, bes. S. 63ff.

V. 12 Grützschüssel

## V. 12
## Grützschüssel

Norddeutsch, 18. Jahrhundert
Bleiglasierte Irdenware, roter Scherben, Sgraffitodekor mit Mal-
hornbemalung
D 30 cm; H 10 cm
Kloster Stift zum Heiligengrabe

Farbig glasiertes Steinzeug wurde in großen Mengen
bei Ausschachtungsarbeiten Mitte der 1980er Jahre
an der Westseite der Abtei gefunden.[1]

Die hier gezeigte, äußerst dekorative Schale ziert
auf dem Spiegel ein Bukett aus stilisierten Blüten und
Blättern in Malhornbemalung – eine Verzierungsart,
die in der Mitte des 18. Jahrhunderts in der Mittelmark
und in der Niederlausitz weit verbreitet war.[2] Auf der
Fahne ist ein schwarzer Schriftzug zu erkennen, der
sich wegen der starken Reduktion der Buchstaben nur

schwer entziffern lässt. Folgende Deutung könnte zu-
treffen: »Alle die mich kennen […]«. Hier endet der
Spruch unvollständig. Die Worte spielen eventuell an
auf Joh. 10,11–16: »Ich bin der gute Hirte und kenne
die Meinen, und die Meinen kennen mich […].« Sie
stammen aus einer Gleichnisrede Jesu, in der er sich
mit dem guten Hirten vergleicht, der seine Schafe
auch in der Stunde der Not nicht verlässt. Zugleich
thematisieren sie die rechte Nachfolge und wahre Gemeinschaft in Jesus Christus. Das Gleichnis wurde oft
auf das untereinander zerstrittene Volk Gottes bezogen.
Bei einer ursprünglichen Verwendung der Schüssel im
Konvent könnte das Zitat an die Glaubensgemeinschaft
der Frauen gerichtet gewesen sein.

1   1986 wurde an der Westseite der Abtei ein Heizungskanal ver-
    legt. Im Zuge der Ausschachtungsarbeiten kamen zahlreiche,
    für die Geschichte des Klosters aufschlussreiche Funde zutage.
2   KIRSCH 2006, S. 90.

V. 13   Flurkarte

*Disziplinierung und Unabhängigkeit*

## V. 13
**Flurkarte**

Um 1840
Bez.: o. l. »Plan von der Stift=Heiligen-Grabschen Forst«, u. r.
signiert »F.T. von Schleseke [?]«
Kolorierte Federzeichnung auf Papier, mit Leinen doubliert
H 30 cm; B 27,3 cm
Kloster Stift zum Heiligengrabe

Aus der Zeit nach der Erhebung des Klosters zum
Damenstift sind mehrere Besitzstandskarten erhalten,
auf denen die Fluren, Forsten und Güter des Stifts
verzeichnet sind.[1] Dies ist auch auf das wirtschaftliche Vermögen und eine straffer organisierte Verwaltung des Stiftsbesitzes noch unter der Äbtissin von
Winterfeldt zurückzuführen. Während ihrer Amtszeit
(1740–90) gelangte das Stift zu einigem Wohlstand.
Auf ihre Anregung hin kam es zum Beispiel zum
Wiederaufbau des Stiftsgutes Könkendorf, das seit
dem Mittelalter bis 1752 nicht mehr bewirtschaftet
worden war.[2] Ihrer klugen und energischen Führung
verdankte das Stift wieder zunehmende Einkünfte.
Der umfangreiche Besitz des Klosters, vor allem
die ausgedehnten Waldungen, zu denen die Forsten
Hoheheide, Boddin, Breitenfeld, Langnow, Damelack
sowie das 1841 angekaufte Blumenthal zählten, bildete
eine sichere wirtschaftliche Basis, auf die das Kloster
besonders in Zeiten der Not zurückgreifen konnte.[3]
Mit dem Holz wurde noch im 19. Jahrhundert ein
Teer-Ofen zur Gewinnung von Teer und Holzkohle
betrieben.[4] In die großen Waldbestände des Klosters
wurden aber auch die Schweine zur Mast getrieben,
damit sie »durch Gottes Seegen fett«[5] würden. Freien
Schweineaustrieb hatten nur die Klosterdamen. Für
einen Taler und vier Groschen pro Tier durften auch
die Städte Wittstock und Pritzwalk ihre Schweine in
die Heiligengraber Forst treiben.[6]

Infolge der Bodenreform verlor das Stift ent-
schädigungslos die gesamte Stiftsforst, 2137 ha[7], obwohl es sich um kirchliches Eigentum handelte. Erst
nach 1989 erhielt es einen Teil seines Stiftswaldes
zurück.[8]

1   Diese sind für die Erkenntnis des jüngeren Besitzstandes des
    Klosters von größter Bedeutung. Vgl. zur Entwicklung des
    Grundbesitzes des Klosters bis 1550 auch die Karte im Anhang
    zu: SIMON 1929.

2   Vgl.: KIECKEBUSCH 2008, S. 389ff.
3   KIECKEBUSCH 2008, S. 414ff.
4   KIECKEBUSCH 2008, S. 412.
5   Zitiert nach: KIECKEBUSCH 2008, S. 375.
6   KIECKEBUSCH 2008, S. 376.
7   StAH, Nr. D 52: Brief Oberkonsistorialrat Grünbaum v. 6.
    April 1949. Vgl. auch: NEESE 1992/2005, Bd. II, S. 646.
8   Vgl.: KLOSTER 2002, S. 7.

## V.14
**Grundrisse vom Erd- und Obergeschoss des
Stiftshauptmannhauses**

1840
Federzeichnung (Reproduktion)
Bez.: »Wohnhaus des Stift-Hauptmanns zu St. Heiligengrabe«
Kloster Stift zum Heiligengrabe, StAH, Nr. 673

Das zweigeschossige Stiftshauptmannhaus in seiner
heutigen klassizistischen Gestalt ging 1838 aus einem
barocken Vorgängerbau hervor, der während der Amtszeit der Domina Anna Dorothea von Mundt 1670 er-
baut worden war.[1] An dessen Stelle stand früher die
Propstei des Klosters, auch »kembde« genannt, die im
Dreißigjährigen Krieg starken Schaden erlitten hatte.
In ihr residierten die Klosterhauptmänner – vom Konvent gewählte Verwalter der Klostergüter, welche in der
Regel dem Prignitzer Adel entstammten – während
ihres oft nur zeitweiligen Aufenthalts in Heiligengrabe. Der unter Äbtissin Henriette von Steinwehr ab
1838 errichtete Neubau erfuhr 1926 eine erste Um-
nutzung als Schulhaus, wofür die historischen Raum-
strukturen stark verändert wurden. Nach 1945 nutzte
der »Friedenshort« das Gebäude zur Unterbringung
von Kindern und Jugendlichen, was den Einbau von
Heizungs- und Sanitäranlagen erforderte. Durch die
Überputzung der Fassade war der einstige Charakter
des Baus fast völlig verloren gegangen. 1999/2000
wurde das Stiftshauptmannhaus nach den Plänen
von 1840 denkmalgerecht saniert und als Museum
eingerichtet.[2]

1   Vgl.: KIECKEBUSCH 2008, S. 131 und Anm. 360.
2   Vgl.: OELKER/REUTER 2002, S. 14f. mit Abbildung und
    S. 36.

## VI. 15
## Ulrike von Levetzow

Um 1840
Aquarellierte Zeichnung
Bez.: auf der Rückseite: »Ulrike von Levetzow, Tochter der ver-
witweten Frau v. Levetzow, geb. von Brösigke. Geb. d. 4. Febr.
1804 gest. d. 13. November 1899 zu Trziblitz. Ehrenstiftsdame
des Stiftes zum heiligen Grabe lt. Cabinettsordre v. König Frdr.
Wilhelm III. vom 20. März 1835.«
H 26 cm; B 20,5 (Blatt); originaler Rahmen
Kloster Stift zum Heiligengrabe

Seit wann es den Titel der Ehrenstiftsdame in Heiligengrabe gab, ist ungewiss. Nachweislich hat es bereits
im Jahre 1791 eine Ernennung zur »Chanoinesse
honoraire« gegeben.[1] Erst 1828 erfuhr der Titel eine
Wiederbelebung. Was König Friedrich Wilhelm III.
dazu bewog, lässt sich den Briefen der Bewerberinnen,
meist Damen aus den innersten Hofkreisen, selbst
entnehmen. Drückende finanzielle Verhältnisse und
eine isolierte gesellschaftliche Stellung sind der immer
wieder angeführte Grund für die Bitte um ihre Ernennung.[2] Die Verleihung des Titels sollte demnach vor
allem der sozialen und gesellschaftlichen Absicherung
von Witwen und weiblichen Waisen preußischer
Offiziere und Beamter infolge der Freiheitskriege
dienen. Mehr und mehr wurde er aber auch zum
begehrten Instrument unverheirateter Damen aus
höheren gesellschaftlichen Kreisen, die hierdurch den
Status einer verheirateten Frau zu erwerben wünschten,
welcher ihnen auch ohne männliche Begleitung am
gesellschaftlichen Leben teilzunehmen erlaubte.

Im Zuge der Stiftsreform erregte dies bald den
Unmut von Äbtissin und Konvent, die den Zweck
dieser Einrichtung als verfehlt ansahen.[3] Auch scheint
es immer wieder zum Missbrauch des Titels und der
Insignien gekommen zu sein.[4]

Ähnliche Beweggründe veranlassten 1832 die
Offizierswitwe Amalie von Levetzow, sich um die Er-
nennung ihrer Tochter Theodore Ulrike von Levetzow
zur Ehrenstiftsdame zu bemühen.[5] 1835 wurde ihr der
Titel zuerkannt.[6] Doch war Ulrike, wie die meisten
Ehrenstiftsdamen, niemals in Heiligengrabe. Nach
ihrem Tod 1899 sandte die Familie das Kreuz und
die Ernennungsurkunde an das Stift zurück.[7] Die
Äbtissin soll daraufhin die Familie um ein Bildnis
Ulrikes gebeten haben.

Bekannt geworden ist ihr Name jedoch in einem
anderen Zusammenhang: 1821 hatte Johann Wolfgang
von Goethe die junge Ulrike bei einem längeren Kur-
aufenthalt in Marienbad kennengelernt. Der erst Sieb-
zehnjährigen, die seine letzte große Liebe war und die
er beabsichtigte zu heiraten, widmete er nach erfolg-
loser Werbung seine auf der Rückreise nach Weimar
entstandene »Marienbader Elegie« (1823).[8]

1   Verliehen wurde sie Isabelle Marianne Freiin von Polier, bekannt
    als Schriftstellerin und Übersetzerin. Dass auch Susanna
    Magdalena von Bärenfels, Hofdame der Fürstin von Anhalt-
    Zerbst in Coswig, diesen Titel führte, ist in den Klosterakten
    nicht vermerkt. Ein im Besitz des Historischen Museums von
    Basel befindliches Gemälde (Inv.-Nr. 1972.20), 1811 von
    Caroline Bardua gemalt, das sie in der typischen Stiftsdamen-
    tracht mit dem von Friedrich dem Großen 1740 gestifteten
    Orden am gris de lin-farbenen Band zeigt, kann dennoch als
    Beleg dafür gelten. Vgl. Abb. in: NEESE 1992/2005, Bd. VI,
    S. 111. Vermutlich wurde Susanna Magdalena von Bärenfels
    noch zur Zeit der Äbtissin von Winterfeldt zur Ehrenstiftsdame
    ernannt. Die von Kieckebusch und Hansel erstellten Listen der
    Ehrenstiftsdamen beruhen indes auf Akten, die erst ab 1834
    geführt wurden. Somit sind frühere Ernennungen nicht erfasst.
    Vgl.: StAH, Nr. 21. – HANSEL 1992, S. 317ff. – KIECKEBUSCH
    2008, S. 123ff.
2   Vgl.: HANSEL 1992, S. 304ff.
3   Wie sorgsam man dennoch mit der Verleihung des Titels um-
    ging, bezeugt die Tatsache, dass im Verlauf von 123 Jahren
    (1791–1914) nur 80 Ehrenstiftsdamen ernannt wurden. Vgl.:
    HANSEL 1992, S. 317–333. – KIECKEBUSCH 2008, S. 122–
    125.
4   1790 sah man sich daher zu folgender Bekanntmachung
    genötigt: »[…] daß nur denenjenigen Personen dieser Orden
    zu führen erlaubt sey, welche dazu von hochgedachter Frau
    Aebtissin die Erlaubniß erhalten, darüber ein gültiges mit Unter-
    schrift und Siegel ausgestelltes Certificat vorzeigen können,
    und die Jura dafür dem Stifte erledigt haben, anderergestalt
    das Tragen dieses Ehrenzeichens für ungültig gehalten und
    angesehen werden muß. Stift Heiligengrabe, den 27. März
    1790.« (Haude und Spenersche Zeitung, Nr. 44, Dienstag,
    13. April 1790).
5   Ausführlich HANSEL 1992, S. 306f.
6   StAH, Nr. 1087 »Acta betr. die Ehrenstiftsdamen«. Die Er-
    nennungsurkunde datiert auf den 20. März 1835.
7   Ein noch heute im Stiftsbesitz befindliches Kreuz am rosé-
    farbenen Bande (Vgl. Abb. S. 48) könnte, wie Hansel meint,
    Ulrike von Levetzow gehört haben, da dieses seiner Farbe nach
    den vor 1810 getragenen Bändern entspricht. Vgl.: HANSEL
    1992, S. 308, Anm. 19.
8   Vgl.: SCHIERLING 1985, S. 392f.

V. 15   Ulrike von Levetzow

Weil confessionelle Skrupel Sie bewogen Zu verlangen, u.
über den Wisten nur von meiner leitsreiche Behörde, s...
weil diese Skrupel Ihnen verbiethen einer anderen als
weiltlichreichen Behörde zu gehorchen, mit Einem Worte
weil Sie sich, laut dem Wisten von der Landeskirche trennen wollen und weil sie weder der Pfarr, noch die Pfarrey
noch die Bewohner des Pfarrsprengels an das Kirchen-
Regiments schreiben wollen — nichts blos Ihren Ihren
Skrupeln zu weichen deren Wärde niederzulegen.

Meine gnädige Frau, es giebt in der Geschichte d...
Menschheit unbedingt nichts Größeres u. Erquickend...
als der Anblick von Menschen, die Stand, Gut, Ehre u.
Leben daran geben um Gottes Willen u. nichts M...
Zukunft gegen Gottes Willen zu erfüllen. Der Her...
dieser Erscheinung wird aber absolut bedingt durch die Seele
nichts des Göttlichen Willens u. durch das Bewustsein einer
ewigen Wahrheit nebst des Herzens. Zu diesen Bedingung...
... bewirkt die beständige Glorie der Bekenner u. der
Märtyrer des alten u. der neuen Bund. Weil diese Bed...
dingen erfüllt sind, darum sind die Hoffnungen Eleaz...
s der Mutter mit den 7 Söhnen, darum die der Marter
des Stephanus u. Jacobus u. der christl. Jungfrauen Agatha, Agn...

# VI

# Königliche Reformpläne.
# Die Reorganisation des adligen Damenstifts im 19. Jahrhundert

Die Einsetzung Luises von Schierstedt 1843 als Äbtissin von Heiligengrabe erfolgte gegen den Widerstand des Konvents. Denn es war abzusehen, dass ihre Wahl wesentliche Veränderungen für das Leben der Stiftsdamen mit sich bringen würde. Die Äbtissin hatte sich die von König Friedrich Wilhelm IV. beabsichtigte Neuordnung des adligen Damenstifts zum Ziel gesetzt. Danach sollte das Stift nicht mehr nur als »Versorgungsanstalt« für adlige junge Frauen dienen, sondern in Rückbesinnung auf seine ursprüngliche klösterliche Bestimmung sollten die Damen angehalten werden, sich wieder vermehrt Aufgaben der christlichen Barmherzigkeit zu widmen. Wie bereits in anderen sozialen Institutionen Preußens, so sollten auch in Heiligengrabe die Frauen zukünftig einer Berufstätigkeit nachgehen, die von christlichen Werten geprägt war.

Dies erforderte wiederum eine stärkere Bindung an geistliche Inhalte, die während der Zeit der Aufklärung weitgehend an Bedeutung verloren hatten. Rückhalt in ihren Bemühungen um die Erneuerung des Damenstifts fand Luise von Schierstedt in König Friedrich Wilhelm IV. und seiner Frau Elisabeth, die das Damenstift in ihr kirchen- und sozialpolitisches Reformprogramm einbeziehen wollten. Insbesondere Frauen kam aufgrund der ihnen traditionell zugeschriebenen pädagogischen und karitativen Fähigkeiten in diesem Reformprozess eine entscheidende Rolle zu. Welchen hohen Rang Heiligengrabe dabei einnahm, belegt die Tatsache, dass anders als die übrigen evangelischen Damenstifte Preußens das Stift Heiligengrabe 1853 aus der kirchlichen Zuständigkeit des für die Provinz Brandenburg zuständigen Konsistoriums herausgenommen und dem höchsten kirchlichen Verwaltungsorgan des preußischen Gesamtstaates, dem Evangelischen Oberkirchenrat, unterstellt wurde.

Als 1847 Äbtissin von Schierstedt in Heiligengrabe eine Erziehungsanstalt für bedürftige, adlige Mädchen einrichtete, geschah dies ganz im Interesse des Königs. Luise von Schierstedt veranlasste eine Überarbeitung der Statuten. 1852 kam ein Waisenhaus für Kinder der Stiftsdörfer hinzu, ebenso ein Beguinenhaus für alte arbeitsunfähige Witwen. Aus überschüssigen Mitteln wurde eine Armen- und Krankenspeisung unterhalten. Nach den 1853 verabschiedeten neuen Statuten sollte das Kloster »seiner ursprünglichen Stiftung gemäß, wiederum als eine der Kirche gewidmete Anstalt hergestellt werden« und die darin lebenden Frauen »christlichen Liebeszwecken« dienen.

Die Verpflichtung zu sozialem Engagement und die pietistische Prägung der der lutherisch-orthodoxen Erweckungsbewegung nahestehenden Äbtissin stießen jedoch im Konvent auf großen Widerstand. Vor allem die liberaler gesonnenen Stiftsdamen wollten sich politisch und religiös nicht instrumentalisieren lassen. Der anhaltende Konflikt bewog die Äbtissin dazu, ihr Amt aufzugeben. Doch das Königspaar appellierte mit Erfolg an die ihr übertragene Verantwortung, Heiligengrabe zu einer Stätte sozialen und geistlichen Wirkens umzugestalten.

Friedrich Wilhelm IV., der Heiligengrabe mehrmals besuchte, widmete auch dem Bau der Erziehungsanstalt besonderes Interesse. 1844 wurde Friedrich August Stüler mit dem Ausbau des Nordflügels der Klausur beauftragt, der die Schulzimmer sowie die Repräsentationsräume des Stifts und die Wohnung der Äbtissin umfasste. Mit der Fertigstellung bildete die Abtei wieder den Mittelpunkt der Stiftsanlage. 1846 wurde mit der Sanierung der bis dahin als Speicher genutzten Heiliggrabkapelle begonnen. Nach den Vorstellungen des Königs sollte die Klosteranlage wieder als mittelalterliches Gesamtensemble in Erscheinung treten.

Lit.: Röper 1997, bes. S. 114–118. – Röper 1999. – Röper 2002a. – Röper 2002b. – Oelker/Reuter 2002, S. 28f. – Kieckebusch 2008, S. 419–460. – Neese 1992/2005, Bd. IV, bes. S. 260ff. – Escher 2008.

## VI. 1
**Blanca von der Hagen**
**Luise von Schierstedt, Äbtissin 1843–76**

1870
Öl auf Leinwand
Bez.. am unteren rechten Rand: »B v Hagen. 1870«; auf der
Rückseite: »Frau von Schierstedt geb. 1794, gest. 1876. Äbtissin
des Stiftes zum Heiligengrabe. 1870 im Ornat gemalt und dem
Convente geschenkt von Blanca von Hagen.«
H 110,5 cm; B 81 cm
Kloster Stift zum Heiligengrabe

Luise von Schierstedt war vom Pietismus und von der
Erweckungsbewegung geprägt. Ihre religiösen Überzeugungen bestimmten auch ihre Erneuerungsarbeit
im Damenstift Heiligengrabe. Das 1870 entstandene
Porträt von Blanca von der Hagen zeigt sie im Alter von
76 Jahren, die Rechte auf die Bibel, das Wort Gottes,
gestützt, im großen Ornat mit dem neuen, 1847 von
Friedrich Wilhelm IV. verliehenen Stiftsorden.[1]

Luise von Schierstedt wurde am 26. Dezember 1794
geboren.[2] Schon früh verlor sie ihren Vater, Regierungs-
präsident der Neumark, sowie 1813 drei ihrer Brüder in
den Freiheitskriegen. Als 1819 ihre Schwester, ebenfalls
Stiftsdame in Heiligengrabe, verstarb, verlieh ihr Friedrich Wilhelm III. die freigewordene Minorinnenstelle.
Am 28. September 1822 erhielt sie eine volle Stiftsstelle. Sie zog jedoch erst 1830, nach dem Tod ihrer
Mutter, nach Heiligengrabe. 1843 schlug der der Erweckungsbewegung nahestehende Prediger Otto von
Gerlach sie für das Amt der Oberin im Diakonissenhaus
Bethanien in Berlin vor. Als 1843 Äbtissin Henriette
von Steinwehr verstarb, erfolgte am 29. Juli 1843 ihre
Wahl zur »Äbtissin Seiner Majestät des Königs Fried-
rich Wilhelm IV.« Mit ihrem Amtsantritt veränderte
sich das alltägliche Leben im Damenstift Heiligengrabe grundlegend. Sie ordnete die Rückverlegung der
Abtei in die Klostergebäude an und begann mit der
Reorganisation des Damenstifts. Mit der Gründung
einer Schule, einem Hospital und anderen karitativen
Einrichtungen beabsichtigte sie das Stift in die von
Friedrich Wilhelm IV. begonnene Kirchenreform[3] ein-
zubinden. Im Konvent stießen ihre Pläne auf großen
Widerstand, da dieser sich durch die Veränderungen
religiös und politisch vereinnahmt sah. Dennoch er-
öffnete am 9. Juni 1847 die Erziehungsanstalt für
Mädchen aus verarmten adeligen Familien.

Am 8. Oktober 1847 verlieh Friedrich Wilhelm IV.
dem Damenstift Heiligengrabe das Jerusalemkreuz,
Ordenszeichen der Ritter vom Heiligen Grabe, als neues
Stiftsabzeichen. Luise von Schierstedt veranlasste eine
Überarbeitung der Stiftsstatuten, die am 11. Oktober
1853 von Friedrich Wilhelm IV. verabschiedet wurden.
Der Tätigkeit der Konventualinnen wurde darin für
die Zukunft eine klare Richtung gegeben. Zweifellos
kann Luise von Schierstedt als eine der bedeutendsten
Äbtissinnen der Stiftsgeschichte gelten. Ihrer Initiative
ist es zu verdanken, dass das Stift seiner ursprüng-
lichen Bestimmung gemäß wieder als eine karitativen
Zwecken gewidmete Anstalt hergestellt wurde.

Am 23. August 1876 verstarb sie im Alter von 82
Jahren. Die Beisetzung erfolgte auf dem Stiftsfriedhof.

1   Abgebildet auch in: OELKER/REUTER 2002, S. 28.
2   Vgl. zum folgenden: StAH, Nr. 1078. – OELKER/REUTER 2002,
    S. 29. – KIECKEBUSCH 2008, S. 101ff. – NEESE 1992/2005,
    Bd. II, S. 502ff. u. Bd. IV, S. 260ff.
3   Vgl.: RÖPER 1994. – RÖPER 2002.

## VI. 2
**Alfred Reichel**
**Relieftondi mit Bildnissen König Friedrich
Wilhelms IV. von Preußen und der Königin
Elisabeth**

1898
weißer Marmor
Dm 60,5 cm; H 6 cm
Kloster Stift zum Heiligengrabe

König Friedrich Wilhelm IV. förderte besonders die
Gründung sozialer Institutionen, die es auch Frauen
ermöglichten, berufstätig zu sein. Die Einsetzung
Luises von Schierstedt als Äbtissin 1843 und die
Reorganisation des Damenstifts erfolgte mit Unterstützung des Königs und seiner Frau Elisabeth. Beide
nahmen in der Folge regen Anteil an der Entwicklung
von Stift und Schule und förderten diese durch groß-
zügige Zuwendungen.

VI. 1   Luise von Schierstedt

VI. 2    König Friedrich Wilhelm IV.

VI. 2    Königin Elisabeth

Die zwei Marmormedaillons mit Darstellungen König Friedrich Wilhelms IV. und seiner Frau Elisabeth waren ein Geschenk Kaiser Wilhelms II. an das Damenstift zum fünfzigjährigen Bestehen der Schule 1897.[1] Zu diesem Anlass und in Erinnerung an ihre Förderer bat Äbtissin Margarete von Alvensleben den Kaiser 1896 um ein Bildnis des Königspaares.[2] In einem weiteren Schreiben wünscht sie, dass durch »die Verleihung der vorbezeichneten beiden Bilder als Reliefs, den kaiserlichen Büsten entsprechend«, der Anstalt ein sichtbares Zeichen der Dankbarkeit gegenüber ihren Stiftern vor Augen geführt werde.[3] Als Material schlug sie selbst weißen Marmor vor.[4] Der Auftrag erging an den Berliner Bildhauer Alfred Reichel.[5] Anfang des Jahres 1898 waren die beiden Tondi fertiggestellt. Sie wurden in die Südwand des Kapitelsaals, »zu beiden Seiten des Wappenfensters« eingelassen.[6] Im Zuge der Renovierung des Kapitelsaals und seiner Umgestaltung zur Festhalle 1931 wurde der kreuzgewölbte Raum durch eine Wand zwischen dem zweiten und dritten Joch von Norden geteilt, in deren mit Fresken[7] verzierte Lünette die Relieftondi versetzt wurden. Aus denkmalpflegerischen Gründen erhielt der Kapitelsaal 2002 sein mittelalterliches Erscheinungsbild zurück. Alle Einbauten des 20. Jahrhunderts wurden entfernt.[8]

1  Abgebildet in: Oelker/Reuter 2001, S. 20f. – Vgl. auch: Dehio 2000, S. 436, dort datiert auf 1847 und der Schule um Chr. D. Rauch zugeschrieben. Ähnlich: Börsch-Supan/Müller-Stüler 1997, S. 610.
2  Vgl.: StAH, Nr. 1114: Brief Äbtissin von Alvensleben an den Kaiser vom 7. Dezember 1896. Vgl. auch: Neese 1992/2005, Bd. II, S. 560f.
3  StAH, Nr. 1114: Brief Äbtissin von Alvensleben an EOKR vom 16. Februar 1897. Vgl. auch: Neese 1992/2005, Bd. II, S. 560f. Danach gab es bereits drei lebensgroße Kaiserbüsten aus Elfenbeinmasse auf 160 cm hohen Säulen aus Eichenholz.
4  Vgl.: StAH, Nr. 1114: Brief Äbtissin von Alvensleben vom 16. Februar 1897. Vgl.: Neese 1992/2005, Bd. II, S. 561.
5  Vgl.: StAH, Nr. 1114: Schreiben EOKR an Äbtissin von Alvensleben v. 6. November 1897.
6  Vgl.: StHA, Nr. 1114: Brief Alfred Reichel an Äbtissin v. Alvensleben vom 3. Februar 1898 mit 2 Zeichnungen und einer Skizze über das Befestigen der Reliefs in der Wand durch »Einlassen und Verschmieren mit Cement«. Vgl.: Neese 1992/2005, Bd. II, S. 562. – Neese 1992/2005, Bd. IV, S. 376 (Skizzen). Zum Ort ihrer Anbringung vgl. das Schreiben der Äbtissin vom 16. Februar 1897, StAH, Nr. 1114 (Neese 1992/2005, Bd. II, S. 561). Das darin genannte Wappenfenster wurde später vermauert. Die darin befindlichen farbigen Scheiben mit den Wappen der zu der Zeit zum Konvent zählenden Stiftsdamen wurden in dem Zuge in die westlichen Fenster des Kapitelsaals eingefügt.
7  Abbildung in: Neese 1992/2005, Bd. II, S. 541. Die Fresken bestehen vorwiegend aus floralen Motiven mit Inschriften (links: »1287 Gründung des Klosters Zum Heiligen Grabe durch Markgraf Otto V. Einführung der Reformation 5. Oktober 1548 [nach langen Kämpfen]« daneben Kreuz, Kelch

und Monstranz als Sinnbilder des alten Glaubens; mittig: »Renoviert anno domini 1931«; rechts: »8. Juni 1847 Gründung der Klosterschule durch König Friedrich Wilhelm IV. und Königin Elisabeth«, daneben Globus, Bücher, Schenkel als Sinnbilder der Lehre und Wissenschaft. Die Kalotte umspannt der Spruch Apg. 4,12.

8   Vgl.: Abschlussbericht Dipl.-Restauratorin Sonia Cárdenas vom 1. Juni 2002 nach Abnahme der Wandmalerei und der Marmortondi im Kapitelsaal im April/Mai 2002 (Kloster Stift zum Heiligengrabe, Registratur/Bauakten).

## VI. 3
## König Friedrich Wilhelm IV.
## Handschreiben an die Äbtissin Luise von Schierstedt

Charlottenburg, 22. Dezember 1849
H 25,7 cm; B 21,3 cm (6 unpag. Doppelblätter)
Kloster Stift zum Heiligengrabe, StAH, Nr. 1384

Für die im lutherischen Glauben erzogene Luise von Schierstedt war die Zugehörigkeit des Stifts zur unierten Kirche, dem 1817 erfolgten Zusammenschluss beider evangelischer Glaubensrichtungen, der lutherischen und der reformierten Konfession, zur Evangelischen Kirche in Preußen, äußerst problematisch. Nach ihrer Wahl zur Äbtissin 1843 hatten sich die Unstimmigkeiten im Konvent noch verstärkt, da die meisten der Stiftsdamen die vom preußischen König Friedrich Wilhelm IV. betriebene Neuordnung des Stifts nicht mittragen wollten. Luise von Schierstedt, die die königlichen Interessen unterstützte und eine Stiftsschule, ein Krankenhaus und andere wohltätige Einrichtungen gründen wollte, verausgabte sich im Widerstand gegen den Konvent. Als ihr unnachgiebiges Eintreten für ein lutherisches Stift schließlich auch zu Auseinandersetzungen mit den kirchlichen Behörden führte, richtete sie 1849 ein Rücktrittsgesuch an den König. In seinem zwölf Seiten umfassenden, eigenhändigen Antwortschreiben[1] (Abb. S. 64) fordert er – »der verehrten Frau Äbtissin ergebener Diener und Freund« – sie eindringlich zum Verbleib und zur Fortsetzung der Reorganisation des Damenstifts auf. Mit Nachdruck mahnt er sie an die mit ihrem Amt verbundene hohe

Aufgabe: »Verehrte Frau Äbtissin, Sie haben ein <u>Amt</u>, das man berechtigt ist ein weibliches Bischofsamt im urkirchlichen Sinne zu nennen. Sie sind ihrem Stifte ›angetraut‹ u es handelt sich nicht mehr um die Selbst-Beurtheilung ihrer Befähigung, um ihre Bescheiden-heit, Lust oder Unlust dazu, sondern um seine Führung u Durchführung u um die Rechenschaft die Sie davon ablegen müssen – vor keinem menschl: Tage ablegen werden. Bewegen Sie das in Ihrem Herzen vor dem HErrn. –« Luise von Schierstedt bleibt daraufhin im Amt. In den folgenden Jahren veranlasst sie eine Über-arbeitung der Stiftsstatuten, die zukünftig zwischen Versorgungsstellen und Stellen für arbeitende Damen unterscheiden. 1863 legte sie König Wilhelm I. von Preußen ihren Bericht über die Reorganisation des Stifts vor.

1   In vollem Wortlaut abgedruckt in: Rohr 1916, S. 16–20. Zu den Hintergründen siehe auch: Röper 1997.

## VI. 4
## Blick von Nordwesten auf Klausur und Kapelle mit Mädchengruppe

1863
Zeichnung auf Papier, aquarelliert
Bez.: u. r. »K.B. 1863«
H 21,5 cm; B 26,5 cm
Kloster Stift zum Heiligengrabe, V 714 K2/5

Auf Wunsch der Äbtissin wurde 1847 eine Er-ziehungsanstalt für Töchter aus verarmten adeligen Familien Preußens gegründet.[1] Zunächst wurden sechs Schülerinnenstellen geschaffen.[2] Doch schon bald verdoppelte sich die Zahl der Plätze. Dies machte Anfang der 1860er Jahre die Einrichtung von fünf Schulstuben im Abteigebäude notwendig.[3] Laut Lehr-plan traten die Mädchen im Alter von acht Jahren in die Erziehungsanstalt ein. Die Ausbildung erfolgte in drei Klassenstufen und sollte mit der Konfirmation abschließen. Unterrichtsschwerpunkte waren Religion, Rechnen, Geografie, Handarbeiten sowie deutsche und französische Sprache. Die Ausbildung der Mädchen sollte einfach, aber ihrem Stande gemäß sein; sie sollte sie befähigen, »eine Stellung einzunehmen und auszufüllen, welche ihre Existenz sichert.«[4] Wilhelm von Hengstenberg, seit 1862 Stiftspropst, lobte 1877 im Rückblick auf seine vierzehnjährige Amtszeit die vorbildliche Erziehung der Schule: »Die Standesverhältnisse werden berücksichtigt, doch nur so, daß Alles vermieden wird, was Standesvorurtheile erzeugen könnte, dagegen das Streben auf Erziehung demüthigen, bescheidenen, anspruchslosen, dienstwilligen Sinnes sich richtet und die Kinder gewöhnt werden, sich frei, ungezwungen und natürlich in Lebensformen zu bewegen, die auf feiner und edler Sitte beruhen [...].«[5]

Das Aquarell aus dem Jahre 1863[6], dessen Monogramm »K.B.« sich bislang nicht auflösen ließ, zeigt eine durch den Stiftsgarten tollende Schülerinnengruppe in schlichten weißen Stiftskleidern. Im Hintergrund erkennt man die Westfassade der Klausur mit Stiftskirche und Heiliggrabkapelle. Treffend heißt es dazu in den Erinnerungen der damals achtjährigen Adelheid Segond von Banchet, deren Schwester Clara Segond von Banchet zu dem Zeitpunkt Probe-Expektantin in Heiligengrabe war: »Es war 1855 [...] Wir kamen von Pritzwalk zu Wagen, noch echt märkischer Sandweg. Als wir die Dröbelhöhe herunterfuhren, kam uns eine weiße Wolke entgegengeflattert, die sich sehr bald als die 16 Abteikinder entpuppte, die mit hellen Kleidern und weißen Helgoländern

VI. 4    Blick von Nordwesten auf Klausur und Kapelle

angetan […] uns unter Führung meiner Schwester einholte.«[7]

Die in die alten Klostergebäude zurückverlegte Abtei bildete seitdem wieder den Mittelpunkt des Stifts. Die in der Erziehungsanstalt tätigen Damen lebten wie die Äbtissin in der Abtei. Um 1863 sind es etwa 16 Kinder. Sie sind gleichsam die Familie der Äbtissin. Die nichttätigen Damen wohnten dagegen weiterhin am Damenplatz und führten jeweils einen eigenen Haushalt.

1  Bereits 1845 stimmte der König dem Vorhaben zu. Vom Frühjahr 1847 stammt eine erste Liste in Frage kommender Mädchen. Die zunächst vorhandenen sechs Plätze wurden bald um weitere sechs aufgestockt. Im August 1847 besuchten bereits acht Mädchen die Schule. Vgl.: StAH, Nr. 71; Neese 1992/2005, Bd. II, S. 502ff.
2  Vgl.: StAH, Nr. 71 und 831. Darin auch eine Aufstellung der Kosten für Einrichtung und Ausstattung der Schule sowie Namenslisten der zwischen 1847 und 1853 aufgenommenen Kinder.
3  Vgl.: StAH, Z 138, Zeichnung zur »Einrichtung von fünf Schulstuben im Abteigebäude« von Bauinspektor Rosainsky aus Perleberg, 1860.
4  Vgl.: StAH, Nr. 1010.
5  Vgl.: EZA, 22/72, Vol. 2. – Vgl. auch: Neese 1992/2005, Bd. V, S. 266.
6  Abgebildet auch in: Oelker/Reuter 2002, S. 14f.
7  Vgl.: Neese 1992/2005, Bd. I., S. 397.

## VI. 5
### Mathilde von Schlippenbach

vor 1849
Gouache, Pastellkreide
Bez.: rückseitig »Gräfin Mathilde von Schlippenbach von 1848 Stiftsdame u. Äbtissin (1881–87) des Stifts zum ›Heiligen Grabe‹. geb. 1815, gest. 1887. Geschenk von Graf Königsmarck-Karnzow. Herbst 1934.«
H 23 cm; B 20 cm
Kloster Stift zum Heiligengrabe

Das Halbfigurenbildnis einer jungen Dame im Stile biedermeierlicher Miniaturmalerei zeigt Gräfin Mathilde von Schlippenbach auf einem gepolsterten Armlehnstuhl (Bergère) sitzend. Von unbekannter Hand gemalt, stammt es noch aus der Zeit vor ihrer Ernennung zur Stiftsdame. Sie kam 1846 als erste

VI. 5   Mathilde von Schlippenbach

Probe-Expektantin nach Heiligengrabe, um Äbtissin von Schierstedt bei der Arbeit in der neu gegründeten Erziehungsanstalt zu unterstützen. 1849 erfolgte ihre Aufnahme in den Konvent.[1] Das feine, äußerst präzise gezeichnete Profil gibt die ebenmäßigen Gesichtszüge einer ungefähr dreißigjährigen Frau wider. Ihr glattes, seitlich über die Schläfen gekämmtes Haar wird unter einer aus Spitzen und Bändern geflochtenen Haube am Hinterkopf gehalten. Die elegante, eng am Körper anliegende Kleidung – ein schlichtes hell-dunkelblau gestreiftes, stark tailliertes Gewand, dessen Dekolleté von feiner Spitze eingefasst ist und vorne auf der Brust durch zwei goldene Nadeln gehalten wird – folgt zeitgenössischer Mode der Biedermeier. Das noch original erhaltene Passepartout mit nach oben sich öffnendem Stichbogen und handgemalter Goldleiste rahmt das Bildnis auf vornehme Weise.

1  Vgl.: Kieckebusch 2008, S. 107ff. – Neese 1992/2005, Bd. I, S. 396f.

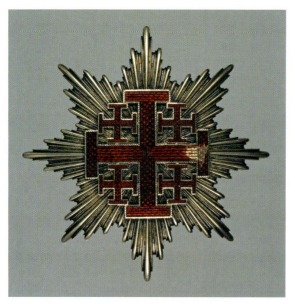

VI. 6    Stiftsorden »Jerusalemkreuz« (Äbtissinnenorden)

VI. 7    Stiftsorden für Stiftsdamen

## VI. 6
**Jean-Frédéric Godet**
**Stiftsorden »Jerusalemkreuz« (Äbtissinnenorden)**

1847
Silber, vergoldet, emailliert
H 8,5 cm; B 8,5 cm
Bez.: rückseitig Stempel „Godet in Berlin"
Kloster Stift zum Heiligengrabe

## VI. 7
**Stiftsorden (Ausführung für Stiftsdamen)**

1847
Silber, emailliert
H 6,5 cm; B 6,5 cm
Kloster Stift zum Heiligengrabe

## VI. 8
**Johann George Hossauer**
**Einfaches Jerusalemkreuz am schwarzen Band**

1847
Silber, emailliert
H 4,4 cm; B 4,4 cm (mit Öse 6,3 cm)
Bez.: rückseitig Stempel »Hossauer Berlin«
Kloster Stift zum Heiligengrabe

Durch Kabinetts-Ordre vom 8. Oktober 1847 verlieh König Friedrich Wilhelm IV. dem Damenstift einen neuen Stiftsorden: ein achteckiger Stern, der mit einem rot emaillierten Krückenkreuz und vier kleineren Kreuzen in den Quadranten belegt ist. Er ist dem Jerusalemkreuz nachgebildet, das schon im 14. Jahrhundert das Wappen der Ritter vom Heiligen Grab in Jerusalem war. Mit dem Orden brachte der König zum einen sein Bemühen um die Stärkung der Christen in Jerusalem zum Ausdruck. Zugleich sollte das Kreuz aber auch an die hohe Verantwortung erinnern, die das Stift mit seinem Patrozinium verband. Seine Verleihung galt daher vor allem der geistlichen Gemeinschaft von Frauen, die sich für ein gemeinsames Ziel und für den gemeinsamen Dienst verpflichtet hatten.[1]

Die hinsichtlich des Materials unterschiedliche Ausführung des Ordens symbolisierte die Rangordnung der Damen: Der vergoldete Stern war für die Äbtissin, der silberne Stern mit goldener Einfassung des Kreuzes für die Priorin und der mit silberner Einfassung für die Stiftsdamen bestimmt. Zum großen Ornat der Stiftsdamen gehörte neben dem Stern auf der linken Brust noch ein einfaches Jerusalemkreuz, das an einem 8 cm breiten schwarzen Ripsband mit silbernem Seitenstreifen auf der linken Hüfte zu tragen war. Gefertigt wurden die Orden bei Johann George

VI. 8    Jerusalemkreuz am schwarzen Band

## VI. 9
### Abschrift der Statuten neuer Regel mit dem Gelübde der Stiftsdame Marie von Lancizolle anlässlich ihrer Einführung am 18. Oktober 1862

Verabschiedet 1853, überreicht am 18. Oktober 1862
Papier
H 34,5 cm; B 42,5 cm (Doppelseite)
Kloster Stift zum Heiligengrabe, StAH, Nr. 1086

Hossauer und Jean-Frédéric Godet, zwei Berliner Goldschmiede, die im 19. Jahrhundert zu den berühmtesten Herstellern von preußischen Orden und Ehrenzeichen zählten.

Die Ordensinsignien wurden den Stiftsdamen gegen 20 Taler bei ihrer Einführung ausgehändigt. Sie mussten an das Stift zurückgegeben werden, sobald sich eine Stiftsdame verheiratete oder verstarb. 1861 stiftete König Wilhelm I. noch ein besonderes Ordenszeichen für Ehrenstiftsdamen.[2] Seit 1890 ziert das Jerusalemkreuz auch die Westfassade der Stiftskirche. Ebenso zeigte das Abzeichen für Stiftsschülerinnen, eine in Silber getriebene Brosche, das Jerusalemkreuz. Noch heute ist es das Signet des Klosters Stift zum Heiligengrabe.

Schon bei ihrem Amtsantritt 1843 hatte Äbtissin von Schierstedt eine Überarbeitung der Statuten veranlasst, in denen ein stärkeres soziales Engagement der Stiftdamen verankert sein sollte. Die neuen Statuten wurden 1853 von König Friedrich Wilhelm IV. verabschiedet.[1] Darin wurden die zukünftigen Konventualinnen zur Übernahme von Aufgaben der Erziehungs- und Wohltätigkeitsarbeit verpflichtet. Zunächst als Probe-Expektantinnen eingestellt, erwarben sie sich nach einem Jahr der Bewährung in »der Liebestätigkeit des Stifts« eine Anwartschaft auf eine Minorinnenstelle, die später, bei Vakantwerden einer Konventualinnenstelle – meist durch Ableben einer Stiftsdame – in eine Majorpräbende umgewandelt werden konnte.[2] In dieser Neuregelung manifestierte sich das langjährige Bemühen um die Reorganisation des Stifts. Denn erst hierdurch wurden die eigentlichen Voraussetzungen geschaffen, um die Existenz der 1847 gegründeten Stiftsschule auch personell, d.h. durch ausgebildete Lehrerinnen, die befähigt waren, die Kinder zu unterrichten, abzusichern. Unter König Wilhelm I. erfolgte 1861 eine nochmalige Revision hinsichtlich der Besetzung der Stiftsstellen.[3] Danach sollte die Verleihung zukünftig nach einem bestimmten Turnus zu zwei Drittel an versorgungsbedürftige Damen nach älterer Regel und zu einem Drittel an arbeitende Damen nach neuer Regel erfolgen. Hierdurch, so beabsichtigte man, würde das Stift wieder mehr seiner alten Bestimmung entsprechen, »hülfsbedürftigen Töchtern verdienter Männer eine Gnadenwohlthat und eine Zuflucht zu gewähren«.[4]

Die vorliegende Abschrift[5] enthält die revidierte Fassung der Statuten neuer Regel von 1853, ergänzt durch das von jeder Stiftsdame bei ihrer Einkleidung abzulegende Gelübde. Sie wurde Marie von Lancizolle[6], einer der ersten nach der neuen Regel eingekleideten Konventualinnen, anlässlich ihrer Ein-

1  Vgl.: KIECKEBUSCH 2008, S. 128f. – HANSEL 1991, S. 242. – KLIETMANN 1969.
2  Vgl.: StAH, Nr. 117. Zwei darin befindliche kolorierte Zeichnungen geben die Stiftsorden der zu Ehrenstiftsdamen ernannten Palastdamen der Königin Augusta von Preußen, Adelaide von Hacke und Luise von Oriola, wieder.

führung zur Stiftsdame am 18. Oktober 1862 überreicht. Unterzeichnet ist sie von der Äbtissin Luise
von Schierstedt und dem Stiftspropst Wilhelm von
Hengstenberg. Die Statuten sollten, wie schon die
Fassung von 1714 vorsieht, einer jeden Konventualin
bei ihrer Einkleidung öffentlich vor der Domina und
dem Konvent vorgelesen werden, um so die anwesenden
Damen stets wieder an die mit ihrer Aufnahme ein-
gegangene Verpflichtung zu erinnern.

1  Vollständig abgedruckt bei: KIECKEBUSCH 2008, S. 269–280.
   – Vgl. auch: NEESE 1992/2005, Bd. II/, S. 615–619.
2  Vgl.: NEESE 1992/2005, Bd. II, S. 613f.
3  Vgl.: KIECKEBUSCH 2008, S. 290ff.: Regulativ für die Besetzung
   der Stiftsstellen im Kloster zum H. Grabe.
4  Zitiert nach: KIECKEBUSCH 2008, S. 291.
5  StAH, Nr. 1086.
6  Vgl.: NEESE 1992/2005, Bd. IV, S. 406.

## VI. 10
### Blanca [Agathe Adelheid] von der Hagen
### Einführung der Marie von Lancizolle zur Stifts-
### dame in der Heiliggrabkapelle

1862
Bleistift auf Pappe, aquarelliert
Bez.: u. l. »B. von Hagen 1862«, u. r. »Heiligengrabe d. 18. Oct.
1862«
H 31 cm; B 43 cm
Kloster Stift zum Heiligengrabe, Reg. 479

Das in lichten Blau- und Grüntönen gehaltene
Aquarell von Blanca von der Hagen[1] entstand an-
lässlich der feierlichen Einführung der Marie von
Lancizolle zur Stiftsdame am 18. Oktober 1862. Es
zeigt Äbtissin Luise von Schierstedt mit Marie von
Lancizolle als künftiger Stiftsdame vor dem Altar der

VI. 10   Einführung der Marie von Lancizolle zur Stiftsdame in der Heiliggrabkapelle

Heiliggrabkapelle, umringt von Damen des Konvents. Im Hintergrund Herren des Kuratoriums und Stiftspropst Wilhelm von Hengstenberg.[2] Die Aufnahme einer neuen Konventualin erfolgte nach einem festen Zeremoniell: Die Rezipientin präsentierte sich zunächst dem Konvent. Danach wurden die Statuten verlesen und es folgte das Gelöbnis der zukünftigen Stiftsdame durch Handschlag (§ 17). Jede Konventualin versprach bei ihrer Aufnahme, gehorsam gegenüber der Äbtissin zu sein, die Mitkonventualinnen zu achten sowie Gott zu ehren, den jungfräulichen Stand zu wahren und die Statuten zu befolgen.[3]

Marie von Lancizolle, die 1853 als Expektantin nach Heiligengrabe kam, war eine der ersten Konventualinnen, die nach der neuen Regel eingekleidet wurden, und zählte damit zum Kreis der sogenannten »tätigen« Stiftsdamen. Konkret bedeutete dies, dass ihre Aufnahme in den Konvent an die Verpflichtung zur Übernahme von Aufgaben der Erziehungs- und Wohltätigkeitsarbeit geknüpft war, wie es die 1861 revidierten Statuten von 1853 vorsahen.

Der helle, schlicht eingerichtete und auf seine spätgotischen Formen zurückgeführte Innenraum der Kapelle zeugt vom sensiblen Umgang mit der mittelalterlichen Architektur, wie ihn König Friedrich Wilhelm IV. gefordert hatte. Nachdem die Instandsetzung der Kapelle 1857 abgeschlossen war, sollte die Präsentation der Stiftsdamen künftig wieder in der Kapelle stattfinden.[4] Das Aquarell gibt damit einen Zustand vom Innern der Kapelle wieder, wie er bis 1903 bestand (vgl. Abb.).

1   Porträt- und Genremalerin, am 4. November 1842 in Breslau geboren, Studium in Berlin und Dresden, war in München Schülerin im Atelier von Gyula Benczur, wurde dann in Berlin Schülerin von Karl Gussow. Nach längeren Aufenthalten in Italien und Paris ließ sie sich in Berlin nieder. Neben ihrem Hauptfach, dem Porträt, hat sie auch einige gute Genrebilder geschaffen. Eine Doublette des Aquarells aus der Sammlung der König Elisabeth befindet sich in der Graphischen Sammlung der SPSG (Aquarellsammlung 1148).
2   Die auf denselben Tag datierte Einführungsurkunde der Marie von Lancizolle (vgl. Kat.-Nr. VI.9) erlaubt die Bezugsetzung zu diesem Ereignis und damit auch die Identifikation der dargestellten Personen.
3   Vgl.: StAH, Nr. 1086. Das Prozedere der Einführung einer Stiftsdame wurde schon in den Statuten von 1714 genauestens festgelegt. Daran orientierte man sich auch noch im 19. Jahrhundert. Vgl. dazu auch: KIECKEBUSCH 2008, S. 239.
4   Vgl.: EZA, 22/62.

Innenansicht der Kapelle von Westen, 1890

VI. 11

## Zinkgießerei Moritz Geiss (Ausführung)
## Zwei Altarleuchter

Entwurf um 1844, Ausführung Berlin, 1849
Zinkguss, bronziert
H 86 cm; T 26 cm
Kloster Stift zum Heiligengrabe

Als König Friedrich Wilhelm I. 1714 Heiligengrabe besuchte, befahl er dem Stiftshauptmann, die Kapelle abzureißen und ihre Steine anderweitig zu verwenden. Diesem Ansinnen wurde nicht gefolgt.[1] Durch Kabinettsorder vom 6. August 1846 befahl Friedrich Wilhelm IV. die Wiederherstellung der sog. Blutkapelle und wies 2300 Taler aus der Staatskasse zu ihrer Instandsetzung an. Sie sollte den Stiftsdamen künftig zur Abhaltung ihrer Horen dienen.[2] 1846 wurde mit den Sanierungsarbeiten begonnen. Noch 1855 war das

VI. 11   Altarleuchter

*Königliche Reformpläne*

Innere der Kapelle durch eine Zwischendecke entstellt. Diese wurde im Zuge der Regotisierung der Kapelle entfernt. 1857 wurde in Anwesenheit des königlichen Paares die Kapelle wieder eingeweiht.

Die zwei Altarleuchter gehörten zu der in dem Zusammenhang erfolgten Neuausstattung der Kapelle.[3] Sie sind eine Arbeit der Firma Moritz Geiss, der zu dieser Zeit bedeutendsten Berliner Zinkgießerei, die vor allem architektonische und bauplastische Verzierungen wie Säulen, Konsolen, Gitter, Ornamente, aber auch Kirchengeräte und Skulpturen nach Entwürfen bekannter zeitgenössischer Architekten wie Schinkel, Stüler oder Strack ausführte.[4] Zwei bronzene Altarleuchter und ein Kruzifix[5] von ähnlich barockisierender Form zeigt das Aquarell Blancas von der Hagen »Einführung der Marie von Lancizolle als Stiftsdame« von 1862 (Kat.-Nr. VI. 10).

1  In mehrere Zwischengeschosse unterteilt diente die Kapelle seitdem als Kornspeicher (»Schüttbude«) und blieb so erhalten.
2  Vgl.: EZA, 22/62: Kopie eines Schreibens von Friedrich Wilhelm IV. an den Staats- und Kabinettsminister Ernst von Bodelschwingh wegen geplanter Baumaßnahmen in der Kapelle v. 15. Mai 1846: »Das Aeußere der Kapelle wird vorläufig gar keiner Reparatur bedürfen; im Innern aber will Ich dieselbe lediglich in guten baulichen Stand gebracht und ohne jeden Schmuck und so hergestellt wissen, daß sie ein reinliches und anständiges Local für die Abhaltung der täglichen Horen bietet.« Vgl. auch: StAH, Nr. 98: darin ein farbiger Grundriss der Kapelle, Ansicht der Wandnische, Aufrisse der Bänke und des Chorgestühls sowie Standort derselben, von Bauinspektor Rosainsky vom März 1858. Offensichtlich kamen die Pläne aber nicht zur Ausführung, wie das Aquarell Blancas von der Hagen von 1862 ( Kat.-Nr. VI. 10) belegt.
3  Vgl.: EZA, 22/62: Schreiben v. 15.1.1849: Nachdem im März 1848 der Altar und die Sitzplätze aufgestellt worden waren, »[…] fehlen jetzt zur Dekoration der Kapelle noch eine Altardecke, ein Kruzifix und zwei Altarleuchter […].« Deren Anschaffung wird genehmigt. Vgl. auch: Neese 1992/2005, Bd. V, S. 237.
4  Vgl.: Geiss 1863, Heft XI (1844), Taf. 5, Nr. 2: Altarleuchter, um 1845, Entwerfer nicht angegeben.
5  Wahrscheinlich gehörte auch das Kruzifix zum Ensemble und stammte wie die Leuchter von der Firma Moritz Geiss. Vgl.: Geiss 1863, Heft XI (1844), Taf. 5, Nr. 1: Kruzifix. Ein nahezu identisches Kruzifix zeigt das Porträt der Äbtissin Mathilde von Schlippenbach (Kat.-Nr. VI. 13).

## VI. 12
### Ast einer alten Eiche

Bez.: »Zweig von der Wundereiche, aus dem Garten der Gn. Frau Äbtissin. 1847«
Kloster Stift zum Heiligengrabe

Laut Inschrift stammt der Eichenzweig aus dem Garten der Äbtissin.[1] Lange hing er im Treppenaufgang des alten Heimatmuseums. Heiligengraber Eichen zählten zu den mächtigsten in Brandenburg.[2] Noch heute befindet sich bei den Teichen, in der Nähe der ehemaligen Klostermauer, eine Gruppe alter Bäume. Die Stiftskinder nannten sie ehrfurchtsvoll »Königseiche«, »Kaisereiche« oder »Elisenhain«, wobei die Namen eher an ihre hohen Schutzherren erinnern sollten.

Schon in der Klosterlegende ist von einer Eiche die Rede, unter welcher sich einst der Jude, bevor er das aus der Techower Kirche gestohlene Sakrament vergrub und nach Pritzwalk floh, ausruhte, weil seine Freveltat ihn schwer belastete.[3] In Gottlob Joachim Hindenbergs »Gesammlete Nachrichten vom Heiligen Grabe in der Prignitz«, die 1782 in Johann Bernoullis »Reisebeschreibungen« erschienen, heißt es, dass man »diese Eiche, welche immer von neuem aus der Wurzel hervortreiben soll, wenn man will, noch itzt an der Mauer zwischen dem ersten und 2ten Garten [der Abtei], anstaunen« könne.[4] Ob besagter Baum mit der aus dem Garten der Äbtissin stammenden »Wundereiche« identisch ist, ist fraglich. Gewiss war es nur die Sensationslust der Reisenden, die man mit diesem Hinweis hat befriedigen wollen.

Doch auch schon im Mittelalter waren Wallfahrtsorte oft in der Nähe verehrter Bäume gelegen. Vor allem Eichen schrieb man heilende Kräfte zu. Oft waren sie Gegenstand abergläubischer Verehrung. Noch im 17. Jahrhundert wird über eine Eiche in Blesendorf, unweit von Heiligengrabe, berichtet, dass Lahme, Krüppel und von der Gicht geplagte Leute aus Brandenburg und Mecklenburg den angeblich wundertätigen Baum in Scharen aufgesucht hätten.[5]

1  Gemeint kann nur Luise von Schierstedt sein, die 1843 von Friedrich Wilhelm IV. zur Äbtissin ernannt worden war.
2  Vgl.: Neese 1992/2005, Bd. V, S. 167.
3  Vgl.: Simon 1928, S. 4.
4  Vgl.: Hindenberg 1782, S. 419, Anm. 2.
5  Vgl.: Kieckebusch 2008, S. 484ff.

VI. 13    Mathilde von Schlippenbach

## VI. 13
## Fritz Hummel
## Mathilde von Schlippenbach, Äbtissin 1881–87

1889
Öl auf Leinwand
Bez.: u. r. »Fritz Hummel 1889«
H 115 cm; B 85 cm
Kloster Stift zum Heiligengrabe

Mathilde von Schlippenbach wurde am 19. März 1815 als Tochter des königlich-preußischen Kammerherrn Graf Karl Friedrich Wilhelm von Schlippenbach auf Schönermark und Arendsee und der Gräfin Friederike Karoline von Beust geboren.[1] Sie kam 1846 als erste Probe-Expektantin nach Heiligengrabe, um Äbtissin von Schierstedt bei der Arbeit in der neu gegründeten Erziehungsanstalt zu unterstützen. 1849 erfolgte ihre Aufnahme in den Konvent. 1853 schlug Luise von Schierstedt Mathilde von Schlippenbach für das Amt der Priorin vor, nachdem Caroline Rolaz du Rosey dieses 1853 wegen anhaltender Konflikte aufgegeben hatte und aus dem Stift ausgetreten war.[2]

Ab 1872 übernahm Gräfin Schlippenbach die Oberleitung der Schule. Unter ihrer Führung erhielten die Schülerinnen 1874 erstmals Zensuren. Als Äbtissin von Schierstedt 1876 starb, herrschten Zweifel über die Zukunft der Schule. Nach eingehender Prüfung entschied Kaiser Wilhelm I. das Fortbestehen der Erziehungsanstalt.[3] Ihr pädagogischer Erfolg führte sogar zu dem Entschluss, künftig noch mehr Mädchen aufzunehmen. Gräfin Schlippenbach wurde daraufhin ermächtigt, die Leitung des Stifts zu übernehmen. Die Entscheidung über die Wiederbesetzung der Äbtissinnenstelle zog sich jedoch hin; man beabsichtigte eine Änderung der Statuten aufgrund des überkommenen, ungleichen Wahlrechts der Stiftsdamen, das immer wieder zu Zwistigkeiten und Parteibildungen innerhalb des Konvents geführt hatte.[4] Erst 1880 wurde Gräfin Schlippenbach auf Vorschlag des Kaisers zur neuen Äbtissin ernannt. Am 25. Juni 1881 erfolgte ihre Einführung. Sie starb am 20. Mai 1887 und wurde auf dem Stiftsfriedhof beigesetzt.

Das 1889 – posthum – entstandene Porträt der Äbtissin aus der Hand des Berliner Porträtmalers und Bildhauers Fritz Hummel zeigt sie im großen Ornat und an einen altarähnlichen Aufbau gelehnt, auf welchem ein Kruzifix und eine Bibel zu sehen sind – vielleicht ein Hinweis auf eine ihrer ersten Amtshandlungen: 1881 erfolgte die Erneuerung von Altar und Gestühl in der Stiftskirche.[5]

1   Siehe im folgenden: KIECKEBUSCH 2008, S. 107ff. – NEESE 1992/2005, Bd. I, S. 396f.
2   Das Amt der Priorin wurde jedoch nicht wieder besetzt. Ihr Austritt erfolgte auf Befehl König Friedrich Wilhelms IV., um den seit Jahren herrschenden Streit zwischen ihr und der Äbtissin zu beenden. Vgl.: KIECKEBUSCH 2008, S. 121.
3   Von 1876 an mussten sich die Heiligengraber Abiturientinnen, welche den Lehrerinnenberuf anstrebten, einer öffentlichen Prüfung unterziehen. Bis dahin wurden in einem Zeitraum von acht Jahren pro Jahrgang 16 Mädchen zur Erwerbsfähigkeit geführt.
4   Nach den geltenden Statuten wurde die Äbtissin vom Konvent gewählt. 1881 wurden die Statuten dahingehend geändert, dass die Äbtissin künftig aus der Mitte des Konvents vom Landesherrn bestimmt werden sollte. Diese trug zwar weiterhin den Titel der Äbtissin, war den übrigen Konventualinnen aber gleichgestellt. Vgl.: EZA, 22/123: Schreiben Kaiser Wilhelm I. vom 2. Oktober 1876. Vgl. auch: NEESE 1992/2005, Bd. V, S. 258.
5   Vgl.: NEESE 1992/2005, Bd. IV, S. 407.

# VII

# Des Kaisers »weibliche Kadetten«.
# Heiligengrabe um 1900

Das preußische Königshaus war dem Damenstift Heiligengrabe besonders zugetan. Ausschlaggebend dafür waren das Patronat, das das Herrscherhaus sowohl über die geistlichen Stifte seines Landes als auch die 1847 gegründete Stiftsschule besaß, die mit der Zeit zu einer der wichtigsten Erziehungs- und Ausbildungsstätten für adlige Mädchen in Preußen geworden war. Dieses Erbe fortzusetzen, war nach dem Tod der 1876 verstorbenen Äbtissin von Schierstedt, der Gründerin der Stiftsschule, Hauptaufgabe der nachfolgenden Äbtissinnen. Um der Bedeutung der Einrichtung zu entsprechen, wurde 1876 bestimmt, dass die Ernennung künftiger Äbtissinnen aus der Mitte des Konvents durch den Kaiser erfolgt. Hierdurch suchte man die vorzugsweise von den Konventualinnen »neuer Regel« wahrzunehmenden Aufgaben des Stifts stärker als zuvor zu fördern. Auch wurden zunehmend mehr jüngere Damen aufgenommen, die ihr Lehrerinnenexamen gemacht hatten und hierdurch befähigt waren, die Kinder zu unterrichten.

1899 berief Kaiser Wilhelm II. die verwitwete Adolphine von Rohr zur neuen Äbtissin von Heiligengrabe. Sie setzte die staatliche Anerkennung der Stiftsschule durch, die sich seit 1908 »Höhere Mädchenschule«, ab 1912 »Lyzeum« nennen durfte. Fast alle bedeutenden aristokratischen Familien Preußens schickten seitdem ihre Töchter nach Heiligengrabe. Neben der Pflege einer religiösen Gesinnung, die man als die Grundlage aller »Herzensbildung« betrachtete, legte man besonderen Wert auf eine patriotische Haltung. Das Königshaus, seine Geschichte wie auch seine Beziehungen zum Stift, wurden den Schülerinnen bei jeder Gelegenheit vor Augen gestellt. Die Äbtissin verstand ihre Zöglinge als »weibliche Kadetten« des Kaisers, für die die Treue zur Krone und zum Staat oberste Priorität hatte.

1901, anlässlich der 200jährigen Wiederkehr der Erhebung der brandenburgischen Kurfürsten zu Königen, verlieh Kaiser Wilhelm II. Äbtissin Adolphine von Rohr als Zeichen seiner Wertschätzung einen Äbtissinnenstab. (Abb. S. 80) Auch in den folgenden Jahren erwies er dem Stift mehrmals seine Gunst. Er veranlasste den Neubau eines Treppenaufgangs für die Schülerinnen in der Klausur, der später als Kaiserturm bezeichnet wurde. 1903 stattete er die Heiliggrabkapelle mit einem neuen Chorgestühl aus und ließ das Innere der Kapelle ausmalen. Die noch heute erhaltenen Glas- und Wandmalereien stellen Szenen aus der Klostergeschichte dar, in denen die enge Verbindung des Herrscherhauses zum Kloster und späteren Damenstift seit seiner Gründung bildlich festgehalten ist. Unterstützt wurde Wilhelm II. von Kaiserin Auguste Viktoria, die an die Bemühungen König Friedrich Wilhelms IV. und seiner Frau Elisabeth anknüpfte und in den Werken der Mildtätigkeit und im Erziehungswesen wichtige gemeinkirchliche Aufgaben sah. Mehrfach besuchte das Kaiserpaar das Damenstift Heiligengrabe.

Äbtissin von Rohr gründete 1909 gemeinsam mit dem Maler und Prähistoriker Paul Quente ein Heimatmuseum, das seitens der Bevölkerung großen Zuspruch erfuhr. Mit dem Museum trat das Stift auch in wissenschaftlicher Hinsicht an das Licht der Öffentlichkeit und erwarb sich sowohl im Bereich der Archäologie und Frühgeschichte als auch in der Heimatforschung große Verdienste.

Lit.: Schulenburg 1983. – Hornstein 1986, S. 129ff. – Oelker/ Reuter 2002, bes. S. 42f. – Dost 2002. – Neese 1992/2005, Bd. IV, bes. S. 283ff. – Kieckebusch 2008, bes. S. 109ff und 448ff.

VII. 1    Adelheid von Wentzel

## VII. 1
## C. von Wegerer
## Adelheid von Wentzel, Äbtissin 1887–93

Nach 1887
Öl auf Leinwand
Bez.: u. r. »C v Wegerer«
H 115 cm; B 85 cm
Kloster Stift zum Heiligengrabe

Das undatierte Porträt des Malers C. von Wegerer
zeigt Äbtissin Adelheid von Wentzel im großen Ornat.
Neben dem Stiftsorden an Brust und Schärpe trägt
sie an kurzer Halskette ein edelsteinbesetztes goldenes
Kreuz.[1]

Adelheid von Wentzel wurde am 15. August 1828
in Koblenz als Tochter des Generalleutnants Wilhelm
von Wentzel und seiner Frau Friedericke von Guretzky-
Kornitz geboren.[2] Schon früh verstarb ihre Mutter.

Nach der Wiederverheiratung des Vaters verzog die
Familie nach Brandenburg a.d. Havel. Nach dem Tod
des Vaters 1869 verlieh ihr Königin Elisabeth eine
Stiftsstelle »alter Regel« in Heiligengrabe. »Mit ihr trat
eine fein gebildete Persönlichkeit in die Gemeinschaft
ein, mit Interesse für alles, was die damalige Zeit an
Gutem auf allen Gebieten bot und dadurch wurde
ihr Einfluß ein reicher und fördernder und ein mit
der Zeit sich allgemein durchsetzender.«[3] Bereits 1887
wurde sie vom Konvent zur Nachfolgerin von Äbtissin
Mathilde von Schlippenbach gewählt. Kaiser Wilhelm I.
bestätigte sie durch Kabinetts-Ordre vom 8. August
1897. Besonders verbunden fühlte sie sich zeitlebens
der Stiftsdame Marie von Lancizolle, mit der sie eine
Doppelkurie teilte. In ihrem Hause fanden regelmäßig
kleine Zirkel statt, bei denen gemeinsam gelesen und
musiziert wurde. Unter ihrer Führung wurde das Innere
der Stiftskirche neu gestaltet: Bereits 1881 waren der
Altar und das Gestühl unter ihrer Vorgängerin erneuert worden. Die farbigen bleiverglasten Fenster sind
Stiftungen einzelner Damen aus dem Jahre 1889; allein
drei der hohen Fenster im Chor der Kirche schenkte
Äbtissin Adelheid von Wentzel.[4] 1890 ließ sie die Stiftskirche ausmalen. Gemeinsam sollen die Damen auch
einen großen Altarteppich gestickt haben.

Adelheid von Wentzel bekleidete ihr Amt nur
sechs Jahre. Bereits 1893 ließ sie sich von ihren Ver-
pflichtungen entbinden. Kaiser Wilhelm II. erlaubte
ihr jedoch, sowohl den Titel der Äbtissin (a.D.) als
auch das Stiftskreuz in der für Äbtissinnen bestimmten
Form weiter zu führen.[5] Trotz kurzer Amtszeit war
es ihr gelungen, die Wirtschaftlichkeit des Stifts zu
steigern.[6] Auch veranlasste sie eine Revision des Lehrplans, wonach das Ausbildungsziel der Mädchen nicht
mehr nur auf den Beruf der Erzieherin ausgerichtet
sein sollte. Adelheid von Wentzel starb am 23. Juni
1920 in Heiligengrabe. Sie liegt auf dem Stiftsfriedhof begraben.

1   Vgl. Kat.-Nr. VII.2.
2   Vgl. im folgenden: KIECKEBUSCH 2008, S. 109f. – NEESE
    1992/2005, Bd. IV, S. 404–410.
3   Zitiert nach: NEESE 1992/2005, Bd. IV, S. 405.
4   Vgl.: NEESE 1992/2005, Bd. IV, S. 407. Die Fenster wurden in
    den 1980er Jahren gegen moderne Glasfenster ausgetauscht.
    Die noch erhaltenen Scheiben wurden magaziniert.
5   EZA, 22/25.
6   Vgl.: KIECKEBUSCH 2008, S. 109.

## VII. 2
## Äbtissinnenkreuz

2. Hälfte des 19. Jahrhunderts
585er Rotgold, gelb gefärbt; 6 Amethyste, 29 Diamanten
H 7 cm; B 5 cm; T 0,5 cm (Kette 136 cm lang)
Kloster Stift zum Heiligengrabe

Das traditionell als Äbtissinnenkreuz bezeichnete Schmuckstück, das bislang für ein Gnadengeschenk des Kaisers an Äbtissin Adolphine von Rohr gehalten wurde[1], war vielmehr, wie dieselbe in ihrem Testament 1923 vermerkt, ein Geschenk eines Herrn von Strombeck.[2] Zeitpunkt und Anlass der Stiftung – zum Kreuz an langer goldener Kette zählte ursprünglich noch ein kleiner Ring – nennt sie indes nicht. Beide Schmuckstücke sollten, wie sie gleichfalls testamentarisch verfügt, der künftigen Äbtissin zu tragen vorbehalten sein. Tatsächlich begegnet das Kreuz in der Folge auf fast allen Äbtissinnenporträts.

Indes zeigt schon das Porträt der von 1887 bis 1893 amtierenden Äbtissin Adelheid von Wentzel dieses edelsteinbesetzte Kreuz an doppelt gewundener Halskette neben den sonst für Äbtissinnen üblichen Ehrenzeichen (Kat.-Nr. VII.1). Ebenfalls wird das Kreuz durch ein um 1890 entstandenes Porträtfoto derselben Äbtissin belegt.[3] Unter stilistischen Gesichtspunkten wird man seine Entstehung vermutlich sogar noch um einiges früher zu veranschlagen haben.

Das Kreuz ist eine äußerst wertvolle Goldschmiedearbeit von feinster Ziselierkunst. Die aus 585er Gold bestehenden Schenkel des Kreuzes sind mit sechs Amethysten und 29 Diamanten besetzt, die von kleinen, in Voluten endenden Golddrähten mit aufgelöteten Granulaten umspielt werden.[4] Seiner Form nach erinnert es an sogenannte Pektoralkreuze, die ein traditioneller Brustschmuck hochrangiger Geistlicher zum Zeichen ihrer Amtswürde waren. Möglicherweise entsprach es einem Bedürfnis der Äbtissinnen, neben dem vom König verliehenen Ordenszeichen, dem Jerusalemkreuz, auch das lateinische Kreuz als Ausdruck des Bekenntnisses und Vertrauens in die aus dem Kreuz Christi erwachsende Kraft zu tragen. Auf seine Form als Passionskreuz nehmen nicht zuletzt auch die sechs violetten, mehrfach facettierten Amethyste Bezug.

VII. 2   Äbtissinnenkreuz

1   Vgl.: HANSEL 1989, S. 298f. und Abb. 56. Ebenso OELKER/
    REUTER 2002, S. 43.
2   StAH, Nr. 1046: Testament der Äbtissin von Rohr, Heiligengrabe 1923. Vgl. auch: NEESE 1992/2005, Bd. IV, S. 299.
3   Vgl.: StAH, P 106. Abgebildet auch in: NEESE 1992/2005, Bd. II, S. 411. Ein Abzug derselben Fotoplatte ist rückseitig von Adelheid von Wentzel eigenhändig beschriftet: »v. vor 20 Jahren. In herzlicher Liebe Tante Adelheid von Wentzel. Heiligengrabe d. 5. Nov. 1910.« (frdl. Auskunft von Bernhard von Barsewisch, Groß Pankow).
4   Gutachten Goldschmied Dirk Stichnoth, Hannover.

## VII. 3
## Eduard Schultz (zugeschrieben)
## Fragment vom Altar der Stiftskirche Heiligengrabe

1881
Eiche, geschnitzt
H 79 cm; B 46 cm; T 8 cm
Kloster Stift zum Heiligengrabe

Bereits unter Adelheid von Wentzel, Äbtissin von 1887 bis 1893, wurde das Innere der Stiftskirche neu gestaltet.[1] Kanzel und Taufstein sind Stiftungen einzelner Damen des Konvents und ehemaliger Zöglinge anlässlich des fünfzigjährigen Jubiläums der Schule 1897.[2] Das Gestühl war schon 1881 erneuert worden.[3] In dem Zuge erhielt auch der Hauptaltar, der den Heiligen Peter und Paul geweiht ist, einen neuen Altaraufsatz.

Im Zusammenhang mit der Neugestaltung der Kapelle[4] stiftete Kaiser Wilhelm II. 1903 ein für die Heiliggrabkapelle bestimmtes Chorgestühl.[5] Gefertigt wurde es von der Potsdamer Hoftischlerwerkstatt Schultz, die seit mehreren Generationen zu den bevorzugten Lieferanten des Königshauses gehörte.[6] Der 1881 für die Stiftskirche entstandene Altaraufsatz ist dem Chorgestühl der Kapelle sowohl stilistisch als auch in der Ausführung eng verwandt, so dass Schultz auch hier der Ausführende gewesen sein dürfte. Der schlichte, im neugotischen Stil gearbeitete Altar war mit einem einfachen Kreuz versehen. Vor den Seitenflügeln standen, auf das Patrozinium des Altars bezogen, jeweils eine Skulptur der Heiligen Peter und Paul. Der Altar wurde 1945 bei der Besetzung der Abtei durch russische Truppen stark beschädigt, blieb jedoch weiterhin in Nutzung. Erst in den 1960er Jahren wurde er in Einzelteile zerlegt und deponiert.

VII. 4   Margarethe von Alvensleben

1 1890 ließ sie das Innere der Stiftskirche ausmalen. Die farbigen bleiverglasten Fenster sind Stiftungen einzelner Damen aus dem Jahre 1889; allein drei der hohen Fenster im Chor der Kirche schenkte Äbtissin Adelheid von Wentzel. Vgl.: NEESE 1992/2005, Bd. IV, S. 407.
2 Laut Inschrift am Taufstein: »Geschenk ehem. Zöglinge des Stiftes Heiligengrabe am 10. Juni 1897.« / »renoviert 1948«. Inschrift am Kanzelkorb: »1 Moses 28.17, E. von Sommerfeld, M. von Alvensleben, E. von Drigalska 1895«.
3 Vgl.: NEESE 1992/2005, Bd. IV, S. 407.
4 Diese wurde im Beisein Kaiser Wilhelms II. und seiner Frau am 9. Juni 1904 eingeweiht. Vgl.: StAH, Nr. 1115 und EZA, 22/115, fol. 17.
5 Zuvor war es zur Besichtigung im Palast Barberini in Potsdam ausgestellt. Vgl.: EZA, 22/115, fol. 19 u. Königlich Preußischer Staats-Anzeiger Nr. 216 v. 14. September 1903.
6 Der Name geht neben dem Schriftverkehr auch aus einer Inschrift in der Heiliggrabkapelle hervor, die die an der Ausgestaltung beteiligten Künstler und Werkstätten nennt. Hoftischlermeister Eduard Schultz erhielt für seine Arbeit 1904 den Kronen-Orden 4. Klasse. Vgl.: NEESE 1992/2005, Bd. IV, S. 288. Zu Schultz siehe auch: MEINER 2008, S. 503.

## VII. 4
### Hans Hermann Weyl
### Margarethe von Alvensleben, Äbtissin 1893–99

1903
Öl auf Leinwand
Bez.: u. l. »1903 Hans Weyl«
H 115 cm; B 85 cm
Kloster Stift zum Heiligengrabe

Margarete von Alvensleben wurde am 31. Oktober 1840 in Neuhaldensleben/Altmark geboren. 1893, nach dem Rücktritt Adelheid von Wentzels, wurde ihr das Äbtissinnenamt angetragen. In ihre Amtszeit fiel das fünfzigjährige Jubiläum der Stiftsschule, das sie zum Anlass nahm, den Kapitelsaal mit den Porträts der königlichen Gründer der Erziehungsanstalt ausstatten zu lassen. Sie starb nach kurzer schwerer Krankheit bereits am 17. April 1899.[1] Ihrer Nachfolgerin hinterließ sie »bis ins kleinste wohlgeordnete Verhältnisse«.[2] Auch vermachte sie dem Stift 6000 Mark

*Des Kaisers »weibliche Kadetten«*

VII. 5 Margarethe von Alvensleben

1 Vgl.: NEESE 1992/2005, Bd. I, S. 401. – KIECKEBUSCH 2008, S. 110.
2 Erinnerungsblatt 5, 9/1926.
3 Vgl.: EZA, 22/17.
4 Siehe: StAH, P 106: Photoalbum »Äbtissinnen und Konventualinnen des Klosters zum Heiligengrabe, gestiftet 1910« mit ca. 50 Aufnahmen.

## VII. 5
### Hans Hermann Weyl
### Margarethe von Alvensleben, Äbtissin 1893–99

1902
Bleistiftzeichnung, Pastellkreide
Bez.: u. l. »Hans Weyl«; auf der Rückseite »Äbtissin Margarete von Alvensleben 1893–1899 geb. 31.10.1840 † 17.4.1899«
H 21 cm; B 15,5 cm
Kloster Stift zum Heiligengrabe

Dem 1903 entstandenen Ölporträt der Äbtissin von Alvensleben (Kat.-Nr. VII. 4) ging vermutlich diese kleine Porträtstudie aus dem Jahre 1902 voraus. Die partiell mit weißer Pastellkreide gehöhte Bleistiftzeichnung zeigt das fein modellierte Gesicht der Äbtissin Margarethe von Alvensleben, während die übrige Körperhaltung nur skizzenhaft angelegt ist. Hans Weyl verbrachte den Sommer 1902 auf dem Gut der Gans zu Putlitz in Groß Pankow, deren Familienmitglieder er ebenfalls porträtierte.[1] Im selben Zusammenhang entstand die Porträtzeichnung der Heiligengraber Äbtissin Adolphine von Rohr (Kat.-Nr. X. 2). Von 1909 bis 1921 hatte Konrad Gans Edler Herr zu Putlitz auf Groß Pankow das Amt des Stiftshauptmanns von Heiligengrabe inne.[2] Überdies bestanden auch durch Äbtissin a.D. Adelheid von Wentzel, welche mütterlicherseits verwandt mit den Gans zu Putlitz war, engere Beziehungen der Familie zum Stift.

1 Darunter eine Kohlezeichnung und ein Ölporträt von Konrad Gans Edler Herr zu Putlitz; je ein Ölporträt der Töchter Erika und Elisabeth zu Putlitz (letztere verh. von Barsewisch); eine Porträtzeichnung der Cousine Adrienne zu Putlitz aus Retzin (verh. von Bülow); sowie zwei Bilder des Laasker Ehepaars Walter zu Putlitz und Haidi, geb. Freiin Hofer von Lobenstein. Aufgrund der zum Teil auf 1902 datierten Bilder kann der Aufenthalt Weyls im Sommer 1902 als gesichert gelten. Freundliche Mitteilung von Bernhard von Barsewisch, Groß Pankow.
2 Vgl.: KIECKEBUSCH 2008, S. 168.

zur Anschaffung einer Heizung bzw. einer Orgel in der Stiftskirche, wodurch »einem längst empfundenen Bedürfnisse abgeholfen werden« sollte.[3]

Das nach ihrem Tode 1903 entstandene Porträt in Dreiviertelansicht von Hans Weyl zeigt Margarete von Alvensleben vor lichtdurchflutetem Hintergrund; am oberen rechten Rand der mit drei Rosen belegte rot-weiße Balkenschild, das Familienwappen derer von Alvensleben. Dem Maler, der den Sommer 1902 zu Studienzwecken auf dem Gut derer von Putlitz in Groß Pankow verbrachte, lag offenbar ein älteres Porträtfoto vor.[4] Dem großen Porträt ging eine kleinere Porträtskizze Weyls voraus (Kat.-Nr. VII. 5). Demgegenüber wirkt die Dargestellte auf dem Gemälde statuarisch gesteigert und psychologisierend differenziert. Sie trägt den großen Ornat: schwarzes Kleid, weiße Haube mit Schleier und den von Friedrich Wilhelm IV. 1847 verliehenen Ordensstern sowie die über die Brust bis zur Hüfte reichende Schärpe, die das Stiftskreuz hält. Mit ihrer Linken greift sie in den zu beiden Seiten weit herabfallenden weißen Schleier. Mit der Rechten hält sie ein Gesangbuch unter dem angewinkelten Arm.

## VII. 6
## Hans Krause
## Adolphine von Rohr, Äbtissin 1899–1923

1924
Öl auf Leinwand
Bez.: u. r. »Hans Krause, Berlin«
H 113 cm; B 83 cm (mit Rahmen: H 147 cm; B 116 cm)
Kloster Stift zum Heiligengrabe

Das posthum entstandene Gemälde des Berliner Malers Hans Krause aus dem Jahre 1924[1] zeigt Äbtissin Adolphine von Rohr vor der nördlichen, mit Fresken bemalten Wand der 1903 im Innern neu gestalteten Heiliggrabkapelle.[2] (Abb. S. 80) Hoheitsvoll und mit den Insignien der Äbtissinnenwürde geschmückt, zu denen ab 1901 auch der ihr von Wilhelm II. verliehene Äbtissinnenstab zählte, schaut sie auf den Betrachter.

1855 wurde Adolphine von Rohr als älteste Tochter des königlich-preußischen Generalleutnants Hermann Konstantin von Gersdorff und seiner Frau Clara Agnes Marianne in Trier geboren.[3] Bis 1869 besuchte sie die Schule in Kassel, danach das Internat Stift Altenburg. 1875 heiratete sie Louis von Rohr und zog nach Seefeld/Ostprignitz. Nach dem Tod ihres Mannes 1882 lebte sie in Potsdam und besuchte von dort aus den Johanniterkursus in Berlin. Ab 1889 war sie Erzieherin der Prinzessin Elisabeth von Waldeck in Arolsen, später Oberhofmeisterin; in gleicher Stellung später bei der Fürstin Bathildis von Waldeck und Pyrmont. Am 4. Mai 1899 wurde sie von Wilhelm II. zur Äbtissin von Heiligengrabe berufen, trotz starker Einwände des Konvents aufgrund ihrer früheren Verheiratung.

Adolphine von Rohr war während ihrer Amtszeit sehr um eine Ausweitung des sozialen Engagements des Damenstifts bemüht. Der Schule kam ihr Bemühen zugute, dass sie die Anzahl der Abteikinder durch Pensionärinnen erhöhte. Auf ihr Betreiben wurde die Schule ab 1908 als »höhere Mädchenschule«, 1912 als Lyzeum anerkannt. 1914 wurde der Giebel der Stiftskirche wieder im alten Stil hergestellt.[4]

Durch das von ihr zusammen mit Paul Quente 1909 gegründete Heimatmuseum, das im Südflügel der Abtei untergebracht war, wurde das Stift bald auch zum Standort wissenschaftlicher Arbeit. 1913 erhielt

VII. 6   Adolphine von Rohr

sie für ihre Verdienste den Luisenorden II. Klasse. Adolphine von Rohr starb am 18. Oktober 1923 im Alter von 68 Jahren. Ihre Beisetzung erfolgte in Seefeld. Eine 1927 von ehemaligen Schülerinnen errichtete Gedenktafel an der südlichen Außenwand der Stiftskirche erinnert noch heute an die von allen hochgeschätzte Äbtissin.

1   Das Bild ist undatiert. Das Jahr der Entstehung ergibt sich jedoch aus einer 1924 an den Stiftspropst Haendler gerichteten Einladung zur Besichtigung des fertigen Bildes im Atelier des Künstlers, Hohenstaufener Str. 65, Berlin-Schöneberg. Vgl. hierzu: NEESE 1992/2005, Bd. IV, S. 310. – Zu Hans Krause vgl.: THIEME-BECKER, Bd. 21, 1927, Sp. 463.
2   Abgebildet auch in: OELKER/REUTER 2002, S. 42.
3   Vgl. hierzu und im folgenden: StAH, Nr. 1046. – OELKER/ REUTER 2002, S. 42f. – KIECKEBUSCH 2008, S. 110–113. – NEESE 1992/2005, Bd. IV, S. 283ff.
4   Vgl.: NEESE 1992/2005, Bd. IV, S. 295.

## VII.7
## Anton Seder (Entwurf),
## Robert Rudolf (Ausführung)
## Äbtissinnenstab (rekonstruierter Zustand)

Straßburg, 1900
Silber vergoldet, Amarantholz, Edelsteine, Email
H 185 cm; B 20 cm; T 7 cm (Krümme H 25 cm; B 20 cm; T 5 cm)
Kloster Stift zum Heiligengrabe

1899 beauftragte Kaiser Wilhelm II. Anton Seder, Direktor der Kunstgewerbeschule Straßburg, mit dem Entwurf eines Äbtissinnenstabes. Im Jahr darauf wurde der Stab von Robert Rudolf, Leiter der Gold-schmiede- und Ziselierabteilung der Kunstgewerbe-schule in Straßburg, angefertigt.[1] Anlässlich der 200. Wiederkehr der Erhebung Preußens zum Königreich wurde der Stab Äbtissin Adolphine von Rohr, geborene von Gersdorff, zum Zeichen der Würde ihres Amtes verliehen. (Abb. VII.6 und S. 80) In seiner Rede an-lässlich der Verleihung am 8. Juni 1901 in Heiligen-grabe[2] betonte der Kaiser seine Wertschätzung und besondere Verbundenheit mit dem Damenstift, als dessen Protektoren sich die Hohenzollern verstanden. Mit dem Gnadengeschenk knüpfte er an eine lange, bis ins Mittelalter zurückreichende Tradition an, wonach die großen reichsunmittelbaren Damenstifte sich schon immer der besonderen Gunst und des Schutzes der Kaiser und Könige erfreuten.[3]

Der aus dunkelrotem Amarantholz gefertigte Stab war aus drei Teilen zusammengesetzt, die zwei fein ziselierte und mit Edelsteinen besetzte Ringe verbanden. Die in floralen Formen des Jugendstils gearbeitete Krümme war mit Saphiren und Rubinen verziert und schloss einen Cherub ein, der das von Friedrich Wilhelm IV. verliehene Jerusalemkreuz hielt. Eine historische Aufnahme zeigt die Krümme im Originalzustand. Oberhalb des Nodus aus Jade zierten das kaiserliche Monogramm »W.I.R.« sowie Reichsadler und Kaiserkrone den Stab. Den Nodus umspannte ein Inschriftenband, in das die Wappen der Familien Rohr und Gersdorff eingelassen waren.

VII.7   Äbtissinnenstab, 1900

VII.7   Äbtissinnenstab, 1952 rekonstruiert

Darunter befand sich das mit Edelsteinen und einer antiken römischen Gemme besetzte Pedum (dreieckige Halterung), an dem das doppelseitig mit Wappen und Blüten bestickte Sudarium befestigt war.[4] (Vgl. Abb. S. 80) Bewusst hatte man den Stab der alten Form des bischöflichen Krummstabes nachempfunden. Schon im Mittelalter war dieser sowohl ein Zeichen der Herrschaft und Würde wie auch des damit verbundenen Hirtenamtes. In Anknüpfung an diese Tradition verlieh Wilhelm II. auch den Damenstiften Drübeck, Fischbeck und Wallenstein (Fulda) einen Äbtissinnenstab.[5] Verglichen mit diesen Ehrengaben war der Heiligengraber Stab der bei weitem wertvollste und kann daher als Zeichen der herausgehobenen Stellung Heiligengrabes unter den Damenstiften Preußens angesehen werden.[6]

Der Äbtissinnenstab von Heiligengrabe blieb, obgleich stark zerstört, über die Kriegszeiten erhalten. Vorsorglich hatten ihn die Stiftsdamen zusammen mit anderen Wertgegenständen vor den russischen Truppen versteckt. Dennoch wurde er entdeckt. Zahlreiche Steine und Verzierungen sowie das seidene Sudarium sind seitdem verloren.[7] Anlässlich der Einführung der Äbtissin Ingeborg-Maria von Werthern 1952 wurde der Stab aus den erhaltenen Einzelteilen neu zusammengesetzt und aus dem Cherub eine Aufhängung mit dem Stiftskreuz für das Sudarium gefertigt.[8]

1 Vgl.: Neese 1992/2005, Bd. II, S. 516. – Kieckebusch 2008, S. 129f.
2 Zum Kaiserbesuch in Heiligengrabe ausführlich: Foller 1901, S. 20ff. – Kieckebusch 2008, S. 130. – Neese 1992/2005, Bd. II, S. 585. – Neese 1992/2005, Bd. IV, S. 287.
3 Auf diese Beziehung spielt auch das 1903 gestiftete Glasfenster im Chor der Heiliggrabkapelle an, das die Übergabe des Stabes durch den Kaiser an die Äbtissin des Klosters im Stil mittelalterlicher Glasmalereien zeigt.
4 Vgl.: Seidel 1907, S. 266–270 u. Abb. S. 271. – AK Deutscher Juweliere 1914, mit einer Abbildung des Stabes im Originalzustand aus dem Jahre 1900/01. – Schatz 2004. – Schatz 2005. – Vgl. auch: Neese 1992/2005, Bd. II, S. 586.
5 Vgl.: Schatz 2005, mit zahlreichen Abbildungen.
6 Die Gesamtkosten beliefen sich auf 20 000 Mark, die aus dem Allerhöchsten Dispositionsfond bezahlt wurden. Vgl.: GStA PK, I. HA Rep. 89 Geheimes Zivilkabinett, jüngere Periode, Nr. 23945, fol. 13f. – Neese 1992/2005, Bd. II, S. 584.
7 Siehe dazu: Wintzingerode 1945, S. 19. Vgl.: StAH, Nr. 1383.
8 Abbildung der umgearbeiteten Krümme auch in: Badstübner/ Schumann 2007, S. 21.

## VII. 8

### Gästebuch des Klosters zum Heiligen Grabe

1894 angelegt
Geprägter Ledereinband, Messingschließen, Papier
Bez.: »Fremdenbuch des Klosters zum heiligen Grabe«
H 39 cm; B 29 cm; T 0,6 cm
Kloster Stift zum Heiligengrabe

## VII. 9

### Drei Fotoaufnahmen anlässlich des Kaiserbesuches 1901

1901
Zeitgenössische Abzüge
H 10,5 cm; B 16,5 cm
Kloster Stift zum Heiligengrabe

Der Besuch von Kaiser Wilhelm II. und seiner Frau Auguste Viktoria im Jahr 1901 war ein außergewöhnliches Ereignis, zu dem zahlreiche Besucher nach Heiligengrabe kamen. Anlass war die feierliche Übergabe des Äbtissinnenstabes, die in der Heiliggrabkapelle stattfand. Von dort führte der Festzug durch die Stiftskirche, den Kreuzgang bis in den Kapitelsaal. An der Spitze gingen Stiftsschülerinnen, gefolgt von der Äbtissin und den Stiftsdamen sowie dem Kaiser mit seinem Gefolge.[1]

Zu diesem Anlass trug sich auch das Kaiserpaar in das 1894 angelegte »Fremdenbuch« ein. Es enthält Eintragungen bis kurz vor der Schließung der Schule im März 1945.

1 Vgl.: Neese 1992/2005, Bd. IV, S. 287.

## VII. 10

### Gruppenbildnis Äbtissin Adolphine von Rohr mit Damen des Konvents vor dem Eingang der Heiliggrabkapelle

1902
Zeitgenössischer Abzug
Bez.: o. »Die Nonnen vom Heiligen Grabe«, u. (v.l.n.r.) »Schimmelfennig, Stosch, Dressler, Tippelskirch, Banchet, Clausewitz, Rohr, Foller, Goddenthow, Wulffen«
H 23 cm; B 31 cm
Kloster Stift zum Heiligengrabe

VII. 10    Gruppenbildnis vor dem Eingang der Heiliggrabkapelle

Durch die Zweiteilung des Konvents in »tätige« und »un-
tätige« Damen kam es bei der Vergabe freigewordener
Stiftsstellen immer wieder zu Unstimmigkeiten. Der
Äbtissin fehlten Lehrerinnen und Erzieherinnen,
während beim Aufrücken in die volle Majorpräbende
die Damen, welche der »älteren« Regel angehörten
und damit nur eine Versorgungsstelle innehatten, oft
bevorzugt wurden. Man bat daher immer wieder um
Ernennung von mehr mitarbeitenden Stiftsdamen. Seit
dem Bestehen der Schule wurden elf »tätige« Damen
ernannt.[1] Voller Stolz zeigt sich darum auf der 1902
entstandenen Fotografie[2] Äbtissin Adolphine von Rohr
im Kreise ihrer »tätigen« Damen, die nach der neuen
Regel von 1853 die oft nervenaufreibende wie auch
körperlich anstrengende Erziehungsarbeit der Stiftsschule leisten mussten: (v. l. n. r.) Ottilie Schimmel-

fennig von der Oye, Kathinka von Stosch, Marie von
Dressler–Scharffenstein, Luise von Tippelskirch, Clara
Segond von Banchet, Marie von Clausewitz, Adolphine
von Rohr, Therese von Foller, Meta von Goddenthow
und Martha von Wulffen.[3]

1   Vgl.: Neese 1992/2005, Bd. IV, S. 267: Liste der bis 1900
    ernannten tätigen Stiftsdamen .
2   Abgebildet auch in: Neese 1992/2005, Bd. II, S. 596. Dort
    irrtümlich auf »um 1910« datiert. Ein zweites Exemplar des-
    selben Fotos ist zeitgenössisch beschriftet und datiert mit
    »1902«.
3   Die Vornamen ergeben sich aus dem 1894 angelegten Fremden-
    buch des Klosters (Kat.-Nr. VII.8), in der alle zu der Zeit dem
    Konvent angehörenden Damen mit eigenhändiger Unter-
    schrift genannt sind. Vgl. auch: das 1910 gestiftete Fotoalbum
    »Äbtissinnen und Konventualinnen des Klosters zum Heiligen
    Grabe«, StAH, P 106, mit Lebensdaten und Zeitpunkt der
    Ernennung zur Stiftsdame.

VII. 11
Ernst von Ihne:
Innenansicht des Klosterhofes

VII. 11
**Ernst von Ihne**
**Innenansicht des Klosterhofes, Blick auf**
**Nordostecke mit projektiertem Turm**

1906
Zeichnung (Reproduktion)
H 32 cm; B 37 cm
Neuruppin, Kreisarchiv

VII. 12
**Ernst von Ihne**
**Entwurf zu einem Treppenhaus-Anbau**
**Ansicht von Nordosten, Schnitt, drei Etagen-**
**grundrisse**

1907
Zeichnung (Reproduktion)
H 26 cm; B 25 cm
Neuruppin, Kreisarchiv

Ernst von Ihne, Oberhofbaurat und bevorzugter Architekt Wilhelms II., entwarf im Auftrag des Kaisers für die Nordostecke des Klosterinnenhofes einen Treppenturm. Der anstelle eines älteren, einfachen Vorgängerbaues errichtete massive Turm, der die einzelnen Geschosse des Nord- und Ostflügels verbinden sollte, war zugleich als Aufgang für die Stiftsschülerinnen zu den Schul- und Schlafräumen gedacht. Energisch nahm Äbtissin von Rohr im Vorfeld Einfluss auf das Bauvorhaben, um »den Turm dem Bestehenden so eng wie möglich anzugliedern [...]«.[1] Ihrer auf das Praktische insistierenden Haltung verdankt sich wohl auch der zweite Entwurf von 1907, da der erste auf die Bedürfnisse der Schülerinnen nur unzureichend Bezug nahm. Auch wurde, anders als es die Pläne Ihnes vorsahen, der Kunststeinstufen und Eisenträger verwenden wollte, das Innere in Backstein ausgeführt, ebenso wie die Stufen, die mit Eiche belegt wurden. Dies forderte sie nicht zuletzt aus praktischen Erwägungen, um bei-

*Des Kaisers »weibliche Kadetten«*

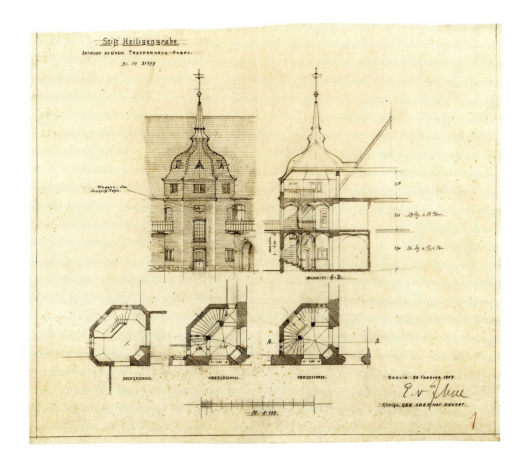

VII. 12
Ernst von Ihne:
Entwurf zu einem
Treppenhaus-Anbau

spielsweise bei anfallenden Reparaturen auf heimische Handwerker und vorhandenes Material zurückgreifen zu können.[2]

Wegen seiner geschweiften, an einen wilhelminischen Helm erinnernden Dachform nannten die Stiftsschülerinnen den Turm auch »Pickelhaube«. Der »Kaiserturm« stellte eine weitere Gunstbezeugung des Kaiserhauses für das Damenstift Heiligengrabe und seine Stiftsschule dar.

1  Zitat nach: Neese 1992/2005, Bd. IV, S. 290.
2  Ebd. (Wünsche der Äbtissin für den Treppenhausturm)

## VII. 13
### Heilige Caecilie

Cadinen, Königliche Majolika-Werkstätten, 1908
Majolika, farbig glasiert und bemalt
Bez.: u. l. »D.«
H 59 cm (mit Fries 96 cm); B 42 cm
Kloster Stift zum Heiligengrabe

Für eine Nische des 1907 neu erbauten Treppenhausturmes im Klosterinnenhof beabsichtigte Kaiser Wilhelm II. ein Erzeugnis aus den 1904 gegründeten Königlichen Majolika-Werkstätten Cadinen zu stiften.[1] Entgegen den Vorstellungen Ihnes, der lediglich eine Wappen- oder Inschriftentafel an der Außenseite des Turmes vorgeschlagen hatte, empfahl er ein Madonnenbildnis oder etwas Vergleichbares im Stil der italienischen Renaissance im Innern, direkt neben der Treppe, die zu den Schlafräumen führte, anbringen zu lassen. Die Entscheidung fiel auf ein

Majolika-Reliefbild der »Heiligen Cecilie«, das die farbige Nachbildung eines lange Zeit Donatello zugeschriebenen Steinreliefs war.[2]

Die vergleichsweise kostbare Ausführung des farbig glasierten Reliefs[3], das man, um es den baulichen Gegebenheiten des Heiligengraber Treppenhausturmes anzupassen, nach oben hin noch durch einen „Bogen [erweitern] sowie den Sockel malerisch verzieren"[4] ließ, ist als Ausdruck der überaus großen Wertschätzung der beschenkten Einrichtung zu verstehen. Die Stiftskinder passierten mehrmals täglich das anmutige Bildnis der Heiligen, auch Schutzherrin der Musik und des Gesangs. Welche pädagogische Absicht man mit dem Relief zugleich verbunden sah, bringt das Dankschreiben der Äbtissin von Rohr an den Kaiser zum Ausdruck:

»Allerdurchlauchtigster Kaiser und König, Allergnädigster, Allergroßmächtigster Kaiser, König und Herr. Ew. Kaiserlichen Majestät darf ich wieder einmal danken für eine besondere Hulderweisung für mein Stift, für meine Abtei, für meine Kinder. – Wie schön ist die Kachel im Treppenturm, welch eindrucksvolles Kunstwerk. Wir hatten soeben die Kiste aus Cadinen geöffnet, die das königliche Geschenk enthielt, als eine der Kinder daher kam, die wieder ermahnt war wegen burschikosen Wesens, das sie öfter zur Schau trägt, wegen Vernachlässigung der schönen, edlen Form, die die Frau, geschweige denn die Edelfrau, nie verletzen darf. – Ich rief sie heran, zeigte ihr die Kachel und sagte: ›in erster Linie ist dies Geschenk Seiner Majestät für Euch Kinder, die Ihr die neue Treppe fast stündlich benutzt, der König will damit Seinen weiblichen Kadetten etwas sagen.‹ Die Sprache des schönen Kunstwerkes war nicht vergeblich, – als ich dann fragte: ›hast Du Deinen König verstanden?‹, nickte sie leis und küßte mir die Hand. – Ich bin gewiß, das Bild wird manchmal seine stumme und doch so beredte Sprache reden und neben der äußeren Schönheit, die es vor Augen stellt, helfen, innere Schönheit wecken […].«[5]

1    Vgl. Schreiben d. Geh. Kab. Rats an Reg. Rat v. Etzdorf. Min. für Landwirtschaft, Domänen und Forsten. Berlin, 8. November 1907 (GStA PK, I. HA Rep. 89 Geh. Zivilkabinett, jüngere Periode, Nr. 23945, fol. 135). Vgl.: Neese 1992/2005, Bd. IV, S. 291.

2    Bereits zur Zeit der Entstehung des Cadiner Reliefs waren

zahlreiche Kopien des Originals im Umlauf, welches zu dieser Zeit im Besitz des Earl of Wemyss in London war. Die Zuschreibung an Donatello war jedoch schon damals umstritten. Vgl.: Balcarres 1903, S. 172. – Schubrig 1907, S. 202 und Abb. S. 177, hielt das Relief sogar für eine Fälschung, das mit Donatello nichts zu tun habe (heute im Toledo Museum of Art, Ohio, USA). – Eine Ausführung des Reliefs schenkte Wilhelm II. bereits Weihnachten 1904 der Großherzogin von Baden. Vgl. Jarchow 1998, S. 37 und 144, Kat.-Nr. 94. Das Reliefbild der »heiligen Cecilie« wurde in dem Fall aber nur in Terrakotta (»Tonmodell«), d.h. unbemalt und unglasiert, ausgeführt.

3    Der 1907 anlässlich einer Ausstellung von Cadiner Erzeugnissen im Hohenzollern-Kunstgewerbehaus Friedmann & Weber in Berlin erschienene Verkaufskatalog sah zwei verschiedene Ausführungen des Reliefs vor: »mat, rot« für 45 Mark und »farbig, glasiert« für 90 Mark. Vgl.: Körner 1907, Taf. I, No. 37. – Wolf 1988, S. 16f. 1910 war das 43 cm hohe Relief in Majolika-Malerei dagegen bereits für 200,– Mark ausgewiesen. Vgl.: Wolf 1988, S. 30.

4    Schreiben der Königlichen Verwaltung der Herrschaft Cadinen, Berlin 11. Januar 1908 (GStA PK, I. HA Rep. 89 Geh. Zivilkabinett, jüngere Periode, Nr. 23945, fol. 136). Vgl.: auch Neese 1992/2005, Bd. IV, S. 291.

5    Schreiben Adolphines von Rohr an den Kaiser, Heiligengrabe, 27. Mai 1908 (GStA PK, I. HA Rep. 89 Geh. Zivilkabinett, jüngere Periode, Nr. 23945, fol. 144). Vgl. auch: Neese 1992/2005, Bd. IV, S. 291.

## VII. 14

### Johanna von der Schulenburg, im Stift 1883–85 Klosterinnenhof mit Blick auf die Stiftskirche

nach 1914
Papier, Temperafarben
Bez.: rückseitig »Klosterhof in Heiligengrabe, gemalt v. Johanna v. der Schulenburg (Heiligengrabe 1883–85) Tante von Lia Koon-Maske, 1917–19«
H 32 cm; B 45 cm
Kloster Stift zum Heiligengrabe, V 480 K2/4 (Schenkung Marie-Elisabeth v. Arnswaldt)

Johanna von der Schulenburg kam 1883 als Halbpensionärin ins Stift.[1] Zu der Zeit waren es 16 Zöglinge in der Abtei. Der Blick in den Klosterinnenhof auf die Stiftskirche mit angrenzendem Klausurgebäude ist eine Sicht, wie sie sich den Schülerinnen täglich bot. Denn auf der östlich gelegenen Seite befanden sich bis 1926 die Unterrichtsräume der Stiftsschule.[2] Unter Äbtissin von Wentzel wurden schließlich auch

*Des Kaisers »weibliche Kadetten«*

VII. 13    Heilige Caecilie

VII. 14
Klosterinnenhof

die Schlafsäle der Kinder nach dem östlichen Flügel des alten Klostergebäudes verlegt, das seitdem die gesamte Erziehungsanstalt beherbergte, und 1889 mit einer Wasserleitung und Badeeinrichtung für die Zöglinge ausgestattet.[3] In demselben Flügel, in nächster Verbindung mit den Wohn- und Schlafräumen der Kinder, befand sich die Wohnung der jeweiligen Stiftsdame, die für die Erziehung der Kinder verantwortlich war.[4] Erst 1914 – zugleich Anhaltspunkt für die Datierung des Bildes – errichtete man, nachdem der alte Kirchturm wegen Baufälligkeit niedergelegt werden musste, den stufenförmigen Westgiebel der Stiftskirche.[5] Reich mit Bäumen, Blumen und Klettergewächsen bepflanzt, diente der Klosterhof den Schülerinnen für ihre nachmittäglichen Mußestunden und zum Erledigen der Schulaufgaben. Ein dort befindlicher Brunnen lieferte das gesamte Trink- und Kochwasser für die Erziehungsanstalt.[6] Nach dem Brand 1917 wurde der Klosterhof mit Schutt verfüllt, was zu Problemen mit anfallendem Regenwasser führte. In den 1920er Jahren ließ man ihn deshalb um etwa einen Meter abtragen. Dabei musste auch die schöne alte Birke fallen. Der Klosterhof wurde daraufhin neu angelegt.[7]

1  Vgl.: Neese 1992/2005, Bd. II, S. 533.

2  Diese wurden in den 1860er Jahren im Ost- und Südflügel der Klausur eingerichtet. Vgl.: StAH, Z 138 und StAH, Nr. 912.

3  Vgl.: Clausewitz 1897, S. 29.

4  Diese Aufgabe hatte bis 1889 die Stiftsdame Martha von Wulffen (1841–1907) inne, danach Marie von Dressler-Scharffenstein (1853–1933). Vgl.: Neese II/1992, S. 541 und Clausewitz 1897, S. 29. Ein Foto der Martha von Wulffen mit Zöglingen vor der Abtei, ca. 1890, in: Neese 1992/2005, Bd. VI, S. 246.

5  Schreiben Adolphines von Rohr an den Kaiser, Heiligengrabe, 10.11.1912 (GStA PK, I. HA Rep. 89 Geh. Zivilkabinett, jüngere Periode, Nr. 23945). Vgl. auch: Neese 1992/2005, Bd. IV, S. 294f.

6  Eine 1884 durchgeführte Kontrolle ergab, dass dieser Brunnen die beste Wasserqualität besaß. Seitdem wurde sein Wasser auch nach der Abteiküche geleitet. Vgl.: StAH, Nr. 146; vgl. auch: Neese 1992/2005, Bd. II, S. 643.

7  Vgl.: Neese 1992/2005, Bd. II, S. 641 (Brief Armgard von Alvensleben an Werner von Kieckebusch vom 17.1.1950)

## VII. 15
### Heimsuchung Mariä
### Replik nach Luca della Robbia

Rudolstadt, Ernst Bohne Söhne (?), Anfang 20. Jahrhundert
Porzellan
Bez.: auf der Plinthe (unterglasurblau) bekröntes »N«
Kloster Stift zum Heiligengrabe

Bei der Porzellanplastik handelt es sich um eine stark verkleinerte Replik der »Heimsuchung Mariä«, eine Figurengruppe des italienischen Bildhauers Luca della Robbia, die er um 1445 für die Kirche San Giovanni Fuorcivitas in Pistoia schuf.[1] Ausgeführt wurde die Replik wohl von der Rudolstädter Firma Ernst Bohne Söhne.[2]

Zeitpunkt und Anlass der Stiftung sind nicht bekannt. Die Assoziationen um das Thema »Heimsuchung« reichen von unvorhergesehenem Besuch bis zu schwerem Schicksalsschlag. Der Kniefall Elisabeths vor Maria wird gemeinhin als Ausdruck der Ehrfurcht vor dem noch nicht geborenen Gottes-

sohn verstanden. Das Interesse am Thema der Begegnung der beiden Frauen Maria und Elisabeth, die in Erwartung der Geburt ihrer Kinder Johannes und Jesus waren, wird man wohl vor dem Hintergrund des täglichen Umgangs der Stiftsdamen mit den ihnen anvertrauten Kindern zu sehen haben, die in der mütterlichen Fürsorge und Hingabe an ihre Schützlinge ihre Hauptaufgabe sahen. Ebenso könnte die Figurengruppe aber auch ganz allgemein die Ehrfurcht der Jugend vor dem Alter symbolisiert haben, worin man die soziale Fürsorge grundsätzlich allen Hilfebedürftigen gegenüber gesehen haben mag. Besonders unter Äbtissin Adolphine von Rohr übernahmen die Damen wieder mehr caritative Aufgaben des Stifts.

1 Vgl.: Pope-Hennessy 1996, Abb. 84: freistehende, 184 × 153 cm große Figurengruppe in weiß glasierter Terrakotta.
2 Zühlsdorff 1994, S. 596 u. 251 (4.146). Im 19. und 20. Jahrhundert gab es offensichtlich eine Reihe von Porzellanfirmen in Thüringen, die ein gekröntes N in Anlehnung an Capodimonte als Marke für Exportporzellan verwendeten.

VII. 15   Heimsuchung Mariä

# VIII

# Zwischen Anpassung und Selbstbehauptung.
# Die Stiftsschule im Nationalsozialismus

Die Stiftsdamen hatten sich mit ihren Erziehungsgrundsätzen immer in Übereinstimmung mit den in Staat und Gesellschaft vorherrschenden Auffassungen befunden. Mit dem Ende der Monarchie waren diese schlagartig überlebt. Die Ideale der Damen erwiesen sich nun als nicht wandlungsfähig. Grund dafür war vor allem die Situation der Gesellschaftsschicht, aus der sie kamen. Der preußische Adel hatte seine Vorrangstellung verloren, so dass viele aus diesem Stand die Restauration des Kaiserreiches anstrebten. In der Demokratie sahen sie keine Zukunft, da sie die Gleichberechtigung der sozialen Klassen und politischen Parteien nicht anerkennen wollten. Als die Nationalsozialisten an die Macht kamen, beruhte deren Ablehnung ebenfalls vor allem auf ihrem Dünkel. Ob Faschisten, Sozialisten oder Kommunisten war im Grunde egal – letztlich lehnten sie alles ab, was mit dem Althergebrachten nicht vereinbar war. Zum Ende der Weimarer Republik war Heiligengrabe ein altmodisches, wenngleich hoch anspruchsvolles Internat, weitab von der Welt, draußen in der sandigen Mark. Hier beschwor man weiter den »Geist von Heiligengrabe« – eine Mischung aus protestantischen, klösterlichen und preußischen Tugenden. Zwar ermöglichte die Abgeschiedenheit den Stiftsdamen noch eine Zeitlang, relativ ungestört den hergebrachten Charakter von Erziehung und Unterricht aufrechtzuerhalten. Doch schon bald wurden sie aufgefordert, zu den neuen Entwicklungen in Politik und Gesellschaft Stellung zu beziehen.

Interne Spannungen ließen die Geheime Staatspolizei bereits 1934 auf die Stiftsschule aufmerksam werden. Der Konflikt hatte sich an den nationalsozialistischen Ansichten des Pfarrers und Schulleiters Karl Oestreich sowie der Stiftsdame und Museumsleiterin Annemarie von Auerswald entzündet, die im Konvent und in der Schule auf großen Widerstand stießen. Äbtissin Elisabeth von Saldern musste vor der Gestapo Stellung beziehen und verteidigte die christlichen Grundsätze der Schulerziehung. Die Situation spitzte sich rasch zu. Die Stiftsschule, deren Leitung und Lehrerschaft von der oberen Schulbehörde als reaktionär bezeichnet wurden und der Erziehung junger Mädchen im Geiste des Nationalsozialismus abträglich seien, konnte nur durch die Unterstützung hochrangiger Persönlichkeiten erhalten werden. Man war gezwungen, Zugeständnisse zu machen. Die Lehrpläne wurden den staatlichen Anforderungen entsprechend modifiziert, neue Unterrichtsfächer eingeführt. Vor allem die »Leibeserziehung« der Mädchen genoss nun einen hohen Stellenwert. Ab 1936 gehörten alle Schülerinnen, wenngleich nicht jede aus Überzeugung, dem BDM an. Der Schulalltag war geprägt von parteipolitischen Veranstaltungen und staatlich verordneten Aufmärschen und Umzügen. Dennoch beging man weiterhin die kirchlichen Feiertage, hielt Andachten und Gottesdienste. Auch der Konfirmandenunterricht blieb fester Bestandteil der schulischen Ausbildung.

Während des Krieges war die Schule erneut gefährdet. Die Schulaufsichtsbehörde kritisierte wiederholt die unzureichende nationalsozialistische Erziehung und die Exklusivität der Stiftsschule und beabsichtigte, diese in den Verband der deutschen Heimschulen einzubeziehen. Nur durch diplomatisches Geschick der Äbtissin Armgard von Alvensleben und des seit 1937 amtierenden Stiftshauptmanns, Lutz Graf Schwerin von Krosigk, zugleich Reichsfinanzminister, gelang es, die geplante Verstaatlichung zu verhindern. Mit Unterstützung der kommissarischen Schulleiterin Margarete Grolmus versuchte Äbtissin von Alvensleben, die Normalität des Schulalltags trotz der schwierigen Versorgungslage, der ständigen Gefahr durch Luftangriffe und der großen Zahl von Flüchtlingen aufrechtzuerhalten. Erst Ende April 1945 verließen die letzten sieben Schülerinnen und die Äbtissin Heiligengrabe.

Lit.: Hornstein 1986, S. 129–162. –Wiese 1994. – Neese 1992/2005, Bd. II, bes. S. 435–472. –Jakoby 2001, S. 92ff. –Stache 2002. – Dohna 2002. – Wintzingerode 1945. – Meyer-Ravenstein 2006, S. 136–141.

VIII. 1   Elisabeth von Saldern

## VIII. 1
**Rudolph**
**Elisabeth Mathilde Hedwig von Saldern,**
**Äbtissin 1924–38**

1933
Öl auf Leinwand
H 114 cm; B 82 cm
Kloster Stift zum Heiligengrabe

Die am 5. Juli 1878 im schlesischen Lauban geborene Elisabeth Mathilde Hedwig von Saldern war Tochter des Landrats Johannes von Saldern, der 1886 zum Königlich-Preußischen Präsidenten und Landesdirektor der Fürstentümer Waldeck und Pyrmont in Arolsen avancierte. Ihre Mutter Margarethe war eine geborene Gräfin von Hohental. Nach dem Besuch der höheren Schule in Droyßig (Sachsen-Anhalt) absolvierte sie ein Lehrerinnenseminar, welches sie zum Unterricht an mittleren und höheren Schulen befähigte. Von 1901 bis 1902 unterrichtete sie an der Stiftsschule in Heiligengrabe. Anschließend ging sie nach England. 1904 wurde sie zur Erzieherin von Prinzessin Viktoria Luise, der Tochter Wilhelms II., ernannt. 1906 wurde sie zur Oberhofmeisterin befördert. Mehrfach erfuhr Elisabeth von Saldern für ihre Dienste vom Kaiserhaus höchste Anerkennung. Als sich 1909 mit der Einsegnung der Prinzessin Viktoria Luise ihre Aufgabe als Erzieherin erfüllt hatte, erhielt sie eine Stiftsdamenstelle im Kloster Stift Heiligengrabe, lebte jedoch weiterhin in Potsdam als Hofdame der Prinzessin. Erst 1923 zog sie endgültig nach Heiligengrabe. Zeitlebens blieb sie der kaiserlichen Familie eng verbunden.

1924 wurde Elisabeth von Saldern durch das Kuratorium des Stifts Heiligengrabe als Nachfolgerin von Äbtissin Adolphine von Rohr ernannt. In ihre Amtszeit fiel die Machtergreifung der Nationalsozialisten, durch die das Stift schweren Anfeindungen ausgesetzt war. Ihre guten Kontakte zu höchsten kultur- und bildungspolitischen Kreisen verhinderten die drohende Verstaatlichung der Stiftsschule. Elisabeth von Saldern starb, hoch verehrt, am 30. August 1938 in Heiligengrabe. Sie wurde auf dem Stiftsfriedhof beigesetzt.[1]

Ihr Porträt in Dreiviertelansicht ist undatiert und unsigniert.[2] Einer alten handschriftlichen Notiz zufolge soll es von der Prenzlauer Malerin Rudolph aus dem Jahre 1933 stammen.[3] Es hing, wie auch die Porträts ihrer Vorgängerinnen, ursprünglich im großen Esssaal in der Abtei. Ruhig und würdevoll, den Äbtissinnenstab neben sich aufgerichtet, schaut die Porträtierte den Betrachter an. Sie ist im großen Ornat mit Haube und Schleier sowie den Stiftsinsignien dargestellt. Zudem trägt sie an einer langen Halskette das von ihren Amtsvorgängerinnen übernommene Äbtissinnenkreuz (vgl. Kat. VII. 2). Den Kragen ihres Kleides ziert eine Brosche mit den gekrönten Initialen »AV« auf blauem Grund, die vermutlich ein Abschiedsgeschenk der Kaiserin Auguste Viktoria zum Dank für ihre Dienste bei Hofe war.[4] Der Realismus der Darstellung, die feinen ebenen Gesichtszüge spiegeln trotz des fortgeschrittenen Alters der Porträtierten noch immer Anmut und Schönheit, welche man ihr zu Lebzeiten oft nachsagte.

1   Ausführlich: JAKOBY 2001. Vgl. auch: OELKER/REUTER 2002, S. 56f. – KIECKEBUSCH 2008, S. 113–117.

2  Abbildung auch in: OELKER/REUTER 2002, S. 56. – KIECKE-
   BUSCH 2008, S. 527.
3  StAH, nicht verzeichnet: Faltblatt mit einliegendem Foto des
   Gemäldes und dem handschriftlichen Vermerk »Photographie
   des im Eß=Saal hängenden Ölbildes, das Frau Rudolph – Prenz-
   lau im Jahre 1933 malte.«
4  Als Obergouvernante der Prinzessin Viktoria Luise schied
   sie 1909 aus dem Hofdienst aus. 1912 wurde sie offiziell Hofdame der Prinzessin Viktoria Luise, bis sie, nach deren Heirat,
   zum 1. Juni 1913 erneut ehrenvoll entlassen wurde. Vgl. auch:
   JAKOBY 2001, S. 88.

## VIII. 2
### Winifred Wagner
### Bericht über die Arbeit der Stiftsschule

September 1934
H 28,8 cm; B 21,5 cm (2 Blatt)
Kloster Stift zum Heiligengrabe, StAH, Nr. 592

1930 bot die Stiftsschule erstmals einen Abiturkurs an.[1]
Durch die Machtergreifung der Nationalsozialisten
entstanden der Weiterentwicklung dieses Schulzweiges
allerdings schon bald Probleme. Sowohl die Äbtissin als
auch die von ihr und dem Lehrerkollegium vertretene
christliche Erziehungspraxis gerieten in Konflikt mit
den Anhängern der neuen Machthaber. 1934 spitzte
sich der Konflikt zu, als es zu Differenzen mit dem
Ortsgeistlichen, Pfarrer Karl Oestreich, kam. Er war zugleich Schulleiter und setzte sich für die Gründung einer
Ortsgruppe des BDM in Heiligengrabe ein. Sein Sohn
zeigte Elisabeth von Saldern wegen angeblich staats-
feindlicher Äußerungen bei der Geheimen Staatspolizei
an. Diese musste zu dem Vorwurf Stellung beziehen.
Karl Oestreich wurde als Schulleiter 1934 abgesetzt.
Eine in diesem Zusammenhang erfolgte Inspektion des
Lyzeums ergab zwar, dass bereits viele Schülerinnen
Mitglied des BDM waren und fast alle Lehrerinnen
dem Nationalsozialistischen Lehrerbund angehörten.
Dennoch wurden die Äbtissin und drei Stiftsdamen
für einen Unterricht im nationalsozialistischen Sinne
als ungeeignet erachtet. Zudem wurde die Besetzung
der Schulplätze mit vorrangig adligen Schülerinnen
als »reaktionär« bezeichnet.[2]

Elisabeth von Saldern wandte sich daraufhin an
Winifred Wagner, deren Tochter Friedelind zu diesem
Zeitpunkt Stiftsschülerin in Heiligengrabe war, und bat
sie um Unterstützung.[3] Winifred Wagner telegrafierte
am 2. September 1934 an Wilhelm Kube, den Oberpräsidenten von Brandenburg.[4] Weitere Hilfegesuche
gingen an August Wilhelm von Preußen, Johann
Ludwig Graf Schwerin von Krosigk[5], den damaligen
Reichsfinanzminister, und Bernhard Rust, Reichs-
minister für Erziehung, Wissenschaft und Volksbildung. Daraufhin entspannte sich die Lage. Neuer
Schulleiter wurde Otto Schlißke, ebenfalls NSDAP-
Mitglied und Deutscher Christ. Nach seiner Ent-
lassung 1937 wurde Margarete Grolmus neue Schulleiterin. Die Unterrichtsinhalte wurden zwangsläufig
angepasst. Dennoch gelang es der Äbtissin gemeinsam
mit dem Lehrerinnenkollegium, durch starken persön-
lichen Einsatz sowie durch ihre Kontakte zu hohen gesellschaftlichen und Regierungskreisen die angedrohte
Schließung der Schule und eine völlige Säkularisierung
der Unterrichtsinhalte zu verhindern.

1  Vgl.: JAKOBY 2001, S. 92ff.
2  Vgl.: NEESE 1992/2005, Bd. II, S. 525f.
3  Vgl.: StAH, Nr. 592: Briefentwurf Elisabeths von Saldern an
   Winifred Wagner vom 22. August 1934.
4  Vgl.: StAH, Nr. 592: Telegramm Winifred Wagners an Wilhelm
   Kube und Bernhard Rust (Abschrift) vom 2. September
   1934.
5  Dieser hatte auf Bitten der Äbtissin 1938 das Amt des Stiftshauptmanns übernommen. Durch sein diplomatisches Geschick hat er wesentlich dazu beigetragen, dass die Verstaatlichung der Schule verhindert werden konnte. Vgl.: NEESE
   1992/2005, Bd. I, S. 402.

## VIII. 3
### Chronik über das Schuljahr 1935/36

1936
Typoskript
H 30 cm; B 21 cm
Kloster Stift zum Heiligengrabe, StAH, Nr. 122

Die Chronik versteht sich als Jahresbericht über das
politische und kulturelle Engagement der höheren
Klassen der Stiftsschule. Sie diente gleichzeitig als

Berichterstattung des Lehrkörpers gegenüber der Schulaufsichtsbehörde.[1] Deutlich kommt darin die Verpflichtung der Schülerinnen zur Teilnahme an politischen Veranstaltungen und zur Auseinandersetzung mit parteipolitischen Inhalten zum Ausdruck. Neben dem Anhören der Reden Adolf Hitlers und dem Ansehen des Films »Triumph des Willens« von Leni Riefenstahl gehörten dazu auch die Teilnahme an Aktivitäten der N.S. Frauenschaft Techow und die Mitwirkung an einem Manöver der Reichswehr. Wie auch andere Propagandafilme, die die Schulaufsichtbehörde zur Vermittlung an die Schülerinnen ausdrücklich empfahl, dienten diese Veranstaltungen vornehmlich dazu, den zunehmend rigideren Anforderungen an eine Erziehung mit nationalsozialistischer Prägung gerecht zu werden. Der vertiefenden Kenntnis deutscher Geschichte und Kultur dienten Klassenfahrten nach Tangermünde und zu den Schillerbundfestspielen in Weimar.

1   Die Akte versammelt des weiteren sämtlichen Schriftverkehr zwischen der Stiftsschule und der oberen Schulaufsichtsbehörde, wie Rundschreiben zur Organisation des Lehrplans, Aufforderungen zur Anschaffung besonderen Lehrmaterials wie auch zur Aussonderung bestimmter Bücher, durch die die Lehrinhalte immer stärker nationalsozialistisch ausgerichtet werden sollten.

## VIII. 4
### Stiftscape der Rena von Mohl (Stiftsschülerin 1933–35)

1933
Dunkelblauer und roter Wollfilz
Bez.: »v. Mohl«
H 115 cm; B 75 cm
Kloster Stift zum Heiligengrabe

Heiligengrabe war für seine gute Ausbildung weithin bekannt. Manchmal besuchten über mehrere Generationen Töchter einer Familie die Stiftsschule. So kam es vor, dass eine Schülerin bei ihrer Aufnahme in die Stiftskleidung schlüpfte, die zuvor bereits ihre Mutter oder Tante getragen hatte.[1] Die von manchen

als bedrückend empfundene Gleichförmigkeit der Kleider hatte zumindest den Vorteil, dass niemand wegen schlechten Geschmacks oder mangelndem modischen Bewusstsein verspottet werden konnte.[2] Mit der Privatkleidung legte man zugleich das Wörtchen »von« ab.[3] Ob adliger oder bürgerlicher Herkunft war damit einerlei.

Der dunkelblaue Stiftsumhang war ganz besonderen Anlässen vorbehalten. Erika von Hornstein, ehemalige Stiftsschülerin, erinnert sich: »Jeden Sonntag sammelten wir uns bei Regenwetter im Kreuzgang, bei schönem Wetter im Abteigarten. Die Jüngste an der Spitze, zogen wir siebzig Mädchen im Gänsemarsch in die Kirche ein, in blauen Capes mit rot gefütterten Kapuzen, in deren Falten es sich während der Predigt bequem schlafen ließ.«[4] Sowohl das Cape, die Mützen wie auch die übrigen, sehr schlicht gehaltenen, einheitlichen Stiftskleider wurden laut Schulordnung den Mädchen gegen eine einmalige Gebühr bei ihrem Eintritt ins Stift gestellt. Alles sollte gut lesbar mit den Initialen der jeweiligen Schülerin gekennzeichnet sein.[5]

Schon Äbtissin Luise von Schierstedt hatte zur Nivellierung sozialer Unterschiede unter den Kindern die »Gleichheit der Anzüge« gewünscht. Nachdem jedoch die aufgestellten Wäschelisten[6], die eine bestimmte Stückzahl, Beschaffenheit und Farbe der Kleider vorsahen, von bedürftigen Familien kaum zu finanzieren waren, wurde für die Ausstattung der Kinder gegen ein Entgelt seitens des Stifts gesorgt.[7]

1   Vgl.: Joest 2002, S. 85.
2   Vgl.: Dohna 2002, S. 61.
3   Vgl.: Hornstein 1986, S. 141.
4   Hornstein 1986, S. 138f. Vgl. auch das Foto »Kirchgang im Cape« von 1927 in: Neese 1992/2005, Bd. II, S. 671.
5   Vgl.: Neese 1992/2005, Bd. I, S. 229: Bedingungen der evangelischen Klosterschule des Stifts zum heiligen Grabe 1935, und ebd., S. 20: »Erinnerungen der Asta von Breitenbuch, geb. Gräfin von der Schulenburg (im Stift 1923–1926)«.
6   Vgl.: Kieckebusch 2008, S. 426f.
7   Besonders bedürftigen Kindern wurden die Ausstattungs- und Einkleidungskosten erstattet. Vgl.: StAH, Nr. 603. In Auszügen auch bei: Neese 1992/2005, Bd. II, S. 518f.

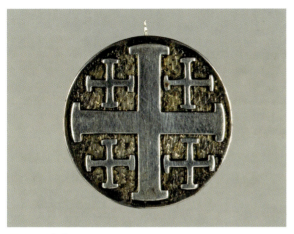

VIII. 5   Stiftsbrosche

VIII. 6   Liederheft

## VIII. 5
### Stiftsabzeichen für Stiftsschülerinnen

1905
800er Silber
Bez.: auf der Rückseite »Stift ›zum heiligen Grabe‹ 1905–1909«
D 2,7 cm
Kloster Stift zum Heiligengrabe

Wie der 1853 von Friedrich Wilhelm IV. verliehene
Stiftsorden (Kat.-Nr. VI. 6–8) zeigt auch das Abzeichen
der Stiftsschülerinnen das Jerusalemkreuz. Über die
Jahre änderte sich zwar die Art der Ausführung, seine
Form, ein gleichschenkliges Kreuz mit vier kleineren
Kreuzen in den Kreuzesarmen, behielt es jedoch bei.
Die aus Silber gefertigten Nadeln mit dem Stiftskreuz
erhielten die Schülerinnen bei ihrer Aufnahme in die
Schule. Laut Stiftsordnung wurden sie »der Gleichheit
halber auf Kosten der Eltern vom Stift besorgt«.[1] Eine
eigens für Mitglieder des von Clara von Gersdorff (im
Stift 1881–87) gegründeten Bundes Alter Heiligen-
graberinnen[2] entworfene Broschennadel mit Stiftskreuz fertigte ab 1926 die Firma Oertel in Berlin.[3]

1   NEESE 1992/2005, Bd. I, S. 229: Aufnahmebedingungen der
    evangelischen Klosterschule des Stifts zum heiligen Grabe
    1935.
2   Zum »Bund Alter Heiligengraberinnen«, aus dem 1952 der
    »Hilfsbund Westen ehemaliger Heiligengraberinnen« hervor-
    ging und aus welchem wiederum 1991 der Verein zur Förderung
    und Erhaltung des evangelischen Klosters Stift zum Heiligen-
    grabe entstand, vgl.: NEESE 1992/2005, Bd. I, S. 371f.
3   Vgl.: NEESE 1992/2005, Bd. IV, S. 328.

## VIII. 6
### Marie-Agnes von Bernstorff
### Liederheft für Rena von Mohl
### (Stiftsschülerin 1933–35)

1933
Bez.: »Heiligengraber Lieder. Meiner lieben Rena zum ersten
Stiftsgeburtstag von ihrer Stiftsmutter Marie-Agnes«
Papier, Buntstift
H 11,5 cm; B 14 cm
Kloster Stift zum Heiligengrabe

Heiligengraber Lieder und »Soßen« waren das Liedgut
der Stiftskinder.[1] Die Bücher versammeln Texte von
bekannten Volksliedern. Bei etlichen handelt es sich
aber auch um von den Stiftsschülerinnen selbst verfasste Liedtexte, die nach dem Kontrafakturverfahren
auf bekannte Melodien gesungen wurden. Diese »Gedichte«, auch »Soßen« genannt, sind Parodien auf das
Stiftsleben, auf gemeinsam Erlebtes wie auch auf die
Eigenheiten mancher Lehrerinnen. Die Liedtexte, die
nach alter Tradition die »Stiftsmütter«, Schülerinnen
der höheren Klassen, ihren »Kindern«, für die sie eine
Patenschaft übernommen hatten, in kleinen selbst-
geschriebenen und illustrierten Büchern weitergaben,
kursierten nur unter den Schülerinnen. Jedes Kind
erhielt ein solches Buch, womit es in die Gepflogen-
heiten des Stiftslebens eingeweiht und gleichsam in die
Gemeinschaft aufgenommen wurde. Das vorliegende
Heft, in Sütterlinschrift geschrieben und mit humor-
vollen eigenen Zeichnungen versehen, stammt von

Marie-Agnes Gräfin von Bernstorff, die es Rena von Mohl zu ihrem ersten Stiftsgeburtstag schenkte. Der Brauch war schon alt. Schon vor der Jahrhundertwende war es üblich, dass die Schülerinnen sich wöchentlich bei der Äbtissin zum Vorlesen, Handarbeiten und Singen versammelten. Man nannte die Hefte damals »Poetikbüchlein«. Eingeführt haben soll sie die Stiftsdame Marie von Clausewitz, eine ehemalige Deutschlehrerin der Stiftsschule.[2]

1  Eine Auswahl der Texte in: NEESE 1992/2005, Bd. IV, S. 440–456.
2  Vgl.: ROHR 1912, S. 13.

## VIII. 7
**Elisabeth von der Recke**
**Fotoalbum**

1933
Bez.: »Heiligengrabe! 1933–34«
Papier
H 16,5 cm, B 23 cm
Kloster Stift zum Heiligengrabe

## VIII. 8
**Roswitha von Wedel-Gödens**
**Fotoalbum**

1942
Bez.: »Bilder aus Heiligengrabe 1942«
H 20 cm; B 25 cm; T 4 cm
Kloster Stift zum Heiligengrabe

VIII. 7   Fotoalbum

Die Alben zweier ehemaliger Stiftsschülerinnen, Elisabeth von der Recke (im Stift 1933–34) und Roswitha Gräfin von Wedel-Gödens (im Stift 1942–44), versammeln Fotoaufnahmen aus ihrer Zeit als Stiftsschülerinnen. Sie enthalten Bilder von Mitschülerinnen und Lehrerinnen, die sowohl während des Unterrichts, aber auch in der Freizeit, bei Schulfesten oder während der Ausflüge in die nähere Umgebung Heiligengrabes gemacht wurden. Eigenhändige Bildunterschriften erläutern das Geschehen und halten die Namen der Abgebildeten fest.

Schülerinnen beim Briefeschreiben, Aufnahme zwischen 1940 und 1943

### VIII. 9
**Briefe der Elisabeth Theodore von Senfft zu Pilsach an ihre Eltern (Stiftsschülerin 1939–41)**

1939–40
Papier, Tinte
H 20 cm; B 14 cm
Kloster Stift zum Heiligengrabe

An den Sonntagen schrieben die Schülerinnen oft Briefe an ihre Familien. Das »Briefeschreiben im Elisenhain« wurde wie ein Ritual zelebriert. Man umgab sich mit den Fotos der Angehörigen und versenkte sich in seine Erinnerungen an das geliebte Zuhause. Elisabeth Theodore von Senfft, seit August 1939 im Stift, deren Mutter bereits Stiftsschülerin war, schrieb von Heiligengrabe aus zahlreiche Briefe an ihre Eltern nach Sandow (Sądów) im Kreis Weststernberg.[1] Darin erzählt sie auf ungezwungene Weise vom Stiftsalltag, der bereits von den Einschränkungen zur Zeit des Kriegsausbruchs geprägt war, wie auch von besonderen Erlebnissen, die die Schülerinnen bei Klassenausflügen hatten. Dazwischen finden sich immer wieder sehr freimütige Bemerkungen auch zur Tagespolitik – ein Thema, das im Schulalltag weitestgehend ausgeblendet wurde. Die Briefe unterlagen der strengen Zensur der Äbtissin Armgard von Alvensleben, von den Kindern kurz »Tante Aja« genannt, die oft Stichproben machte. Um dies zu umgehen, schmuggelten die Mädchen ihre Briefe manchmal aus dem Stift, um sie bei ihren Spaziergängen in den Techower Postkasten einzuwerfen.

1  Auszüge abgedruckt in: NEESE 1992/2005, Bd. I, S. 144–151.

### VIII. 10
**Luise Margarethe von Schwedler Zeichenmappe**

1918–20
Bez.: innen »Heiligengrabe 1918–1920«
Pappe, Papier, Bleistift, Pastell- und Fettkreiden
H 35 cm; B 25 cm
Kloster Stift zum Heiligengrabe, (alte Inv.-Nr.) V 422 K 2/2

Die Ausbildung der Mädchen war stark musisch geprägt. Neben Theaterspiel, Klavierunterricht und Gesang erhielten sie auch Mal- und Zeichenunterricht. Die Mappe vereint realistische Bleistift- und Kohlezeichnungen sowie an geradezu expressionistischer Farbigkeit orientierte Aquarelle und Pastellkreidezeichnungen. Darunter finden sich Porträtskizzen von Lehrern (Pfarrer Östreich) und Schülerinnen, aber auch Landschafts- und Gebäudestudien wie die hier abgebildeten Ansichten verschiedener Häuser auf dem Stiftsgelände. Die Mappe stammt von der Zeichenlehrerin Luise Margarete von Schwedler, die 1914 nach Heiligengrabe kam, 1916 zur Probe-Expektantin des Stifts ernannt wurde und sich in der Folge als außerordentlich begabte und von den

VIII. 10   Zeichenmappe

Stiftskindern hochverehrte Zeichenlehrerin erwies.[1]
Auf sie gehen auch die Illustrationen zu der 1916 erschienenen, Kaiserin Auguste Viktoria gewidmeten
Schrift »Ein Trostgedanke« von Adolphine von Rohr
zurück, deren Erlös den Kriegswaisen des Klosters
zugute kam.[2]

Die Zeichenmappe ist eine Schenkung des »Bundes
alter Heiligengraberinnen«. Seit 1961 leitete diesen
– inzwischen umbenannt in »Hilfsbund Westen ehemaliger Heiligengraberinnen« – Benita von Restorff,
verheiratete Rose (Stiftsschülerin 1929–33), auf deren
Initiative hin 1991 der »Verein zur Förderung und
Erhaltung des Klosters Stift zum Heiligengrabe« gegründet wurde.[3] Über Ruth Landwers-Oeder, Stiftsschülerin von 1937 bis 1939 und stellvertretende Vorsitzende des Bundes, gelangte die Mappe 2000 an
den Verein »Museum im Kloster Stift zum Heiligengrabe«.[4]

1  Margarete von Schwedler hatte zuvor die Kunstschule des
   Vereins der Künstlerinnen in Berlin besucht und 1914 die
   Befähigung für den Unterricht im Zeichnen an höheren
   Schulen und Lehrerbildungsanstalten erworben. Vgl.: NEESE
   1992/2005, Bd. IV, S. 265.
2  Vgl. auch die Zeichnung »Giebel der Stiftskirche«, abgebildet
   in: NEESE 1992/2005, Bd. I, S. 345.
3  Beide Vereine bestehen bis heute. Siehe dazu: NEESE 1992/2005,
   Bd. I, S. 371f.; NEESE 1992/2005, Bd. VI, S. 38ff.; ausführlich
   dazu auch: JOEST 2002.
4  Der von 1998 bis 2003 bestehende Verein wurde mit dem Ziel
   gegründet, ein Museum im Kloster Stift aufzubauen. In einer
   1999 vom Verein angelegten Zettelkartei über Fund- und Er-
   innerungsstücke ehemaliger Stiftsschülerinnen, mit denen man
   die Stifts- und Schulgeschichte zukünftig zu dokumentieren
   beabsichtigte, wird die Mappe unter der Inv.-Nr. V 422 K 2/2
   verzeichnet.

## VIII. 11
**Elisabeth von Kleist**
**Armgard von Alvensleben, Äbtissin 1939–52**

1996
Öl auf Leinwand
Bez.: rückseitig »Armgard von Alvensleben, geb. von Knebel-
Döberitz, Äbtissin von Heiligengrabe 1939«
H 110 cm; B 80 cm
Kloster Stift zum Heiligengrabe

VIII. 11   Armgard von Alvensleben

Das 1996 posthum gemalte Porträt stammt von
Elisabeth von Kleist, geborene von Schickfus und
Neudorf, die 1939/40 als Stiftsschülerin in Heiligengrabe war.[1] Es zeigt Armgard von Alvensleben bei ihrer
Einführung als Äbtissin im großen Ornat, geschmückt
mit den Stiftsinsignien und mit Äbtissinnenstab vor
der Abtei.[2]

Armgard von Alvensleben, geb. von Knebel-Döbe-
ritz, wurde am 13. Januar 1893 in Friedrichsdorf/
Pommern geboren.[3] Von 1907 bis 1909 besuchte
sie die Stiftsschule in Heiligengrabe. Nachdem sie
eine Haushaltungsschule in Tambach/Thüringen absolviert hatte, heiratete sie 1913 Joachim von Alvensleben, welcher bereits ein Jahr später bei Lüttich fiel.
Der Ehe entstammte eine Tochter. Ausgebildet als
Krankenschwester war Armgard von Alvensleben
von 1924 bis 1935 in der Krankenpflege tätig. 1937
wurde sie Generalsekretärin des Reichsverbandes der
Deutschen Evangelischen Bahnhofsmission in Berlin,
deren Geschäftsführung sie ab 1938 übernahm. Am
29. November 1938 wurde sie vom Evangelischen Oberkirchenrat zur Äbtissin von Heiligengrabe ernannt.[4]
Am 21. Mai 1939 erfolgte ihre Einführung.

Mit der gleichen Energie wie ihre Vorgängerin
vertrat sie die Interessen des Stifts und der Schule.[5]
Auch ihr gelang es, wenngleich nur unter großen Zugeständnissen[6], die Eingliederung der Schule in das
nationalsozialistische staatliche Erziehungssystem zu
verhindern. Ab 1942 war die Stiftsschule der Inspektion
der deutschen Heimschulen unterstellt.[7] Dennoch gelang es den Behörden nicht, ihre völlige Gleichschaltung
mit den staatlichen Einrichtungen durchzusetzen.

Gegen Ende des Zweiten Weltkrieges verließen
immer mehr Schülerinnen das Stift, um zu ihren
Familien zurückzukehren. Anfang des Jahres 1945
suchten zahlreiche Vertriebene aus den Ostgebieten Zu-

flucht im Stift. Ende April 1945 verließen die Äbtissin
und die letzten sieben Schülerinnen Heiligengrabe.[8]
Noch mehrmals kehrte Armgard von Alvensleben nach
Berlin zurück, als es um Fragen des Fortbestehens des
Stifts ging. Da sie in die sowjetische Besatzungszone
jedoch nicht zurückkehren wollte, legte sie 1952 ihr
Amt nieder.[9] Von Hannover aus, ihrem neuen Wohnsitz,
unterhielt Armgard von Alvensleben in den folgenden
Jahren regen Kontakt zu ehemaligen Stiftsschülerinnen.
Bereits nach dem ersten Weltkrieg hatte sie zusammen
mit Clara von Gersdorff (im Stift 1881–87) den Bund
Alter Heiligengraberinnen gegründet, dessen Vorsitz sie
von 1946 bis 1966 übernahm. Auch der 1952 daraus
hervorgegangene »Hilfsbund Westen«, welcher durch
jährliche Treffen und Spenden den Kontakt zu den
Stiftsdamen im Osten und ehemaligen Stiftskindern
aufrechtzuerhalten suchte, ging maßgeblich auf ihre
Initiative zurück.[10] Zugleich engagierte sie sich für den
Wiederaufbau der Evangelischen Deutschen Bahnhof-
mission in Hannover, als deren Geschäftführerin sie

ab1946 fungierte. 1959 wurde sie für ihr Lebenswerk mit dem Großen Bundesverdienstkreuz am Bande ausgezeichnet. Am 14. September 1970 starb Armgard von Alvensleben im Alter von 77 Jahren in Celle.

1  Vgl.: Neese 1992/2005, Bd. III, S. 206.
2  Abgebildet auch in: Oelker/Reuter 2002, S. 58. – Kieckebusch 2008, S. 528.
3  Vgl. hierzu und im folgenden auch: Oelker/Reuter 2002, S. 58f. – Kieckebusch 2008, S. 117–119. – Neese 1992/2005, Bd. II, S. 557.
4  Dem Vorschlag der Reichsfrauenführerin Gertrud Scholtz-Klink, eine der NSDAP und der NS-Frauenschaft angehörende Bewerberin zur neuen Äbtissin zu ernennen, kam man mit der Begründung nicht nach, dass die Besetzung ein kirchlicher Akt und damit Entscheidung des Oberkirchenrats sei. Vgl.: Neese 1992/2005, Bd. II, S. 554f.
5  Vgl.: Neese 1992/2005, Bd. II, S. 641.
6  Vgl. hierzu ausführlich: Stache 2002, bes. S. 52ff.
7  Vgl.: StAH, Nr. 1273: Protokoll der Konventssitzung v. 26. April 1942, § 6. Bereits im Januar 1942 trat die neue Regelung in Kraft. Vgl. auch: Neese 1992/2005, Bd. IV, S. 352 und Neese 1992/2005, Bd. II, S. 455ff.
8  Vgl.: Neese 1992/2005, Bd. II, S. 472: Bericht Äbtissin von Alvensleben 1965 »Über den tragischen Abschluß unserer Heiligengraber Stiftsschule«. Im Gegensatz zu den Aufzeichnungen der Stiftsdame Gudelies von Wintzingerode, die von sieben Kindern spricht, welche am 22. April Heiligengrabe verließen (vgl.: StAH, Nr. 1383, S. 2), ist bei ihr von acht Kindern die Rede.
9  Offiziell trat sie am 5. März 1952 von ihrem Amt zurück. Vertreten wurde sie bis 1948 durch Marianne Stieler von Heydekampf, von 1948 bis 1952 durch Hedwig von Saenger. Vgl.: Neese 1992/2005, Bd. IV, S. 439. Sie stimmte dem Rücktritt allerdings nur unter der Bedingung zu, »daß bei späterer Änderung der jetzt obwaltenden Verhältnisse vom Kuratorium über ihre etwaige Rückkehr Beschluß gefaßt werden möchte«. Vgl.: EZA, 22/74: Protokoll der Kuratoriumssitzung vom 5. März 1952. Einstimmig wurde auf derselben Sitzung die Ernennung von Vikarin von Werthern zur Äbtissin beschlossen.
10  Vgl. Neese 1992/2005, Bd. I, S. 372.

## VIII. 12
**Margarete Grolmus**
**»Bericht über den Stand der ›konfessionellen Einrichtungen‹« an den Oberpräsidenten der Mark Brandenburg, Abteilung für höheres Schulwesen, Heiligengrabe, 23. September 1939**

Papier
H 30 cm; B 21 cm
Kloster Stift zum Heiligengrabe, StAH, Nr. 122

Die Schulaufsichtsbehörde kritisierte wiederholt die unzureichende nationalsozialistische Erziehung und Exklusivität der Schule. Im Rahmen der von den Nationalsozialisten beabsichtigten Entkonfessionalisierung und »Gleichschaltung« des gesamten öffentlichen Lebens wurde die Stiftsschule am 19. August 1939 von der Schulaufsichtsbehörde aufgefordert, einen Bericht über den derzeitigen Stand religiöser Veranstaltungen wie Morgenandachten Tischgebete etc. zu geben und mitzuteilen, wie man den ministeriellen Forderungen nach Entkonfessionalisierung sämtlicher Schulen und Heime gerecht zu werden gedenkt.[1] In ihrem Antwortschreiben vom 23. September 1939 verhehlt Dr. Margarete Grolmus, seit 1938 kommissarische Leiterin der Stiftsschule, nicht, dass das Leben in Heim und Schule von einem christlichen Selbstverständnis geprägt sei. Sie betont jedoch zugleich, dass keines der Kinder zur Teilnahme an den »religiösen Veranstaltungen« gezwungen werde.[2] Auf die Forderung nach Entkonfessionalisierung geht sie nicht ein, offenbar im Bewusstsein der Rechtmäßigkeit ihrer Haltung und dass solches nur über eine Auflösung der Stiftsschule zu erzwingen sei.

1  Vgl.: StAH, Nr. 122.
2  Im vollen Wortlaut abgedruckt auch in: Neese 1992/2005, Bd. II, S. 469.

## VIII. 13
**Evangelisches Gesangbuch**
**Nach Zustimmung der Provinzialsynode vom Jahre 1884 […] herausgegeben vom Königlichen Konsistorium**

Berlin, 1916
Papier, Lederimitateinband, Messingschließe
Klein Oktav
Kloster Stift zum Heiligengrabe

Seit der Machtergreifung der Nationalsozialisten wurde es zunehmend schwieriger, die vom Stift vertretene christliche Erziehung noch als offiziellen Lehrinhalt der Schule zu vermitteln. Sowohl innerhalb des

Lehrerkollegiums als auch von Seiten der äußeren Schulorganisation wurden nationalsozialistische Einstellungen laut. Ab 1936 gehörten alle Mädchen, wenngleich nicht durchweg aus Überzeugung, dem BDM an. Dennoch behielten die kirchlichen Feiertage ebenso wie die regelmäßigen Andachten und Gottesdienste ihre Bedeutung bei. 1940 war die junge Vikarin Ingeborg-Maria von Werthern aus Potsdam anstelle des an die Front eingezogenen Ortspfarrers nach Heiligengrabe berufen worden. Sie war für die Gottesdienste und die Gemeindearbeit im Dorf zuständig. Zudem übernahm sie den Konfirmandenunterricht der Stiftsschülerinnen. Laut Schulordnung hatte jede Schülerin bei ihrer Aufnahme ein Evangelisches Gesangbuch mitzubringen.

VIII. 14   Scherenschnitt

## VIII. 14
## 13 Scherenschnitte mit Begebenheiten aus der Klostergeschichte

1937
Farbiges Papier, Pappe
H 32,5 cm; B 45 cm
Klosterstift zum Heiligengrabe

Auf dreizehn Blättern sind in »Schattenriss« Szenen aus der Gründungslegende und andere historische Begebenheiten des Klosters dargestellt. Sie stammen von unterschiedlicher Hand, zeugen jedoch, was Technik und Entwurf betrifft, alle von außergewöhnlichem Geschick. Schon Tisa von der Schulenburg, 1917–19 im Stift und spätere Bildhauerin, galt im Silhouettenschneiden als besonders begabt.[1]

Die Auswahl der Ereignisse ist stark an der 1921 von Annemarie von Auerswald, Stiftsdame und Museumsleiterin, herausgegeben Schrift »Kloster Heiligengrabe« orientiert, worin sie in zwölf literarischen Bildern die Geschicke des Klosters Revue passieren lässt.[2] Die einzelnen Scherenschnitte sind in Frakturschrift betitelt: »Markgraf Otto der Lange und sein Kaplan reiten durch die Prignitz«, »Der Jude raubt die Monstranz aus der Kirche zu Techow am Himmelfahrtstage 1287«, »Der Jude vergräbt die Monstranz

an d. Richtstätte«, »Der Jude wird von den Bauern gerichtet«, »Bau der ersten Kapelle über d. heiligen Grab«, »Auswahl der Nonnen von Neuendorf«, »Die Nonnen ziehen zur Hora«, »Die eingemauerte Nonne«, »Visitation durch den Bischof von Havelberg«, »Rückkehr und feierlicher Einzug der Nonnen am Dienstag nach Misericordias Domini 1549«, »Märkische Edeljungfrauen im evangelischen Kloster bei der Handarbeit«, »Eva von Wartenberg rettet den Stiftshauptmann David von Winterfeld«, »Die ersten Häuser am Damenplatz entstehen 1645«. Entstanden sind die Scherenschnitte anlässlich des 650jährigen Jubiläums des Klosters und Damenstifts, das am 27. Juni 1937 feierlich begangen und – wie bei solchen Ereignissen üblich – von den Schülerinnen kulturell und künstlerisch ausgeschmückt wurde.[3]

1   »Sie […] machte entzückende Scherenschnitte, mit denen von Lotte Reiniger vergleichbar. […] mußte sich aber immer in einen Winkel zurückziehen, wo niemand sie beobachten konnte, wenn sie mit einer zierlichen Schere das schwarze Papier bearbeitete.« Zitat Ursula von Wiese nach: NEESE 1992/2005, Bd. V, S. 26.
2   Vgl.: AUERSWALD 1921.
3   Die Blätter sind unsigniert und undatiert. Doch lässt sich aus einem der Mappe beiliegenden Festprogramm zum 650jährigen Jubiläum des Klosters der Anlass ihrer Entstehung erschließen.

## VIII. 15
### »Singende Kinder«

1892
Bronze
Bez.: unleserlich »Tune[?] 92.«; am Sockel »Oh du froehliche«
H 44 cm; B 36 cm; T 26 cm
Kloster Stift zum Heiligengrabe

Die 1892 entstandene Doppelbüste zweier Kinder wurde zu einem unbekannten Zeitpunkt der Stiftsschule geschenkt. Sie ist am Sockel unleserlich signiert und datiert. Doppelbüsten, insbesondere von Kindern, waren in der zweiten Hälfte des 19. Jahrhunderts ein beliebtes Motiv. Zahlreiche Bildhauer dieser Zeit widmeten sich diesem Bildtypus. Oft standen ihnen dabei die eigenen Kinder Modell.

Die hier gezeigte Doppelbüste zweier etwa siebenjähriger Kinder, eines Jungen und eines Mädchens, trägt auf dem Sockel eine Inschrift mit dem Titel des bekannten Weihnachtsliedes »Oh du fröhliche«. Der Realismus der Darstellung und die psychologisierenden Effekte sind geschickt kombiniert. Diese Merkmale waren kennzeichnend für die Berliner Bildhauerei des Neubarock und paralleler Strömungen. Die Plastik stand ehemals auf dem Kamin im Kapitelsaal, wo alljährlich die Weihnachtsfeiern stattfanden. Besonders die liederreiche Adventszeit wurde mit viel Hingabe gefeiert.[1] Wer dies einmal miterleben durfte, dem blieb es unvergessen. Zur Morgenandacht am ersten Advent erklang das Lied »Oh du fröhliche«, dann wurde mit den Weihnachtsvorbereitungen begonnen; der ganze Kapitelsaal lag voll mit grünen

Tannenzweigen und kleinen Bäumen, mit denen man die Lernsäle schmückte.[2]

Die Figur des Knaben weist Einschüsse an Schulter und Kopf auf. Von April 1945 bis Oktober 1946 hielt die Rote Armee die Abtei besetzt. Bei ihrem Abzug hinterließ sie ein Bild der Verwüstung. Die Skulptur soll den Soldaten als Zielscheibe gedient haben.

1  CLAUSEWITZ 1897, S. 20. – NEESE 1992/2005, Bd. II, S. 629 und NEESE 1992/2005, Bd. VI, S. 88–91.
2  Vgl.: NEESE 1992/2005, Bd. IV, S. 323.

## VIII. 16
### Gudela-Elisabeth Freiin von Wintzingerode »Aufzeichnungen aus schwerster Zeit. Stift Heiligengrabe 1945«

Typoskript*
Papier
Kloster Stift zum Heiligengrabe, StAH, Nr. 1383

Gudela-Elisabeth von Wintzingerode, von 1914 bis 1920 selbst Stiftsschülerin, kam Ostern 1929 als Sekretärin der Äbtissin von Saldern nach Heiligengrabe, übernahm später aber auch andere Funktionen.[2] Unter den Stiftsschülerinnen war sie wegen ihrer warmherzigen und hilfsbereiten Art sehr beliebt. Alle nannten sie nur »die Wintz«. Sie war die »Seele« unter den Erzieherinnen. Oft wurde sie daher als »Schlafsaaldame« eingesetzt. Sie war sehr zurückhaltend, konnte aber ebenso ausgelassen sein und soll zusammen mit »Fräulein Doktor« (Margarete Grolmus) manchen Streich unter den Damen ausgeheckt habe. Sie begleitete die Mädchen bei Klassenausflügen und gab Nachhilfestunden in Französisch. Im Juni 1942 erhielt sie eine Stelle als Stiftsdame. Sie erlebte den Einmarsch der russischen Armee in Heiligengrabe und die Besetzung der Abtei am 2. Mai 1945. Trotz eigener Not und Krankheit hat sie während dieser Zeit großen Mut bewiesen. Ihr ist unter anderem die Sicherstellung des Stiftsarchivs und der Stiftsbibliothek zu verdanken.[3] Die Ereignisse vom 12. April 1945 bis zum 1. Dezember

Gudela-Elisabeth Freiin von Wintzingerode, Aufnahme um 1940

1945 hat sie in einem Tagebuch festgehalten.[4] Oft sind es nur kurze sachliche Mitteilungen, die dennoch eine beklemmende Unmittelbarkeit spüren lassen. Schon lange litt sie an einer unheilbaren Krankheit. Im Herbst 1945 verzog sie nach Göttingen. Sie starb unerwartet am 25. November 1946 bei einem Besuch in Heiligengrabe. Sie liegt auf dem Stiftsfriedhof begraben.

*  In der Ausstellung ist das Tagebuch in Auszügen auf Tonband zu hören.
2  Siehe im folgenden: NEESE 1992/2005, Bd. I, S. 314ff., 326 u. 354.
3  Vgl.: StAH, Nr. 1383, bes. S. 30 (13.–16. Juni 1945). Neben der Sicherstellung von Mobiliar, Teilen der Kirchenausstattung und dem Eigentum der Stiftsdamen ist darin auch von der Bergung der Stiftsakten und von Büchern der Bibliothek die Rede.
4  Erhalten ist nur die Abschrift in Form eines maschinenschriftlichen Typoskripts (StAH, Nr. 1383). Abgedruckt auch in: NEESE 1992/2005, Bd. I, S. 290–313. Das Original war in Familienbesitz und gilt als verschollen.

# IX

# Zuflucht und Neuanfang.
# Heiligengrabe nach 1945

Aus Sicht der neuen Machthaber in der sowjetischen Besatzungszone sollte es nie wieder kirchliches Leben in Heiligengrabe geben. Die staatlichen Behörden setzten daher alles daran, die weitere Existenz des Stifts zu verhindern.

Schwere wirtschaftliche Einbußen erlitt das Stift im Zuge der Bodenreform. Ein Großteil seiner Güter und Ländereien wurde enteignet, obwohl es sich um kirchlichen Besitz handelte, der eigentlich von der Reform ausgeschlossen war. Zugleich schürte die mit der Bodenreform ausgerufene Parole »Ausrottung des Junkertums« die politischen Animositäten gegen das adlige Fräuleinstift. Nach einjähriger Besetzung des Stiftsgeländes durch die sowjetische Armee und anschließenden langwierigen Verhandlungen mit den staatlichen Behörden über die weitere Nutzung der Stiftsgebäude zogen im August 1946 die aus Mechtal (Bytom-Miechowice) in Oberschlesien vertriebenen Diakonissenschwestern des »Friedenshort« in das Kloster ein. Ihre Arbeit konzentrierte sich zunächst auf die Betreuung von Waisenkindern, später vor allem auf die Pflege behinderter Kinder. Ab 1952 kam eine Ausbildung zur Kleinkinddiakonie hinzu. Damit erfüllte das Kloster seiner ursprünglichen Stiftung gemäß wieder den alten Grundsatz, wonach die Tätigkeit der hier lebenden Frauen vor allem »christlichen Liebeszwecken« gewidmet sein sollte. Die staatliche Anerkennung der sozialen Arbeit des »Friedenshort« trug schließlich wesentlich dazu bei, dass das Fortbestehen des Stifts gesichert werden konnte. Unterstützung fanden die Schwestern des »Friedenshort« vor allem in der Vikarin und späteren Pastorin Ingeborg Maria von Werthern, die 1952 zur neuen Äbtissin des Stifts ernannt wurde.

Die nach Kriegsende in Heiligengrabe noch lebenden Stiftsdamen wohnten zunächst im Dorf. Später bezogen sie wieder eigene Wohnungen auf dem Stiftsgelände. Die Atmosphäre war jedoch noch immer angespannt. Dieser Situation suchten die Frauen vor allem durch Arbeit zu begegnen. Da ihnen eine Wiederaufnahme des Schulbetriebs untersagt war, begannen sie 1948 mit dem Aufbau einer Werkstatt für Evangelische Paramentik. 1969 folgte die Einrichtung eines Gästehauses. Paramentenwerkstatt und Gästebetrieb, zu dem später in den Sommermonaten veranstaltete Konzertreihen hinzukamen, bildeten die drei »Säulen« der Stiftsarbeit. Hierdurch suchte das Stift an alte Traditionen aus der Klosterzeit anzuknüpfen. Die geistliche Gemeinschaft pflegten die Stiftsdamen auch weiterhin durch regelmäßig in der Grabkapelle abgehaltene Gebetsstunden.

Unterstützt wurde das Stift während der langen Zeit der politischen Kälte durch die EKU wie auch durch seine Stiftspröpste. Geistigen und materiellen Rückhalt erfuhren die Heiligengraber Frauen nicht zuletzt aber auch durch den »Hilfsbund Westen ehemaliger Heiligengraberinnen«, eine von ehemaligen Stiftsschülerinnen nach dem Krieg gegründete Organisation in Westdeutschland, die die Verbindung zwischen den beiden Teilen Deutschlands durch regelmäßige Treffen und Hilfssendungen aufrechtzuerhalten suchte.

In zweifacher Form und Gestalt lebte das Kloster so weiter: Auf der einen Seite stand der Friedenshort mit der Behindertenfürsorge – auf der anderen Seite das Stift mit der Paramentik, den Konzerten und der Gästehausarbeit. Für manche in der DDR repräsentierten die Äbtissin und die Stiftsdamen nur noch die Vergangenheit; für sie waren sie die letzten einer siebenhundertjährigen Tradition. Namentlich in der Person Ingeborg-Marias von Werthern, die als Äbtissin und zugleich Pastorin des Ortes von vielen hochgeschätzt war, blieb das Stift jedoch nicht nur als Institution bestehen. Unter schwierigsten Bedingungen verstand sie es, dem Stift eine geistige Ausstrahlung zu geben, die weit über den Ort hinaus wirkte. Ebenso verdankte das Stift aber auch den nach wie vor hier lebenden Stiftsdamen, die sich bis ins hohe Alter unermüdlich engagierten, seine weitere Daseinsberechtigung. Heiligengrabe verstand sich durch Rüstzeiten, Konvente und als Fortbildungsstätte vor allem als ein Ort der kirchlichen Begegnung.

Mit der politischen Wende 1989 erfüllte sich für sie alle eine nie aufgegebene Hoffnung: dass die geistliche Tradition des Ortes bewahrt und unter veränderten Bedingungen eines Tages wieder zu neuem Leben erweckt würde. Noch zu Lebzeiten veranlasste Äbtissin von Werthern darum mit der Einführung von zwei neuen Stiftsdamen die Wiederbelebung des Konvents und sorgte damit ganz wesentlich für die Zukunft des Stifts und für das Fortbestehen einer seit mehr als 700 Jahren hier wirkenden geistlichen Frauengemeinschaft.

Auch der »Friedenshort«, nun wiedervereinigt mit dem westlichen Teil der Schwesternschaft in Freudenberg/Siegerland, sah sich vor neuen Aufgaben und Herausforderungen: Auf dem Gelände der ehemaligen Stiftsgärten wurden neue Wohnhäuser für Diakonissen errichtet, und 1997 erfolgte der Auszug des »Friedenshort« aus der Abtei. Die historischen Klostergebäude wurden damit frei für einen Neuanfang der Stiftsarbeit. 2001 begann man mit den notwendigen Sanierungs- und Restaurierungsarbeiten, die inzwischen so gut wie abgeschlossen sind. Heute ist das Kloster Stift zum Heiligengrabe eine geistliche und kulturelle Begegnungsstätte.

Lit.: Steineck 1986, bes. S. 143 – 156. – Hackenberger 1990. – Berndt/Hagelschuer 2002. – Hornscheidt 2003. – Neese 1992/2005, Bd. I, S. 368f. – Neese 1992/2005, Bd. VI, S. 203–219 und 249–268. – Joest 2002. – Kloster Stift zum Heiligengrabe 2002.

*Zuflucht und Neuanfang*

## IX. 1

**Protokoll einer Verhandlung über die Rückgabe der mit Siedlern belegten Stiftsgebäude an die Kirche, unterzeichnet von H. von Saenger, 14. August 1946**

Papier, masch. Typoskript
Heiligengrabe, Stiftung Diakonissenhaus Friedenshort, Archiv

Am 2. September 1945 rief Wilhelm Pieck, Vorsitzender der KPD, unter der Devise »Junkerland in Bauernhand« im brandenburgischen Kyritz die Bodenreform aus.[1] Der gesamte feudal-junkerliche Großgrundbesitz sollte danach enteignet und unter den Bauern und die aus dem Osten vertriebenen Umsiedlern verteilt werden.[2] Dass die Stiftsdamen den politischen Neuerungen anfänglich offenbar sogar recht aufgeschlossen gegenüberstanden, lassen die Tagebuchaufzeichnungen der Gudelies von Wintzingerode vermuten, die der Versammlung am 2. September 1945 in Kyritz beiwohnte.[3] Die Stiftsgebäude waren zu dem Zeitpunkt noch immer besetzt von russischen Truppen; später erhielten Flüchtlinge und Umsiedler darin Unterkunft, während die verbliebenen acht Stiftsdamen im Dorf Unterschlupf gefunden hatten.[4]

Obwohl die Besitzungen von Klöstern und Kirchen laut Bodenreformordnung von der Enteignung ausgenommen waren, verlor Heiligengrabe alles, bis auf Gut Rapshagen und die Klostergebäude.[5] Dagegen fielen die Güter Heiligengrabe und Könkendorf sowie der einst umfangreiche Forstbesitz unter das Enteignungsgesetz. Man rechtfertigte das Vorgehen damit, dass das Frauenstift ein im 19. Jahrhundert säkularisiertes Kirchengut und demzufolge als Staatseigentum zu betrachten sei. Bemühungen seitens des Kuratoriums des Stifts und der Landeskirche, das erlittene Unrecht wieder rückgängig zu machen, wurden abgewiesen und damit begründet, dass das Land bereits an Bauern und Neusiedler vergeben worden sei.[6] Erst nach langen Verhandlungen und dem Eingeständnis der widerrechtlich erfolgten Enteignung sollten die noch nicht vergebenen Flächen und die Klostergebäude an die Kirche zurückfallen. Bereits am 30. Juli 1946 war durch die Provinzialverwaltung die Anordnung ergangen, die Besiedlung der Stifts-

gebäude rückgängig zu machen. Dennoch suchten die örtlichen Behörden, wie das Protokoll der Verhandlung zwischen dem Bürgermeister von Heiligengrabe und Stiftspropst Leutke vom 14. August 1946 in Anwesenheit von Damen des Konvents und Schwestern des »Friedenshort« bezeugt, die Umsetzung der Anweisungen hinauszuzögern. Nach wie vor wurden Flüchtlinge widerrechtlich in das Stift eingewiesen. Noch am 14. August waren zehn Familien in den Stiftsgebäuden untergebracht. Doch dann durften die Stiftsdamen endlich in ihre alten Häuser am Damenplatz zurückkehren.[7] Eine Entschädigung für die verlorenen Güter erfolgte nicht. Heiligengrabe erlitt damit unter den Stiften der Mark den größten Landverlust. Insgesamt wurden 3361,27 Hektar Grundbesitz vom Stiftseigentum enteignet und gingen in den staatlichen Bodenfonds über.[8] Erst nach der politischen Wende 1989 erhielt das Stift einen Teil seines ehemaligen Besitzes zurück.

1  Vgl.: Pieck 1955.
2  Zur Bodenreform in Brandenburg und deren Auswirkungen umfassend: Bauerkämper 1999.
3  Vgl.: StAH, Nr. 1383, S. 53f.: »Um 20 Uhr große Partei-Versammlung der Kommunisten, zu der alle kommen müssen. In zweistündiger Rede wurden die Schlechtigkeiten der Nazis entrollt, sehr wahr und gut für die Partei geworben, zum Schluß auch das Parteiprogramm bekanntgegeben. Unter anderem der Punkt: Landgewinnung für den Bauern und Arbeiter. Zu diesem Zweck soll der Großgrundbesitz aufgeteilt werden. Es wurde also bekanntgegeben, daß das Stiftsgut aufgelöst würde und das Land in Parzellen von 40 bis Hektar abgegeben würde, der Hektar zu 170 Mark, zinsfrei, in 20 Jahren zahlbar. Das restliche Land soll gemeinsam bewirtschaftet werden und der Erlös zur Anschaffung von Vieh und Inventar für die Siedler verwandt werden. Es bliebe vielleicht ein kleines Restgut. Man war allgemein sehr angetan von den Rednern.« Vgl. auch: Neese 1992/2005, Bd. I, S. 307.
4  Vgl.: Strassenburg 2006, S. 103–106 und S. 156.
5  Zusammenfassend hierzu und im folgenden: Berndt/ Hagelschuer 2002, S. 26f.
6  In offiziellen Erklärungen hatte die Evangelische Kirche die Bodenreform sogar befürwortet. Vgl. dazu: Die Brandenburgische Landeskirche zur Bodenreform, in: Kirchliches Jahrbuch für die evangelische Kirche in Deutschland 72–75 (1945–1948), S. 133f. – Vgl. auch: Spix 1997, S. 41.
7  Vgl.: Strassenburg 2006, S. 150.
8  Berndt/Hagelschuer 2002, S. 27.

IX. 2    Bischof Dibelius und Oberin Friede von Hedemann

IX. 3    »Die Tür wird geöffnet«

### IX. 2
**Bischof Dibelius mit Oberin Friede von Hedemann**

1946
Fotografie
Heiligengrabe, Stiftung Diakonissenhaus Friedenshort

### IX. 3
**»Die Tür wird geöffnet«**

9. September 1946
Fotografie
Heiligengrabe, Stiftung Diakonissenhaus Friedenshort

Nach längeren Verhandlungen mit der Kirchenleitung von Berlin-Brandenburg erhielt die aus dem schlesischen Miechowitz vertriebene, 1866 von Eva von Tiele-Winckler gegründete Diakonissenschwesternschaft »Friedenshort« die Zusage, in die nach dem Abzug der russischen Truppen freigewordene Abtei einziehen zu dürfen.[1] Einzige Bedingung war, zurückkehrende Stiftsdamen aufzunehmen und zu versorgen. Schon im Frühjahr soll Bischof Dibelius den Schwestern auf ihre Anfrage hin geantwortet haben: »Heiligengrabe könnt ihr haben. Aber da sind die Russen drin. Betet die Russen raus!«[2] Ihr Flehen wurde erhört. Am 9. September 1946 öffnete sich die Tür. Die von der Kirchenleitung in Berlin zugesagten Abteigebäude wurden nun auch seitens der staatlichen Behörden offiziell dem »Friedenshort« übergeben. Bald darauf trafen die ersten Schwestern mit ihren Kinderfamilien in Heiligengrabe ein, darunter 23 Waisenkinder. Heiligengrabe wurde so zur neuen Heimat für den schon bald mehr als 200 Köpfe zählenden »Friedenshort«.[3] Nach und nach wurden die Gebäude instand gesetzt. Die ehemaligen Stiftsdamengärten dienten der Eigenversorgung. Im darauf folgenden Winterhalbjahr begann ein Kursus für Schülerinnen in diakonischer Ausbildung. Ein weiterer Kursus für sogenannte Haustöchter wurde eingerichtet. Aus ihm ging das 1952 eröffnete Seminar für Kleinkinddiakonie hervor, das junge Frauen in einer zweijährigen Ausbildung auf die Arbeit in evangelischen Kindergärten und Heimen vorbereiten sollte.[4]

1   Vgl.: STEINECK 1986, S. 143ff.
2   Mündliche Mitteilung Schwester Edith Wulff.
3   Heiligengrabe bildete das neue Mutterhaus des »Friedenshortes« in der sowjetischen Besatzungszone, nachdem Miechowitz aufgrund der politischen Verhältnisse aufgegeben werden musste. Der andere Teil der Schwesternschaft fand zunächst in Schloss Berleburg in Westfalen Aufnahme und gründete 1957 in Freudenberg ein zweites Mutterhaus.
4   Vgl.: STEINECK 1986, S. 149f.

IX. 4
**Brief Erna Steineck an Friede von Hedemann Berlin-Friedenau, 23. August 1946**

H 20 cm; B 27 cm
Heiligengrabe, Archiv Stiftung Diakonissenhaus Friedenshort

IX. 5
**Schlüssel zum Eingang in die Abtei (Schweitzer Tor)**

Um 1900
Eisen, geschmiedet
Heiligengrabe, Stiftung Diakonissenhaus Friedenshort

IX. 6
**Tasse**

Um 1920/30
Porzellan
Bez.: Marke Hutschenreuther, Selb
Heiligengrabe, Stiftung Diakonissenhaus Friedenshort

Anfang August 1946 räumten die Truppen der sowjetischen Armee die von Artilleriebeschuss und Kriegseinwirkungen stark beschädigten Stiftsgebäude.[1]

IX. 5+6
Schlüssel und Tasse der Diakonissenschwesternschaft »Friedenshort«

Noch bevor eine Entscheidung über die weitere Nutzung der Abtei gefallen war, besichtigten Oberin Friede von Hedemann und Schwester Erna Steineck am 17. April 1946 Heiligengrabe und befanden die friedlich zwischen Wiesen und Wäldern daliegende alte Klosteranlage als neue Bleibe für die aus dem oberschlesischen Mechtal vertriebene Diakonissenschwesternschaft »Friedenshort« für geeignet.[2] Schwierige Verhandlungen mit dem Bürgermeister von Heiligengrabe sowie der russischen Kommandantur in Berlin schlossen sich an, da das Stift und seine Güter der Kirche nicht wieder übergeben, sondern aufgesiedelt werden sollte.[3] Wie aus einem Brief der Schwester Erna Steineck an Oberin Friede von Hedemann vom 23. August 1946 hervorgeht, standen die Verhandlungen über die weitere Nutzung der Abteigebäude kurz vor der Entscheidung: »Ich wünschte, meine liebe Schwester Friede, ich könnte Dir zum Geburtstag die freudige Mitteilung machen, daß wir im Stift drin sind. Vielleicht kommt es noch. Wir haben den Schlüssel schon in der Hand, können aber noch nicht hinein.«[4] Als sich ihnen am 9. September die Tür öffnete, fanden sie eine von der russischen Armee völlig verwüstete Abtei vor. Das Wenige, das sie mitbrachten, mussten sie miteinander teilen. Nicht nur den Schlüssel, der ihnen die Tür zur neuen Bleibe öffnete, auch eine alte, gemeinsam genutzte Porzellantasse bewahrten sie zur Erinnerung an diese schwierige Zeit auf.[5]

1    Die Kosten der baulichen Instandsetzung der Gebäude wurden auf 60 000 Reichsmark geschätzt. Vgl.: EZA, 22/204: Schreiben vom 8. November 1946. – Neese 1992/2005, Bd. V, S. 249.
2    Vgl.: Steineck 1986, S. 143.
3    Vgl.: Protokoll der Verhandlung zwischen Stiftspropst Leutke und dem Bürgermeister von Heiligengrabe am 14. August 1946 über die Rückgabe der Stiftsgüter in Anwesenheit des gesamten Konvents, Schwester Erna Steineck (Friedenshort) und Vikarin von Werthern, Kat.-Nr. IX. 1.
4    Leihgabe der Stiftung Diakonissenhaus Friedenshort, Heiligengrabe.
5    Beides, Schlüssel und Tasse, wurden dem Museum als Leihgabe zur Verfügung gestellt. Besonderer Dank für die Vermittlung und umfassende Auskunft gilt Schwester Edith Wulff.

## IX. 7
## Kinderfamilie »Tannenzweige«

1960er Jahre
Fotografie
Heiligengrabe, Stiftung Diakonissenhaus Friedenshort

Im Dezember 1946 trafen die ersten »Kinderfamilien« in Heiligengrabe ein. Gegen Jahresende lebten in der Abtei bereits 28 Schwestern zusammen mit 43 Kindern, 12 Pflegebedürftigen und weiteren Mitarbeiterinnen.[1] Insgesamt waren es fast 90 Personen. Ihre Arbeit konzentrierte sich vor allem auf die Betreuung von Waisenkindern, die Pflege Behinderter und die Betreuung älterer Schwestern. Die Kinder, Mädchen und Jungen vom Säugling bis zum sechzehnjährigen Mädchen, lebten in größeren Gruppen, jeweils mit einer leitenden Schwester zusammen, die sie ihr »Mütterchen« nannten. Dieser zur Seite stand eine »Haustochter« der gleichfalls vom Friedenshort betriebenen Haushaltungsschule für angehende Erzieherinnen. Jede »Kinderfamilie« hatte einen eigenen Namen.

Doch den staatlichen Behörden war die christliche Erziehung der Kinder schon bald ein Dorn im Auge.[2] Mitte der 1950er Jahre erging der Beschluss, dass elternlose Kinder zukünftig nur noch in staatlichen Kinderheimen erzogen werden dürften. Trotz inzwischen gewachsener Bindungen mussten sich die Schwestern von vielen ihrer Kinder trennen. Jegliche Unterstützung seitens des Staates wurde dem »Friedenshort« verwehrt. Nur mit Hilfe von Freunden und Förderern konnten die Schwestern ihre Arbeit fortsetzen, denen von nun an nur noch erlaubt war, geistig behinderte Kinder und Jugendliche zu betreuen – ein offenbar mehr der Not geschuldetes Zugeständnis, da kirchliche Einrichtungen wie der »Friedenshort« für den Staat eine kostengünstige und darum willkommene Alternative zur sonst in der DDR üblichen, meist geschlossenen Unterbringung von geistig behinderten Kindern darstellten. In den folgenden Jahren baute der »Friedenshort« die Behindertenhilfe weiter aus.

1    Alle Angaben verdanke ich der Auskunft von Herrn Dr. Volker Bärthel, Leiter der Stiftung Diakonissenhaus Friedenshort/ Heiligengrabe, und Gesprächen mit Schwester Edith Wulff (Oberin a.D. des Diakonissenmutterhauses »Friedenshort« Heiligengrabe). – Siehe auch: Steineck 1986, S. 143–156.
2    Siehe hierzu eingehend: Hackenberger 1990, S. 253.

IX. 7    Kinderfamilie »Tannenzweige«

## IX. 8
### »Haustöchter«

1957
Fotografien
Privatbesitz

## IX. 9
### Programmheft zur Rüste vom 9. bis 13. Mai 1963 »Welche Ausrüstung brauchen wir für den Dienst an der Jugend«

1963
Kloster Stift zum Heiligengrabe

Bereits 1947 wurde durch die Diakonissenschwestern-schaft »Friedenshort« ein Haushaltsjahr für junge Frauen, die sogenannten »Haustöchter«, angeboten. Diese Ausbildung ging den ab 1952 bestehenden zwei-jährigen vordiakonischen Kursen voraus, an denen bis zu 28 junge Frauen pro Lehrgang teilnahmen. Darin wurden sie vor allem für die Arbeit in evangelischen Kindergärten und Kinderheimen, aber auch für die Jugendarbeit in den Kirchengemeinden ausgebildet. Bis 1973 absolvierten rund 120 Frauen das Seminar für Kleinkinddiakonie in Heiligengrabe.[1]

Das geistige Rüstzeug erhielten viele der angehen-den Diakoninnen von der Pfarrerin und Äbtissin des Klosters, Ingeborg-Maria von Werthern, die sie in Bibelkunde unterrichtete. Aber auch Kirchentage, Feste und jährliche Bibelwochen waren Anlass, dass viele Besucher – darunter zahlreiche Jugendliche – nach Heiligengrabe kamen. Das Klosterstift verstand sich in der Folge mehr und mehr als ein Ort der kirch-lichen Begegnung.

1    Vgl.: Steineck 1986, S. 150.

IX. 10 Paramentenwerkstatt im »Holzhaus«, 1950–1969

Webmeister Schöne-Brosi mit Lehrlingen, 1952/53

## IX. 10
### Stiftsdamen mit Äbtissin von Werthern vor der Paramentenwerkstatt

1954
Fotografie
V.l.n.r.: Gertrud v. Wulffen, Margarete Kohl, Margarete v. Witzleben, Gertrud v. Reisswitz, Vikarin v. Werthern, Jutta v. Stosch, Helene v. d. Planitz, Sibylle Dierke, Elfriede v. Abendroth
Kloster Stift zum Heiligengrabe

Der Aufbau einer Paramentenwerkstatt wurde von allen in Heiligengrabe verbliebenen Stiftsdamen nach Kräften unterstützt. (Vgl. Abb. S. 110) Aufgrund der langen Tradition, die die Frauenklöster seit dem Mittelalter mit der Textilarbeit verband, sahen die Stiftsdamen nach dem Krieg hierin eine neue Aufgabe.[1] In der überarbeiteten, im Oktober 1949 verabschiedeten Satzung des Stifts heißt es darum, dass zu seinen Zwecken von nun an auch die »Förderung der kirchlichen Kunst und anderer kirchlicher Aufgaben […], insbesondere die Unterhaltung einer Paramentenwerkstatt«, zähle.[2] Bereits 1947 wurde die ehemalige Handarbeits- und Kunstlehrerin der Stiftsschule, Helene von der Planitz, zur Leiterin der neuen Werkstatt berufen, die zu dem Zweck zusammen mit der Stiftsdame Renate von Werder für einige Zeit ins Kloster Marienberg bei Helmstedt delegiert wurde, um sich als Paramentikerin ausbilden zu lassen. Doch scheint sie zumindest eine leitende Funktion nicht

lange ausgeübt zu haben.[3] Ab 1950 erfuhr die Werkstatt durch Caritas Grote und Hildegard Schulze, die beide ein Studium für angewandte Kunst absolviert hatten, größere künstlerische Impulse. Die Werkstatt war seit 1950 im sogenannten »Holzhaus«, der Turnhalle der ehemaligen Stiftsschule, untergebracht, ab 1969 in einem Haus am Damenplatz. Die Werkstatt erhielt Aufträge aus Brandenburg und Mecklenburg wie auch aus Thüringen und Sachsen. Beratung und Unterstützung erfuhren die Mitarbeiter durch den Evangelischen Kunstdienst. Ab 1951 wurden auch Lehrlinge nach den Vorgaben der Marienberger Vereinigung für Paramentik ausgebildet.[4] Die Werkstatt für Evangelische Paramentik wurde damit zu einem festen Bestandteil der Stiftsarbeit.[5] Im Jahre 2000 wurde der Werkstattbetrieb eingestellt.

1 Zur Geschichte der Paramentenwerkstatt im Kloster Stift Heiligengrabe siehe ausführlich: HORNSCHEIDT 2003, bes. S. 32–60 und HORNSCHEIDT 2007.
2 Vgl.: StAH, Nr. 1327: Abschrift der Satzung vom 1. Oktober 1949.
3 Vgl. HORNSCHEIDT 2003, S. 34.
4 Eine eigens dafür erarbeitete Prüfungsordnung wurde allerdings erst 1955 erlassen. Vgl.: HORNSCHEIDT 2003, S. 42.
5 Vgl.: EZA, 22/74: Auszug aus einem Sitzungsbericht des Kuratoriums des Stifts v. 18. Nov. 1955 (Bericht Äbtissin von Werthern über die Arbeit des Stifts).

IX. 11
**Hildegard Schulze**
**Turmbau zu Babel**

Heiligengrabe, Werkstatt für Evangelische Paramentik, 1952
Leinen, Weißstickerei
H 62 cm; B 81 cm
Kloster Stift zum Heiligengrabe (Sammlung Kunstdienst der Evangelischen Kirche in Berlin)

Nach dem Krieg war es für die in Heiligengrabe verbliebenen Stiftsdamen nicht leicht, sich gegen die von außen kommenden Zweifel an der weiteren Existenz des Stifts zu behaupten. Auch seitens der kirchlichen Behörden sah man im Stift nur noch eine Art »kirchliches Altersheim«[1]. Daher versuchten sie, sich auf

möglichst alte Traditionen der Klöster zu besinnen. Eine davon war die Paramentstickerei.[2]

Die Weißstickerei zum Thema »Turmbau zu Babel« besticht durch ihre strenge Komposition bei gleichzeitiger Schlichtheit des Materials. Sie gehört zu einer Folge von drei 1952 entstandenen Stickereien (»Paradies«, »Arche Noah«, »Turmbau zu Babel«) nach Entwürfen von Hildegard Schulze. Vermutlich handelt es sich bei allen Tüchern um Corporalien. Das Corporale (lateinisch corpus, »Körper«, »Leib«) ist nach alter Tradition ein weißes Leinentuch, auf das bei der Feier des heiligen Abendmahls die Patene mit den geweihten Hostien und der Kelch gestellt werden.

Hildegard Schulze hatte ein Studium als Entwerferin absolviert. Sie arbeitete zunächst für die Para-

IX. 11   Weißstickerei »Turmbau zu Babel« (Detail)

mentenwerkstatt in Ludwigslust (Mecklenburg). Von 1951 bis 1957 war sie als Stickerin in der Paramentenwerkstatt in Heiligengrabe tätig. Von ihr stammen zahlreiche Entwürfe für Paramente, die in der Heiligengraber Werkstatt umgesetzt wurden. Dabei mögen die alttestamentlichen Themen um die Einhaltung der Gesetze Gottes auch vor dem Hintergrund des Wiederaufbaus von Heiligengrabe nach dem Krieg und des Ringens um das Fortbestehen des Stifts im übertragenen Sinne von Bedeutung gewesen sein.

1  Über diese den Damen zugedachte Rolle beklagt sich die Stiftsdame Hedwig von Saenger gegenüber der Äbtissin von Alvensleben in einem Brief vom 9. Juni 1948. Vgl.: Neese 1992/2005, Bd. I, S. 318.
2  Ausführlich dazu: Hornscheidt 2003; Hornscheidt 2007.

IX. 12    Stiftsdame Hedwig von Saenger

## IX. 12
### Stiftsdame Hedwig von Saenger

Pastellkreidezeichnung
um 1950
Kloster Stift zum Heiligengrabe
H 57 cm; B 50 cm

Im Konvent lebte die geistliche Tradition fort. Noch täglich wurde das Chorgebet gehalten. Zu festlichen Anlässen trugen die Stiftsdamen auch weiterhin ihre alte Tracht, an der besonders charakteristisch die weiße Rüschenhaube mit Schleier war.[1]

Die um 1950 entstandene Pastellkreidezeichnung zeigt Hedwig von Saenger. Sie gehörte zu den ersten Lehrerinnen der Stiftsschule, die ein Universitätsstudium absolviert hatten. 1924 kam sie mit Schwerpunkt auf den Fächern Deutsch und Geschichte nach Heiligengrabe. Die Schülerinnen verehrten sie sehr. Wegen fehlender »innere[r] Einstellung zum nationalsozialistischen Staate«[2] wurde ihr jedoch 1934 die Unterrichtserlaubnis entzogen mit der Folge, dass der Abiturkurs des Stifts aufgelöst werden musste.[3] Von 1948 bis 1952 vertrat sie das Amt der Äbtissin anstelle Armgards von Alvensleben.[4] In dieser Funktion setzte sie sich energisch für die weitere Existenz des Stifts und die Rückgabe seiner Besitzungen ein. Hedwig von Saenger starb 1955 und wurde auf dem Stiftsfriedhof beigesetzt.

1  Vgl.: EZA, 22/74: Schreiben Vizepräsident Söhngen vom 7.10.1955 an Wolfgang Richter.
2  Zitiert nach Jakoby 2000, S. 93.
3  Sie unterrichtete daraufhin eine extra eingerichtete Privatklasse, die »Selekta«, die nicht der Schulaufsicht unterstand. Vgl. Neese 1992/2005, Bd. II, S. 445.
4  Vgl.: EZA, 22/124: Schreiben v. 5.3.1948, möchte jedoch als »Vertreterin des Konvents« bezeichnet werden.

## IX. 13
### Helene Elisabeth von der Planitz
### Blick auf Abtei und Stiftskirche

1948
Aquarellierte Zeichnung
Bez.: auf der Rückseite »Heiligengrabe, 1948 gemalt von der Kunstlehrerin Helene v. d. Planitz für Brigitte Andersen, geb. v. Debschitz«
H 24 cm; B 30,5 cm
Kloster Stift zum Heiligengrabe

Helene von der Planitz, von den Schülerinnen auch liebevoll »die Palme« genannt, unterrichtete seit 1931 Kunstgeschichte, Malen und Handarbeit an der Stiftsschule. übernahm aber auch das Orgelspiel in der Stiftskirche während der Gottesdienste.[1] Ihr Unterricht war sehr beliebt. Nach dem Krieg blieb sie in Heiligengrabe und lebte zusammen mit Ingeborg-Maria von Werthern im Pfarrhaus. 1948 wurde sie erste Leiterin der neu eingerichteten Werkstatt für Evangelische Paramentik. Sie war eine der letzten Stiftsdamen »alter Schule« vor der Wiederbelebung des Konvents 1996.[2]

Das Aquarell mit Blick auf Abtei und Stiftskirche aus Richtung Heiliggrabkapelle widmete Helene von der Planitz 1948 Brigitte von Debschitz, Stiftsschülerin von 1940 bis 1944, die nach dem Zusammenbruch und der Flucht 1945 den »Hilfsbund ehemaliger Heiligengraberinnen« mit aufbauen half. Die aus dem »Bund Alter Heiligengraberinnen« hervorgegangene Organisation war 1952 mit dem Ziel gegründet worden, sowohl notleidende ehemalige Stiftsschülerinnen zu unterstützen als auch die Verbindung nach dem Osten aufrecht zu halten.[3] Wohl aus diesem Grund schenkte Helene von der Planitz ihr das 1948 entstandene Aquarell, aber auch zur Erinnerung an einen Ort, mit dem sich viele, die die Hilfsbundarbeit unterstützten, verbunden fühlten.

1  Vgl.: Neese 1992/2005, Bd. II, S. 535.
2  Vgl.: Neese 1992/2005, Bd. I, S. 361f.
3  Sie nannte sich daher auch kurz »Hilfsbund Westen«. Vgl.: Neese 1992/2005, Bd. I, S. 371 und Neese 1992/2005, Bd. VI, S. 38ff.; siehe dazu auch: Joest 2002.

IX. 13   Blick auf Abtei und Stiftskirche

## IX. 14
**Elisabeth von Kleist**
**Ingeborg-Maria Freiin von Werthern,**
**Äbtissin 1952–95, Pastorin 1940–76**

1992
Bez.: u.r. »E.v. Kleist 1992«, auf der Rückseite »Äbtissin seit 26.10.1952«
H 108 cm; B 80 cm
Öl auf Leinwand
Kloster Stift zum Heiligengrabe

Das von der ehemaligen Stiftsschülerin Elisabeth von Kleist stammende Gemälde zeigt Äbtissin Ingeborg-Maria Freiin von Werthern. Anders als ihre Vorgängerinnen ist sie als Pfarrerin des Ortes im schwarzen Talar dargestellt, geschmückt lediglich mit dem Äbtissinnenkreuz. Zum Zeichen der Äbtissinnenwürde hält sie in der Rechten den Äbtissinnenstab.[1]

Ingeborg-Maria von Werthern wurde am 27. Januar 1913 als Tochter eines preußischen Offiziers in Potsdam geboren.1933 begann sie ein Studium der Theologie. Ihr Lehrvikariat absolvierte sie in der Potsdamer Garnisonkirche. 1940 wurde Ingeborg-Maria von Werthern als Vikarin nach Heiligengrabe berufen.[2] Zugleich erteilte sie den Stiftsschülerinnen Konfirmandenunterricht. Gegen Ende des Krieges entschied sie sich bewusst gegen die Flucht. Sie blieb bei »ihren Pfarrkindern«. Gemeinsam mit den in Heiligengrabe verbliebenen Stiftsdamen versuchte sie die kirchliche Gemeinde wiederzubeleben. Sie wohnte im Pfarrhaus von Techow, in das sie auch eine aus ihrem Haus vertriebene Stiftsdame aufnahm. Als 1946 die aus dem schlesischen Miechowitz geflüchteten Schwestern des »Friedenshort« in Heiligengrabe eintrafen, griff sie vermittelnd in die Verhandlungen mit den Behörden ein. Sie befürwortete den Einzug der Diakonissenschwesternschaft in die Abtei, da sie in deren Arbeit die einzige Chance sah, ein Leben und Arbeiten im christlichen Sinne an diesem Ort fortzuführen. Um Heiligengrabe als Institution der Kirche zu erhalten, trug ihr Bischof Dibelius schließlich die Äbtissinnenwürde an. Sie stimmte unter der Bedingung zu, dass sie weiterhin ihr Pfarramt ausüben dürfe. Die inzwischen in Westdeutschland lebende Äbtissin Armgard von Alvensleben trat 1952 von ihrem Amt zurück.[3] Am 26. Oktober 1952 wurde Ingeborg-Maria von Werthern von Bischof Dibelius in das Amt der Äbtissin eingeführt.

Dafür, dass sie sich in politisch schwierigen Zeiten nicht scheute, für ihren Glauben und ihre Überzeugungen einzutreten, wurde sie von vielen hochgeschätzt.[4] Nicht zuletzt durch ihre unbeirrbare Haltung hat das Stift seine Selbständigkeit wahren können. Bezeichnend für die schwierige Situation – die letzte Stiftsdame verstarb 1986 – wurde ihr vielzitierter Ausspruch »Das Stift bin ich.« Noch zu Lebzeiten regte sie eine Wiederbelebung des Konvents an. Für ihr Lebenswerk wurde ihr 1993 das Bundesverdienstkreuz verliehen. Ingeborg-Maria von Werthern starb am 14. März 1996. Sie wurde auf dem Stiftsfriedhof beigesetzt.

1   Anlässlich ihrer Einführung als Äbtissin 1952 wurde der im Krieg stark beschädigte Stab aus den erhaltenen Teilen neu zusammengesetzt. Vgl.: Kat.-Nr. VII.7.
2   Vgl.: GEIGER 2002. Die Bezeichnung »Vikarin« behielt sie im Dorf auch bei, noch lange nachdem sie# offiziell Pfarrerin war.
3   Vgl.: EZA, 22/17: Protokoll der Kuratoriumssitzung vom 5. März 1952. Armgard von Alvensleben wurde bis 1948 durch die Stiftsdame Marianne Stieler von Heydekampf vertreten. Von 1948 bis 1952 war Hedwig von Saenger stellvertretende Äbtissin. Vgl.: NEESE 1992/2005, Bd. IV, S. 439.
4   Vgl.: BRANSCH 1997.

## IX. 15
**»Frauen«**
**Maria Heiderscheidt im Gespräch mit Äbtissin**
**Ingeborg-Maria Freiin von Werthern**

Film des Senders Freies Berlin vom 16. August 1982
43'20" Minuten

Das kurze filmische Porträt lässt Ingeborg-Maria von Werthern aus ihrem Leben als Pfarrerin des Ortes und Äbtissin des Klosters Stift zum Heiligengrabe zur Zeit der DDR berichten. Die inzwischen 79jährige spricht darin aber auch über politische Umbrüche, denen sie ausgesetzt war, und davon, dass es ihr Glaube war, der ihr den richtigen Weg gewiesen habe. Die Zukunft Heiligengrabes sieht sie in einem Kultur- und Kommunikationszentrum.

IX. 14    Ingeborg-Maria Freiin von Werthern

| 1. Nummer | 2. Fundort | 3. Zeichnung | 4. Gegenstand dessen Art, Form, Ornament und Erhaltungs-Zustand | 5. Maße | 6. Material u. Far[be] |
|---|---|---|---|---|---|
| Laufende No. 4414. Akten-No. Inventar-No. Frühere No. | Ort: Preddöhl- Kreis: Ostprignitz Regierungsbezirk: Land: | | Beil aus gelblich weißem Feuerstein mit leicht gewölbter Oberfläche, rundlicher Schneide und rechteckigem Bahnende. | Hhe. 4,7 Lge.: 10 gr. Br.: 4,8 kl. Br.: 2,6 o. Dm. m. Dm. u. Dm. gr. Uf. | Gestein: (Flint: † Metall: Ton: Glas: Org. Subst.: |
| Laufende No. 4415. Akten-No. Inventar-No. Frühere No. | Ort: " Kreis: " Regierungsbezirk: Land: | | Flaches Beil aus geflecktem, grauen Feuerstein, Schneide leicht rundlich, Bahnende rechteckig. | Hhe. 1 Lge.: 9,2 gr. Br.: 4,5 kl. Br.: 2 o. Dm. m. Dm. u. Dm. gr. Uf. | Gestein: (Flint: ✗ Metall: Ton: Glas: Org. Subst.: |
| Laufende No. 4416. Akten-No. Inventar-No. Frühere No. | Ort: Kreis: " Regierungsbezirk: Land: | Mittenwalde | Beil aus dunkelgrauem Feldstein mit von beiden Seiten angefangener Querdurchbohrung. | Hhe.: 3,6 Lge.: 20 gr. Br.: 6,5 kl. Br.: 3,5 o. Dm. m. Dm. u. Dm. gr. Uf. | Gestein: (Flint: Metall: Ton: Glas: Org. Subst.: |
| Laufende No. 4417. Akten-No. 16.31. Inventar-No. 16.16.31. Frühere No. | Ort: Eggersdorf Kreis: " Regierungsbezirk: Land: | | Eine rötlich gelbe, tönend hart gebrannte Scherbe mit Besenstrich verzierung. | Hhe.: Lge.: gr. Br.: kl. Br.: o. Dm. m. Dm. u. Dm. gr. Uf. | Gestein: (Flint: Metall: Ton: ✗ Glas: Org. Subst.: |
| Laufende No. 4418. Akten-No. " Inventar-No. " Frühere No. | Ort: " Kreis: " Regierungsbezirk: Land: | | Eine ebensolche Scherbe mit wagerechten und senkrechten Rillen. | Hhe. Lge.: gr. Br.: kl. Br.: o. Dm. m. Dm. u. Dm. gr. Uf. | Gestein: (Flint: Metall: Ton: ✗ Glas: Org. Subst.: |
| Laufende No. 4419. Akten-No. " Inventar-No. " Frühere No. | Ort: " Kreis: " Regierungsbezirk: Land: | | Zahlreiche Scherben von der gleichen Beschaffenheit, mit senkrechtem und wagerechtem Strichmuster verziert. | Hhe.: Lge.: gr. Br.: kl. Br.: o. Dm. m. Dm. u. Dm. gr. Uf. | Gestein: (Flint: Metall: Ton: ✗ Glas: Org. Subst.: |
| Laufende No. 4420. Akten-No. " Inventar-No. " Frühere No. | Ort: " Kreis: " Regierungsbezirk: Land: | | " | Hhe.: Lge.: gr. Br.: kl. Br.: o. Dm. m. Dm. u. Dm. | Gestein: (Flint: Metall: Ton: Glas: Org. Subst.: |

# Mehr als ein Heimatmuseum.
# Spuren einer verlorenen Sammlung

Im 19. Jahrhundert entstanden in der Provinz Brandenburg zahlreiche Museen. Diese Entwicklung resultierte aus einer starken Heimatverbundenheit der Bevölkerung, dem Wunsch nach Identifizierung mit einer Landschaft und ihrer Geschichte, aber auch aus der nationalen Gesinnung, die im Zuge von Industrialisierung und der 1871 erfolgten Reichseinigung an Bedeutung gewonnen hatte. Vor allem Heimatmuseen und Heimatvereine, die oft zunächst aus privaten Sammlungen hervorgingen, waren geeignete Institutionen, um diesem Interesse am Nationalen Ausdruck zu verleihen.

Auf Anregung des Malers und Prähistorikers Paul Quente gründete – ganz in diesem Geiste – Äbtissin Adolphine von Rohr 1909 in Heiligengrabe ein Heimatmuseum. Den Anfang bildete eine Ausstellung mit steinzeitlichen Werkzeugen, die Quente auf Rügen gefunden hatte. 1913 umfasste das Museum bereits achtzehn Räume im Südflügel der Klausur. Prähistorische Funde der Region bildeten den Grundstock der Sammlung. Später hinzugekommene Grabnachbauten und Modelle suchten die Lebensweise der Menschen früherer Zeiten zu veranschaulichen. Beim Aufbau der naturkundlichen und kulturgeschichtlichen Sammlung wurde großer Wert vor allem auf den regionalen Bezug gelegt.

Das Interesse der Bevölkerung am Museum war lebhaft. Eifrig trug sie zum Anwachsen der Sammlung bei. Besonders stark identifizierte man sich mit den Bodenfunden. Beinah jede Woche wurde dem Museum ein neuer Fund gemeldet, dem man seitens der Leitung mit großem Ernst nachging. Das Museum sollte den Prignitzern eine Art »Volkshochschule« sein, die ihnen ihre historischen Wurzeln vor Augen führte. Im Museum sollte die Heimat anschaulich und für jeden zu fassen sein.

Begleitet wurde die Museumsarbeit von Grabungen auf höchstem fachwissenschaftlichem Niveau. Zu den Mitgliedern des 1913 noch unter seinem Leiter Paul Quente gegründeten »Heimat- und Museumsvereins« zählten namhafte Prähistoriker aus dem In- und Ausland. In den ab 1913 halbjährlich erschienenen »Mitteilungen« des Vereins berichtete man kulturhistorisch Wissenswertes, schrieb vor allem aber über neueste Grabungsergebnisse, Funde und Neuerwerbungen des Museums. Heiligengrabe wurde so in den 1920er Jahren zu einem Mittelpunkt prähistorischer Forschung in der Mark Brandenburg, deren Ergebnisse 1929 in dem von Walther Matthes herausgegeben Band »Urgeschichte der Ostprignitz« publiziert wurden.

Der Versuch der späteren Leiterin des Museums Annemarie von Auerswald, die Ur- und Frühgeschichte in den 1930er Jahren zu popularisieren und sie in den Dienst der Ideologie des Dritten Reichs und des Germanenkults zu stellen, überschattete jedoch die verdienstvollen Leistungen der frühen Jahre des Museums. Mehr und mehr kam es zu einer Loslösung des Museums vom Stift, das dessen Entwicklung zunehmend mit Sorge betrachtete. Bei der Besetzung der Abtei durch die Rote Armee im Frühjahr 1945 wurde das Museum geplündert. Seine Sammlung erfuhr dadurch schwere Verluste. Aufgrund der Entwicklung, die das Museum nach 1933 genommen hatte, entschied man sich jedoch gegen seinen Wiederaufbau. 1947 wurde es endgültig aufgelöst. Die Reste der Sammlung wurden auf die Museen der Prignitz verteilt. 2002 gelangten einige Objekte der wertvollen prähistorischen Sammlung an das Archäologische Landesmuseum Brandenburg. Jüngste Bestrebungen gelten einer Wiederzusammenführung der erhaltenen frühgeschichtlichen Funde und ihrer wissenschaftlichen Aufarbeitung.

Lit.: Rohr 1915. – Nachruf 1924. – Roth 1990. – Neese 1992/2005, Bd. II, S. 510f. – Dost 2002. – Oelker 2003.

X. 1
**Max Zeisig**
**Innenansichten des Heiligengraber Museums**
**im Südflügel der Klausur:**
**1. Vitrinenschrank mit Grabungsfunden aus**
**Dahlhausen, Kuhbier und Kyritz im Archivturm**
**2. Bauernstube**

Um 1920
Fotoabzüge nach den Glasnegativplatten von Max Zeisig
Perleberg, Museum, Max-Zeisig-Archiv, II/33 und II/34

Paul Quente, Mitbegründer und Leiter des Museums bis 1914, bot 1907 der Äbtissin des Klosters Heiligengrabe, Adolphine von Rohr, eine Sammlung frühgeschichtlicher Funde an, um sie als Lehrmittel für die Schule zu verwenden. Sie erkannte den Wert der Sammlung und beabsichtigte, sie einer größeren

Öffentlichkeit zugänglich zu machen. 1909 wurde der erste Raum des Museums eingerichtet.[1] 1910 erklärte sich das Kuratorium mit der Übernahme der Sammlung in den Stiftsbesitz einverstanden und stellte zu dessen Unterhalt einen jährlichen Etat von 300 Mark zur Verfügung.[2]

Das Museum erstreckte sich über drei Etagen im sogenannten Archivturm und den angrenzenden südlichen Kreuzgangflügel. Dies ermöglichte eine zeitliche Strukturierung der Sammlung von der »Steinzeit« über die »Bronzezeit« und »späte Kaiserzeit« bis hin zu den »kulturgeschichtlichen Räumen«, in denen kirchliche und volkstümliche Kunst der Region sowie die naturkundlichen und geologischen Sammlungen ausgestellt waren.[3]

Schon bei der Gründung des Heimatmuseums verwendete man Vitrinenschränke zur Präsentation

X. 1
Vitrinenschrank mit Grabungsfunden aus Dahlhausen, Kuhbier und Kyritz

*Mehr als ein Heimatmuseum*

der ur- und frühgeschichtlichen Grabungsfunde. Die Sammlung wuchs rasch. Ihre Unterbringung war daher ein beständiges Problem. Schon bald nach der Gründung des Museums heißt es: »Einen großen Schrank schenkte uns seine Majestät der Kaiser.«[4] In ihm waren die Funde aus Dahlhausen ausgestellt, der ersten Grabung Paul Quentes 1910.[5] Später ging man von der alten Präsentationsweise ab und suchte durch Modelle und freie Arrangements der Objekte die ursprünglichen Gebrauchszusammenhänge zu rekonstruieren. Eines der Glanzlichter der Sammlung stellte ab 1931 die Nachbildung des Königsgrabes von Seddin dar.

Das Museum Perleberg ist noch heute im Besitz zahlreicher Glasnegativplatten von Fotoaufnahmen Max Zeisigs, die unter anderem die frühe Einrichtung des Heiligengraber Museums festhalten.[6] Sie vermitteln nicht nur eindrucksvoll eine Vorstellung von der damaligen Präsentation der frühgeschichtlichen Funde und der kulturgeschichtlichen Sammlung. Ebenso zeugen sie von der einst sehr stimmungsvollen Atmosphäre der Räume.

Der Perleberger Fotograf Max Zeisig war seit 1907 Mitglied der Gesellschaft für Heimatkunde der Provinz Brandenburg. Seine Fotografien sind von höchster technischer und künstlerischer Qualität. Seine Aufnahmen der brandenburgischen Landschaft, ihrer Bewohner und ihrer Kunstdenkmäler zählen heute zu den wertvollsten Bildzeugnissen der Regionalgeschichte.

1  Vgl.: Rohr 1915, S. 6.
2  Vgl.: EZA, 22/236: Schreiben des Kuratoriums des Klosters zum Heiligengrabe betr. das Museum vom November 1910.
3  Vgl.: Auerswald 1934, S. 189f. Zu Struktur und Umfang der Sammlung siehe auch: StAH, Nr. 1310: Inventaraufstellung vom Dezember 1934.
4  Vgl.: Schreiben Äbtissin von Rohr an das Kuratorium des Stifts v. November 1910 (EZA, 22/236, fol. 1).
5  Vgl.: Quente 1912, S. 14.
6  Neben drei Porträtfotos der Äbtissin Adolphine von Rohr (Inv.-Nr. II/25) und Ansichten von der Abtei und vom Damenplatz (Inv.-Nr. II/27) befinden sich darunter auch die heute einzig noch erhaltenen Aufnahmen vom Hungertuch (Kat.-Nr. I.4) und von verschiedenen Gegenständen kirchlicher Kunst: Skulpturen Anna selbdritt (Kat.-Nr. I.7) und Kruzifix (Inv.-Nr. II/36); vier Innenansichten des Heiligengraber Museums: Vogelherbarium aus der naturwissenschaftlichen Sammlung (Inv.-Nr. II/32); Vitrinenschrank mit Grabungsfunden (Inv.-Nr. II/33); Bauernstube (Inv.-Nr. II/34); Biedermeierzimmer (Inv.-Nr. II/35). Vgl. auch: Mitteilungen, 9. Jg., 1926, Heft 1/2.

X. 2   Adolphine von Rohr

X. 2

### Hans Hermann Weyl
### Adolphine von Rohr, Äbtissin 1899–1923

1902
Bleistiftzeichnung mit Pastellkreide
Bez.: u. l. »Hans Weyl 1902«
H 61 cm; B 44 cm (im originalen Rahmen)
Kloster Stift zum Heiligengrabe, V 579 K1/3, Reg. 619

Mit der Gründung eines Heimatmuseums 1909 setzte Äbtissin Adolphine von Rohr einen neuen Akzent in der Arbeit des Damenstifts. Zeitlebens lagen ihr die Erforschung der Ursprünge von Mensch und Natur am Herzen. Sie war überzeugt davon, dass der Mensch sich nur im Einklang mit der Natur entfalten könne. Dies suchte sie auch in eigenen, sehr schwärmerischen Gedichten zum Ausdruck zu bringen.[1] Als Mitglied der Fichte-Gesellschaft trug sie deren weltanschauliche, das deutsche Volkstum verherrlichenden Ideen auch unter die Mitglieder des Museumsvereins. Voller Anerkennung für ihr Lebenswerk heißt es im Nachruf auf die Gründerin des Museums: »Ihr war unser Heimatmuseum keine tote Sammlung geschichtlicher oder vorgeschichtlicher Denkwürdigkeiten. Ihr war es Sprache. In ihm sollte der Heimat anschaulich und für den einfachsten zu fassen, ein Bild der eigenen Art gegeben werden, an dem er Vorbild, Zuversicht und Kraft gewinnen konnte auch in den dunklen Zeiten der Gegenwart. Eine Volkshochschule war es ihr, aus lebendigen Zusammenhängen erstanden und wieder mitten hinein in das Leben führend. […] So wußte die Äbtissin das Museum lebendig zu erhalten, nicht nur in seiner wissenschaftlichen Bedeutung durch Heranziehung tüchtiger Hilfskräfte, sondern auch in seiner Auswirkung.«[2] Diesem Geiste fühlten sich auch die Mitarbeiter, allen voran die Leitung in der Person Annemaries von Auerswald, verpflichtet.

Die vom Format her fast intime Zeichnung des Darmstädter Porträtmalers Hans Weyl, die vermutlich während seines Aufenthalts auf dem Gut der Gans zu Putlitz in Groß Pankow im Sommer 1902 entstand[3], zeigt Adolphine von Rohr in Dreiviertelansicht und Halbprofil, die Hände auf eine Stuhllehne gestützt. Ihrer hoheitsvollen Erscheinung korrespondieren die feinen, weichen Gesichtszüge ebenso wie der sinnende, in die Ferne gerichtete Blick. Dargestellt ist sie im Ornat für sogenannte »kleine Gesellschaften«, mit hoch geschlossenem Kleid, schwarzem Schleier und Bruststern. Die Zeichnung stammt aus dem Nachlass der Sekretärin der Äbtissin und späteren Museumsleiterin Annemarie von Auerswald.[4]

1   Rohr 1924.
2   Nachruf 1924, S. 5. Anlässlich ihres Todes am 18. Oktober 1924 gab der Verein in der Reihe seiner Mitteilungen ein eigens ihr gewidmetes Erinnerungsheft heraus. Der anonym veröffentlichte Nachruf stammt sehr wahrscheinlich von der Stiftsdame und späteren Museumsleiterin Annemarie von Auerswald, die sich der Äbtissin zeitlebens geistig eng verbunden fühlte.
3   Vgl. Anm. 1 zu Kat.-Nr. VII. 5.
4   Vgl.: StAH, Nr. 1309–1311: Testament der Annemarie von Auerswald, Wittstock/Amtsgericht vom 9. Februar 1941. Danach sollte »die große Zeichnung, die Frau Äbtissin von Rohr darstellt, und in meinem Arbeitszimmer hängt […] der Abtei übergeben werden.« 1947 gelangte die Zeichnung durch ihre Nachlassverwalterin Jutta von Stosch an das Stift.

X. 3   Mitteilungen des Vereins zur Förderung der Heimatforschung und des Heimatmuseums…, Nr. 5 (1914)

X. 3

**Mitteilungen des Vereins zur Förderung der Heimatforschung und des Heimatmuseums für die Prignitz in Heiligengrabe**

1914
H 25 cm; B 17 cm
Kloster Stift zum Heiligengrabe

Paul Quente gründete 1913 den »Heimat- und Museumsverein Heiligengrabe«, der bereits ein Jahr darauf mehr als 800 Mitglieder zählte.[1] Diese kamen aus allen Schichten der Bevölkerung. Zu ihnen zählten so namhafte Prähistoriker wie Wolfgang la Baume, Hans Gummel, Jörg Lechler, Alfred Tode und Rafael Uslar.

Der Verein gab im Eigenverlag von 1913 bis 1939/40 insgesamt 38 Hefte der »Mitteilungen«[2] (1908–38) heraus, die Darstellungen zur regionalen Geschichte,

Neuerwerbungen, Berichte über den Sammlungs-
bestand und Ausgrabungen des Museums enthalten.
Das Titelblatt zeigt eine Landschaftsskizze von Paul
Quente, dem Gründer des Vereins, den es nach einem
anfänglichen Studium der Malerei in die Archäologie
verschlagen hatte. Illustriert wurden die Beiträge mit
eigens dafür hergestellten Druckstöcken, um die Formen
und Verzierungen der frühgeschichtlichen Funde
wiederzugeben. Die Mitteilungshefte stellen heute
eine wichtige Quelle sowohl für die Erforschung der
Geschichte des Museums als auch zur Rekonstruktion
der heute weit zerstreuten Sammlung dar.

1    Dost 2002, S. 36.
2    Ab dem 2. Jahrgang unter dem Titel »Mitteilungen des Heimat-
     und Museumsvereins in Heiligengrabe« erschienen.

## X. 4
## Walther Matthes
## Urgeschichte des Kreises Ostprignitz

Leipzig, 1929
H 28 cm; B 20 cm
Kloster Stift zum Heiligengrabe

Die Ostprignitz nahm vor und nach dem Ersten Weltkrieg in der Mark Brandenburg auf dem Gebiet der
wissenschaftlichen Heimatforschung eine führende
Stellung ein. Den Auftakt einer Reihe bedeutender
Publikationen zur Architekturdokumentation machten
die 1907 erschienenen »Kunstdenkmäler des Kreises
Ostprignitz«. Ziel aller dieser Untersuchungen war es,
den Charakter einer Landschaft und ihrer Bewohner
mit den Mitteln der Wissenschaft zu dokumentieren.
Daran nahmen auch die Menschen der Region lebhaft
Anteil. Das Heimatmuseum arbeitete eng zusammen
mit dem Institut für germanische Vor- und Frühgeschichte der Universität Berlin, denn die Prignitz mit
ihrem Fundreichtum bot optimale Voraussetzungen
für exaktes wissenschaftliches Arbeiten. Von 1925 bis
1929 wurde Walther Matthes mit der archäologischen
Landesaufnahme, der ersten in der Mark, beauftragt. Sie erfolgte in enger Zusammenarbeit mit dem
Museumsverein Heiligengrabe, begleitet von einem
aus Vertretern der Kommune gebildeten Ausschuss.

Das Stift fungierte dabei als »Basislager« der gesamten
Unternehmung, die durch die kundige Zuarbeit der
Stiftsdame und Museumsleiterin Annemarie von
Auerswald unterstützt wurde.[1] Die Ergebnisse wurden
1929 in dem von Walther Matthes herausgegeben Band
»Urgeschichte des Kreises Ostprignitz« publiziert.

1    Vgl.: Lechler 1929, S. V–VII.

## X. 5
## Xenusion auerswaldae Pompeckii

Präkambrium
Gipsabguss
Fundort Sewekow, um 1920
H 2,5 cm; B 14 cm; T 11,5 cm;
Kloster Stift zum Heiligengrabe

Annemarie von Auerswald, seit 1923 Leiterin des
Heiligengraber Heimatmuseums, erwarb sich im
Laufe ihrer Museumsarbeit umfangreiche Kenntnisse
über die regionale Ur- und Frühgeschichte.[1] Nach
ihr wurde eine um 1920 entdeckte Versteinerung,

X. 5    Xenusion auerswaldae Pompeckii

das Xenusion auerswaldae Pompeckii, benannt, ein Abdruck eines bis dahin noch unbekannten ca. 600 Millionen Jahre alten Lebewesens aus dem Präkambrium.

Der fossile Fund, den in Wirklichkeit der Prignitzer Fritz Knuth beim Umgraben seines Gartens in Sewekow machte und ihn zusammen mit anderen Fundstücken dem Heimatmuseum in Heiligengrabe übergab[2], wurde durch Annemarie von Auerswald als Besonderheit erkannt. Sie vermittelte das Gesteinsstück an den Berliner Paläontologen Josef Felix Pompeckj. Dieser deutete den Abdruck im braunvioletten Geschiebe aus weiß gebändertem, quarzitischen Sandstein als versteinerten Organismus eines relativ hochentwickelten Landlebewesens aus dem Algonkium (Proterozoikum).[3] Das etwa 9 cm lange, wurmähnliche Tier mit segmentiertem Körper erregte schon damals großes Aufsehen in der Fachwelt. Nach wie vor gilt der Abdruck als eines der frühesten Zeugnisse bislang bekannter Gliedertiere. Heute interpretiert man ihn als Abdruck eines Stummelfüßers (Onychophora) aus dem Unterkambrium.

Das Gesteinsstück wurde 1925 dem Geologischen Institut der Universität Berlin überlassen. Im Gegenzug erhielt das Heimatmuseum eine geologische Lehrsammlung zur Darstellung der erdgeschichtlichen Entwicklung der Mark.[4] Das Original des Xenusion auerswaldae befindet sich heute im Museum für Naturkunde in Berlin. Im Jahre 2000 erhielt Heiligengrabe einen Abguss des Originals.

1 Von 1924 bis 1926 war sie als freiwillige wissenschaftliche Mitarbeiterin am Staatlichen Museum für Vor- und Frühgeschichte in Berlin angestellt. Vgl.: JUNKER/WIEDER 2004/05, S. 551.
2 Zur Richtigstellung der Fundumstände siehe: KERNCHEN/ GUTHKE 1966. – OELKER 2003.
3 Vgl.: POMPECKJ 1927. – POMPECKJ 1928.
4 Vgl.: AUERSWALD 1926, S. 47. – QUENSTEDT 1927.

## X.6
## Broschüre »Das Heimatfest in Heiligengrabe am 10. Scheiding 1933«

Kloster Stift zum Heiligengrabe

Als Leiterin des Heimatmuseums war Annemarie von Auerswald federführend an den Vorbereitungen eines Heimatfestes beteiligt, das am 10. »Scheiding« (alte Bezeichnung für September) 1933 in Heiligengrabe stattfand.[1] Veranstalter des Festes war die Kreisleitung der NSDAP. Den Mittelpunkt der Feierlichkeiten bildete ein Germanenzug, an dem Jungen und Mädchen des Dorfes, darunter auch Stiftsschülerinnen, beteiligt waren. Die Ausstattung mit Kostümen und Repliken vorzeitlicher Funde erfolgte durch das Heimatmuseum. Eine aufwendig gedruckte Broschüre mit Großaufnahmen des Umzugs diente künftiger Propaganda.[2]

Für die Inszenierung des kultischen Zuges, die in den Händen der Museumsleitung lag, gab es Vorbilder. Schon unter Äbtissin Adolphine von Rohr, die Mitglied der Berliner Fichte-Gesellschaft war und deren Ideen in den Museumsverein hineingetragen hatte[3], fanden ähnliche, das deutsche Volkstum verherrlichende Spiele in Heiligengrabe statt. Annemarie von Auerswald wohnte ihnen damals bei. In ihrem Nachruf auf die von ihr so hochgeschätzte Äbtissin beschreibt sie rückblickend »[…] jenen unvergeßlichen Sommerabend auf dem Wiesenplan, als das ganze Dorf bei Mondglanz und aufsteigendem Nebel versammelt war, und den deutschen Liedern lauschte, die die [Fichte-, S.R.] Hochschüler sangen, und die alten deutschen Tänze mit ihnen tanzten.«[4] Hier wurde offenbar lebendig, was in den Augen der Äbtissin Sinn und Zweck auch des Museums war: Erweckung der Liebe zum eigenen Volk, eine Liebe, die jedoch nur aus dem Wissen um die Wurzeln seiner Herkunft erwachsen könne: »Germanentum, Germanenart in Hochsinn vor den Menschen, in Demut vor Gott – das war das, was sie für ihr Volk wünschte. Daß diese Germanenart so lebendig, so stark, so rein in den Museumsfunden zu erkennen war, das bewegte ihr Herz. […] Ihr war es immer, als müsse aus solchen Gedanken eine tiefere, reinere Heimatliebe und damit Vaterlandsliebe erwachsen.«[5]

Aus heutiger Sicht stellen sich diese Gedanken und Aktivitäten vor allem als geistige Mobilmachung

X. 6    »Das Heimatfest in Heiligengrabe am 10. Scheiding 1933«

## X. 7
### Annemarie von Auerswald
### Sonnwill. Eine Erzählung aus der Germanenzeit.

Dresden, 1938
Bez.: Widmung »An Roselotte Gehrecke mit herzlichem Glückwunsch zur Verlobung. A. v. Auerswald. Juli 43.«
Kloster Stift zum Heiligengrabe

Annemarie von Auerswald kam 1909 als Sekretärin der Äbtissin von Rohr nach Heiligengrabe[1] und begleitete den Aufbau des Museums. Auf Vorschlag der Äbtissin von Rohr wurde sie am 1. Juli 1923 zur Stiftsdame neuerer Regel ernannt.[2] Am 25. Juni 1924 erfolgte ihre Einführung.[3] Nach dem Tod der Äbtissin von Rohr 1923 übernahm sie die Leitung des Heimat- und Museumsvereins und führte diesen ganz im Geiste ihrer Gründer fort. Als überzeugte Nationalsozialistin trat sie 1932 in die NSDAP ein und trug durch ihre kompromisslose Haltung – sie war zugleich Führerin der NS-Frauenschaft Techow[4] – zu heftigen Konflikten im Stift bei. Von den Schülerinnen des Stifts wurde sie weitgehend gemieden. In den 1930er Jahren trat sie als Verfasserin zahlreicher Romane über die »germanische Vorzeit« an die Öffentlichkeit, worin sie ihr Fachwissen in den Dienst der herrschenden Ideologie stellte. 1948 kamen die meisten Titel auf die Liste der auszusondernden Literatur.[5] Annemarie von Auerswald wurde am 3. Mai 1945 bei der Besetzung Heiligengrabes durch russische Truppen erschossen.[6] Sie liegt auf dem Stiftsfriedhof begraben.[7]

der Intellektuellen vor dem Ersten Weltkrieg dar.[6] Der gleichen deutsch-nationalen Auffassung, von der besonders konservative Kreise geprägt waren, bedienten sich später die Nationalsozialisten, um für ihre politischen Ziele zu werben. Auch sie suchten in Spielen, Umzügen und Festmärschen, die immer etwas Kultisches hatten, die Volksgemeinschaft zu beschwören.

1    Vgl.: Auerswald 1934b, auch abgedruckt in: Neese 1992/2005, Bd. I, S. 387f.
2    Abgedruckt auch in: Neese 1992/2005, Bd. I, S. 246–251.
3    Sie soll den Verein ebenfalls zum Beitritt geworben haben. Vgl.: Nachruf 1924, S. 5.
4    Nachruf 1924, S. 5.
5    Ebd., S. 5f.
6    Vor dem Hintergrund des Ersten Weltkriegs hatten die konservativen deutsch-nationalen Auffassungen der Neufichteaner weit über die akademischen Grenzen hinaus Beachtung gefunden. Viele Intellektuelle traten der 1916 gegründeten Fichte-Gesellschaft bei. Besonders sozialkonservative Kräfte sympathisierten mit ihren Ideen und kritisierten die Weimarer Republik. Vgl.: Lübbe 1960.

1    Vgl.: Neese 1992/2005, Bd. I, S. 182.
2    Vgl.: Neese 1992/2005, Bd. II, S. 552.
3    Vgl.: Neese 1992/2005, Bd. V, S. 263.
4    Vgl.: StAH, Nr. 592: Brief Pfarrer Oestreich v. 10. Dezember 1933.
5    Vgl.: Liste der auszusondernden Literatur, hg. von der Deutschen Verwaltung für Volksbildung in der sowjetischen Besatzungszone, Stand 1. April 1948.
6    Zu den Umständen ihres Todes vgl.: Wintzingerode 1945, S. 6. Vgl. auch: Heller 1986, S. 242ff.
7    Die bei Neese 1992/2005, Bd. II, S. 647, abgedruckte Liste der Gräber und Inschriften des Heiligengraber Stiftsfriedhofs nennt ihre Grabstelle nicht. Nach mündlicher Überlieferung wurde sie, ohne Grabstein, neben ihrem Bruder Sigismund von Auerswald beigesetzt.

## X. 8
### Inventar des Heimatmuseums Heiligengrabe
### Reproduktion einer Seite aus Band III, fol. 32

1939
Wünsdorf, BLDAM

In dem fünf Bände umfassenden handschriftlichen Inventar des ehemaligen Heimatmuseums, das weit über 6000 Einzelfunde verzeichnet, finden sich neben einer Skizze der Objekte und ihrer Beschreibung auch die jeweiligen Fundumstände vermerkt. (Abb. S. 124) Die Bände umfassen sämtliche Erwerbungen und Zugänge der Jahre 1911 bis 1942, darunter auch die Funde der Grabungen, an denen noch der Gründer des Museums, Paul Quente, beteiligt war. Der dritte Inventarband verzeichnet daneben zahlreiche Schenkungen, die aus der Bevölkerung an das Museum kamen. Die bald sehr ansehnliche Sammlung, die sich anfänglich im Besitz des Stifts befand, wurde 1921 der Verantwortung des Museumsvereins unterstellt. Die damit beabsichtigte Sicherstellung der Sammlung vor unkontrollierter Veräußerung konnte allerdings auch nicht verhindern, dass das Museum nach dem Krieg aufgelöst und der noch verbliebene Bestand auf die neu gegründeten Kreismuseen der Prignitz verteilt wurde.[1] Aufgrund der Entwicklung, die das Museum nach 1933 genommen hatte, entschied man sich gegen seinen Wiederaufbau.[2] 1947 wurde es endgültig aufgelöst.[3] Die Reste der Sammlung wurden auf die Museen der Prignitz verteilt.[4] 2002 gelangten Teile der Sammlung wie auch die Inventarbände des Museums, die sich zu dem Zeitpunkt im Heimatmuseum Wusterhausen befanden, an das Brandenburgische Landesamt für Denkmalpflege und Archäologisches Landesmuseum in Wünsdorf.[5]

Noch heute ist das Kloster Stift Heiligengrabe im Besitz einzelner Fundstücke der einstigen prähistorischen Sammlung. Die zum Teil mit Inventarnummern versehenen Scherben der völkerwanderungszeitlichen Urnengräberfelder in Dahlhausen, Kuhbier und Kyritz wurden nach 1945 aus den Gewölbekappen der Stiftskirche geborgen. Kistenweise hatte man die aus dem Museum stammenden Überreste nach dem Krieg in die Gewölbe gekippt, wodurch die Fundzusammenhänge für immer verloren gingen.

1 Über den Zustand des Museums bei Kriegsende gibt es unterschiedliche Darstellungen: »Die Bestände des Museums waren durch Kriegseinwirkungen und Plünderungen teilweise zerstört, wenngleich das Ausmaß der Vernichtung anscheinend weit geringer als allgemein angenommen war.« (REHBERG 2000, S. 34).

2 Albert Guthke, von 1936 bis 1941 Museumsassistent in Heiligengrabe und späterer Gründer des Heimatmuseums Pritzwalk, bemühte sich nach Kriegsende in Heiligengrabe um eine Anstellung beim Museum, für dessen Wiederaufbau er sich zunächst unentgeltlich engagierte. Die Stiftsleitung, namentlich Äbtissin von Alvensleben, riet jedoch von seiner Anstellung wie auch von einem Wiederaufbau des Museums mit der Begründung ab, dieses sei ihr schon vor 1945 immer wie ein »Fremdkörper« im Stift erschienen. Vgl.: EZA, 22/236, nicht fol.: handschriftliche Mitteilung Oberkonsistorialrat Heyer vom 3. Februar 1947. Die Entscheidung war offensichtlich auch beeinflusst von den Querelen um die Enteignung des Stifts, so dass man auch aufgrund dieser Entwicklungen nicht gewillt war, den staatlichen Behörden unentgeltlich Raum zur Verfügung zu stellen.

3 Vgl.: EZA, 22/236: handschriftlicher Vermerk zu Schreiben v. 3. Februar 1947: »Nachdem das Museum die bis dahin von ihm benutzten Räume in der Abtei im Jahre 1947 freigegeben hat [...].«

4 Über den genauen Verbleib der Sammlung bestehen bis heute unterschiedliche Auffassungen. Eine davon lautet: »Die in Kyritz sichergestellten Reste aus dem zerstörten Ostprignitz-Museum Heiligengrabe wurden in das neue Heimatmuseum Pritzwalk übergeführt. Damit wurde sowohl eine Arbeitsbibliothek als auch der Fond einer Abteilung Ur- und Frühgeschichte begründet.« (SCHUMACHER 1989, S. 26). Zur Verbringung der Sammlung zunächst nach Kyritz vgl.: StAH, Nr. 1309, fol. 11: Schreiben der Jutta von Stosch, Nachlasspflegerin der Annemarie von Auerswald, vom 17. Februar 1949 an das Amt für Denkmalpflege des Landes Brandenburg, z. Hd. Herrn Regierungsbaurat May. Aber auch andere Prignitzer Museen scheinen von der Auflösung profitiert zu haben, wie Nachforschungen ergaben.

5 Die Bände befanden sich bis 2002 im Heimatmuseum der Stadt Wusterhausen, von wo sie neben anderen frühgeschichtlichen Funden aus dem ehemaligen Heiligengraber Bestand nach Wünsdorf verbracht wurden. Zugleich wurden auf dem Dachboden des Museums Wusterhausen zwei Vitrinenschränke geborgen, die ehemals dem Heiligengraber Museum gehörten. Vgl.: OELKER 2003, S. 31.

ANHANG

## Abkürzungen

BLDAM     Brandenburgisches Landesamt für Denkmalpflege und Archäologisches Landesmuseum, Wünsdorf
BLHA     Brandenburgisches Landeshauptarchiv, Potsdam
EKU     Evangelische Kirche der Union
EOKR     Evangelischer Oberkirchenrat, Berlin
EZA     Evangelisches Zentralarchiv, Berlin
GStA PK     Geheimes Staatsarchiv Preußischer Kulturbesitz, Berlin
SPSG     Stiftung Preußische Schlösser und Gärten Berlin-Brandenburg
StAH     Stiftsarchiv Heiligengrabe (Depositum im BLHA)

## Literaturverzeichnis

AK Deutscher Juweliere 1914: Ausstellungskatalog »Deutscher Juweliere, Gold- und Silberschmiede«, Straßburg 1914.

Amtmann 2003: Amtmann, Helene (Hg.): 300 Jahre Bibliothek im Kloster Stift zum Heiligengrabe von 1600 bis 1900, Heiligengrabe 2003 (Faltblatt).

Anlage 1937: Anlage zum Kreisblatt und Generalanzeiger für den Kreis Ostprignitz Nr. 147, 28.06.1937

Appuhn 1961: Appuhn, Horst: Der Auferstandene und das Heilige Blut zu Wienhausen, in: Niederdeutsche Beiträge zur Kunstgeschichte 1, 1961, S. 73–138.

Auerswald 1926: von Auerswald, Annemarie: Zum Fund eines mittelalterlichen Lichtstocks aus gebranntem Ton in Heiligengrabe (Ostprignitz), in: Geschäftsbericht der Brandenburgischen Provinzialkommission für Denkmalpflege und des Provinzialkonservators, 1922/25, Berlin 1926, S. 126.

Auerswald 1921: Auerswald, Annemarie: Kloster Heiligengrabe. Seine Geschichte in zwölf Bildern, Pritzwalk 1921.

Auerswald 1926: von Auerswald, Annemarie: Aus der Museumstätigkeit, in: Mitteilungen, 9, 1926, Heft 3/4, S. 47–48.

Auerswald 1927: von Auerswald, Annemarie: Aus der Museumstätigkeit, in: Mitteilungen, 10, 1927, Heft 1/2, S. 27.

Auerswald 1930: von Auerswald, Annemarie: Das Hungertuch von Heiligengrabe, in: Brandenburgisches Jahrbuch, Bd. 4, 1929, S. 102–109, Taf. 3. nochmals abgedruckt in: Mitteilungen 13, 1930, S. 19–28.

Auerswald 1934a: von Auerswald, Annemarie: Das Heimatmuseum Heiligengrabe, in: Das Brandenburgische Heimatmuseum 2, 1934, S. 189–191.

Auerswald 1934b: von Auerswald, Annemarie: Vom Heimat- und Erntefest in Heiligengrabe, in: Nachrichtenblätter des Bundes Alter Heiligengraberinnen, Heft 24, 10/1934, S. 10f.

Aufruf 2002: Kloster Stift zum Heiligengrabe. Ein Aufruf des Vereins zur Förderung und Erhaltung des evangelischen Klosters Stift zum Heiligengrabe e.V., hg. v. Kloster Stift zum Heiligengrabe, Berlin 2002.

Badstübner/Schumann 2007: Badstübner, Ernst; Schumann, Dirk (Hg.): Kloster Stift zum Heiligengrabe, München 2007 (= Kleine Kunstführer, Bd. 422).

Balcarres 1903: Balcarres [David Lindsay, Earl of Crawford]: Donatello, London 1903.

Barfod 1999: Barfod, Jörn: Des Kaisers Keramik – Die Majolikawerkstätten Cadinen, in: Cadinen. Keramik aus der Königlichen Majolika Werkstatt (1904/1944), Ausstellungskatalog, Malbork 1999, S. 9–25.

Bauerkämper 1999: Bauerkämper, Arndt: Die vorgetäuschte Integration. Die Auswirkungen der Bodenreform und Flüchtlingssiedlung auf die berufliche Eingliederung von Vertriebenen in die Landwirtschaft in Deutschland 1945–1960, in: Hoffmann, Dierk; Schwartz, Michael (Hg.): Geglückte Integration? Spezifika und Vergleichbarkeiten der Vertriebenen-Eingliederung in der SBZ/DDR (= Schriftenreihe der Vierteljahrshefte für Zeitgeschichte; Sondernummer), München 1999, S. 193–214.

Bautz 1990: Bautz, Friedrich Wilhelm: Busso von Alvensleben, in: Biographisch-Bibliographisches Kirchenlexikon, hg. von

Friedrich-Wilhelm Bautz, weitergeführt von Traugott Bautz, Bd. I, 1990, Sp. 136.

BEKMANN 1717: Bekmann, Johann Christoph: Das Kloster zum Heiligen Grabe, in: GStA PK, HA VI, Rep. 92, Nachlaß Bekmann III, Ecclesiastica Nr. 7, Bl. 1–23.

BELLI 2008: Kloster Stift zum Heiligengrabe. Stiftsarchiv (einschl. Sammlungsgut). Findbuch bearbeitet und erstellt von Peter Belli, Berlin 2008 (www.archivkompetenz.de).

BERGSTEDT 1995: Bergstedt, Clemens: Untersuchungen zur territorialpolitischen Funktion der Gründung des Klosters Heiligengrabe, in: Jahrbuch für Berlin-Brandenburgische Kirchengeschichte, 60, 1995, S. 21–53.

BERGSTEDT 2002: Bergstedt, Clemens: Kirchliche Siedlung des 13. Jahrhunderts im brandenburgisch-mecklenburgischen Grenzgebiet, Berlin 2002 (= Studien zur Geschichte, Kunst und Kultur der Zisterzienser, Bd. 15).

BERGSTEDT 2008: Bergstedt, Clemens: Zur hochmittelalterlichen Besiedlung des Pritzwalker Raumes, in: Mitteilungen für Geschichte der Prignitz, 8, 2008, S. 12–27.

BERNDT 2007: Berndt, Iris: Märkische Ansichten. Die Provinz Brandenburg im Bild der Druckgraphik 1550–1850, Berlin 2007.

BERNDT/HAGELSCHUER 2002: Berndt, Wolfgang; Hagelschuer, Paul: Kirchengüter in der DDR. Teil I: Die kirchliche Landwirtschaft in der SBZ (1945–1949), Berlin 2002 (= Working Paper/ Humboldt-Universität zu Berlin, Wirtschafts- und Sozialwissenschaften an der Landwirtschaftlich-Gärtnerischen Fakultät, Nr. 64).

BILANG 1998: Bilang, Karla: Die Frauenklöster der Zisterzienser im Land Brandenburg, Berlin 1998.

BÖRSCH-SUPAN/ MÜLLER-STÜLER 1997: Börsch-Supan, Eva; Müller-Stüler, Dietrich: Friedrich August Stüler, Berlin 1997.

BORNKAMM 1998: Bornkamm, Karin: Christus – König und Priester: das Amt Christi bei Luther im Verhältnis zur Vor- und Nachgeschichte. (= Beiträge zur historischen Theologie 106), Tübingen 1998.

BRANSCH 1997: Bransch, Günter: Abschied von Äbtissin von Werthern. Nachruf von Generalsuperintendent Günter Bransch, in: Ostprignitz-Ruppin Jahrbuch (6) 1997, S. 18–19.

BUCHHOLZ 2005: Buchholz, Marlies: Anna selbdritt. Bilder einer wirkungsmächtigen Heiligen, Königstein i.Ts. 2005.

BUNNERS 1999: Bunners, Christian: Der Berliner Musiker Johann Crüger (1598–1662). Seine Wege, Werke und Wirkungen im europäischen Zusammenhang, in: Jahrbuch für Berlin-Brandenburgische Kirchengeschichte 62, 1999, S. 63–75.

BÜNZ 2007: Bünz, Enno: Spätmittelalterliche Pfarrei- und Pfarrersiegel, in: Gabriela Signori (Hg.): Das Siegel: Gebrauch und Bedeutung, Darmstadt 2007, S. 31–43.

BYNUM 2007: Bynum, Caroline Walker: Wonderful Blood. Theology and Practice in Late Medieval Northern Germany and Beyond, Philadelphia 2007.

CASSIR 1992: Cassir- von Necker, Ika el: Der Äbtissinnenstab (Zur Geschichte des Äbtissinnenstabes des Klosters Stift zum Heiligengrabe) masch. Typoskript.

CLAUSEWITZ 1897: von Clausewitz, Marie: Kurze Geschichte der Unterrichts- und Erziehungsanstalt des Stiftes zum Heiligengrabe. Ein Erinnerungsblatt zum fünfzigsten Jahrestage ihres Bestehens, Berlin 1897.

CURSCHMANN 1913: Curschmann, Fritz: Die Einführung der Reformation im Nonnenkloster Heiligengrabe. Ein Kulturbild aus der Reformations- und Ständegeschichte der Mark Brandenburg, in: Hintze, Otto (Hg.): Forschungen zur Brandenburgischen und Preußischen Geschichte, Bd. 25, Leipzig 1913, S. 33–84.

CZUBATYNSKI 1996: Czubatynski, Uwe: Heiligengrabe, Stiftsbibliothek, in: Handbuch der historischen Buchbestände in Deutschland, Bd. 16: Mecklenburg-Vorpommern/Brandenburg, Hildesheim 1996, S. 332–334.

CZUBATYNSKI 1998/99: Czubatynski, Uwe: Zur Frühgeschichte des Klosters Heiligengrabe, in: Wichmann-Jahrbuch NF 5, 1998/99, S. 45–58.

CZUBATYNSKI 2003: Czubatynski, Uwe: Prignitzer Leichenpredigten in den Beständen der Herzog August Bibliothek Wolfenbüttel, in: Kirchengeschichte und Landesgeschichte. Gesammelte Aufsätze aus den Jahren 1991 bis 2003, Nordhausen 2003, S. 391–396.

CZUBATYNSKI 2005A: Czubatynski, Uwe: Wer war der Gründer des Klosters Heiligengrabe?, in: Jahrbuch für Brandenburgische Landesgeschichte 56, 2005, S. 39–46.

CZUBATYNSKI 2005B: Czubatynski, Uwe: Literatur zur Geschichte des Klosters Heiligengrabe, in: Mitteilungen des Vereins für Geschichte der Prignitz 5, 2005, S. 55–61.

CZUBATYNSKI 2007: Czubatynski, Uwe: Wertvolle Bücherschätze im Kloster Heiligengrabe, in: Mitteilungen für Geschichte der Prignitz 7, 2007, S. 157–158.

DEHIO 2000: Dehio, Georg: Handbuch der Deutschen Kunstdenkmäler: Brandenburg. Bearbeitet von Gerhard Vinken u.a., München/Berlin 2000.

DOHNA-SCHLOBITTEN 2002: Dohna–Schlobitten, Sophie zu: Den Rock gelüpft und dazu geknickst. Erinnerungen einer Schülerin an Schule und Internat in Heiligengrabe 1940–1942, in: OELKER/REUTER 2002, S. 60–66.

DÖRFLER-DIERKEN 1992: Dörfler-Dierken, Angelika: Die Verehrung der Heiligen Anna in Spätmittelalter und Früher Neuzeit, Göttingen1992 (= Forschungen zur Kirchen- und Dogmengeschichte 50).

DOST 2002: Dost, Wolfgang: Frühgeschichte und Alltagskultur. Das alte Heiligengraber Museum (1909–1945), in: OELKER/REUTER 2002, S. 32–41.

DRESCHER 1967: Drescher, Hans: Grapen aus Bronze im Altonaer Museum, in: Altonaer Museum in Hamburg, Jahrbuch Bd. 5, 1967, S. 53–77.

EICHHOLZ/SOLGER/SPATZ 1907: Eichholz, Paul; Solger, Friedrich; Spatz, Willy: Die Kunstdenkmäler der Provinz Brandenburg, Bd. 1, Heft 2, Kreis Ostpriegnitz, Berlin 1907.

ENDERS 1995: Enders, Lieselott: Die Prignitz – eine mittelalterliche Klosterlandschaft?, in: Jahrbuch für Berlin-Brandenburgische Kirchengeschichte 60, 1995, S. 10–20.

ENDERS 2000: Enders, Lieselott: Die Prignitz – Geschichte einer kurmärkischen Landschaft vom 12. bis zum 18. Jahrhundert, Potsdam 2000 (= Veröffentlichungen des Brandenburgischen Landeshauptarchivs, Bd. 38).

ENDERS 2001: Enders, Lieselott: Schicksale Heiligengraber Klosterfrauen in nachreformatorischer Zeit, in: Jahrbuch für brandenburgische Landesgeschichte 52, 2001, S. 63–80.

ESCHER 1995: Escher, Felix: Das Kurfürstentum Brandenburg im Zeitalter des Konfessionalismus, in: Materna, Ingo; Ribbe,

Wolfgang (Hg.): Brandenburgische Geschichte, Berlin 1995, S. 231–290.

ESCHER 2005: Escher, Felix: Der Antijudaismus im späten Mittelalter, in: RUPPRECHT 2005, S. 15–32.

ESCHER 2008: Escher, Felix: Entstehungslegende und Geschichte des Klosters Heiligengrabe, in: Das Kloster Stift zum Heiligengrabe. Bestandsforschung und Denkmalpflege (= Arbeitshefte des Brandenburgischen Landesamtes für Denkmalpflege und Archäologischen Landesmuseums 16, 2007), Berlin 2008, S. 34–41.

FAENSEN 1997: Faensen, Herbert: Zur Synthese von Bluthostien- und Heiliggrab-Kult. Überlegungen zu dem Vorgängerbau der Gnadenkapelle des märkischen Klosters Heiligengrabe, in: Sachsen und Anhalt. Jahrbuch der historischen Kommission für Sachsen-Anhalt. Festschrift für Ernst Schubert, Bd. 19, 1997, S. 237–255.

Festschrift 1997: Festschrift vom 150. Gründungstag der Stiftsschule Kloster Stift zum Heiligengrabe am 8. Juni 1997, Blumenthal o.J.

FOLLER 1901: von Foller, Marie: Was das Kloster zum Heiligen Grabe in der Prignitz erlebt hat. Einschließlich des Kaiserbesuches am 8. Juni 1901, Wittstock 1901.

GEIGER 2002: Geiger, Rosemaria: Art. Werthern, Ingeborg-Maria, in: Brandenburgisches Biographisches Lexikon, hg. von Friedrich Beck und Eckart Henning, Potsdam 2002, S. 416.

GEISS 1863: Geiss, Moritz: Zinkguss-Ornamente nach Zeichnungen von Schinkel, Stüler, Persius, Schadow, Strack […] ausgeführt und gegossen in der Zinkgießerei für Architektur von M. Geiss in Berlin, 2. Ausgabe, Berlin 1863.

GIMAJEW 2008: Gimajew, Ute: Fragmente einer farbig gefassten Bohlendecke im Obergeschoss des südlichen Kreuzgangs, in: Das Kloster Stift zum Heiligengrabe. Bestandsforschung und Denkmalpflege (= Arbeitshefte des Brandenburgischen Landesamtes für Denkmalpflege und Archäologischen Landesmuseums 16, 2007), Berlin 2008, S. 126–129.

GODDENTHOW 1915: von Goddenthow, Meta: Aus dem Vereinsleben, in: Mitteilungen 3, 1915, Heft 4, S. 6f.

GODDENTHOW 1916: von Goddenthow, Meta: Vereinsnachrichten, in: Mitteilungen 4, 1916, Heft 1, S. 11f.

GRITZNER 1888: Gritzner, Maximilian: Handbuch der im Deutschen Reiche, in Österreich-Ungarn, Dänemark, Schweden und den Russischen Ostseeprovinzen bestehenden Damenstifter und der im Range gleichstehender Wohltätigkeitsanstalten nebst den Ordenszeichen der Ersteren, Frankfurt am Main 1888.

GUTHRIE 2003: Guthrie, William P.: The later Thirty Years War. From the Battle of Wittstock to the Treaty of Westphalia, Westport 2003.

HACKENBERGER 1990: Hackenberger, Ilselore: 100 Jahre Friedenshort, in: Die Zeichen der Zeit 44, 1990, S. 252–253.

HACKSTEIN 2005: Hackstein, Elisabeth: Das Kloster Heiligengrabe und die Reformation, in: RUPPRECHT 2005, S. 111–129.

HAEDEKE 1963: Haedeke, Hanns Ulrich: Zinn. Ein Handbuch für Sammler und Liebhaber, Braunschweig 1963 (= Bibliothek für Kunst- und Antiquitätenfreunde, Bd. 16).

HAGEN 1878: von der Hagen, Joachim Otto: Das Kloster zum heiligen Grabe in der Priegnitz, in: Schulblatt für die Provinz Brandenburg 43, Heft 5 und 6, 1878, S. 234–261.

HANSEL 1991: Hansel, Klaus: Ehrungen in der evangelischen Kirche Preußens (Fortsetzung »Unter dem Kreuz von Jerusalem«), in: Jahrbuch für Berlin-Brandenburgische Kirchengeschichte 58, 1991, S. 242–280.

HANSEL 1992: Hansel, Klaus: Die Ehrenstiftsdamen vom Kloster Heiligengrabe, in: Der Herold 35, 1992, Heft 11, S. 303–334.

Heiligengrabe auf dem Wege 2002: Heiligengrabe auf dem Wege ins 21. Jahrhundert. Museumseinweihung mit der Eröffnung der Ausstellung Preußens Frauenzimmer 30. Juni 2001. Einführung der Äbtissin Dr. Friederike Rupprecht 7. Oktober 2001. (Broschüre hg. v. Verein zur Förderung und Erhaltung des evangelischen Klosters Stift zum Heiligengrabe e.V. und des Hilfsbundes der ehemaligen Heiligengraberinnen, red. Nora Neese, o.O. 2002)

HELLER 1986: Heller, Gisela: Neuer Märkischer Bilderbogen: Reporterin zwischen Havel und Oder, Berlin 1986.

HERRMANN 2005: Herrmann, Ines: Findbuch des Pfarrarchivs Heiligengrabe, in: Mitteilungen des Vereins für Geschichte der Prignitz 5, 2005, S. 19–54.

HINDENBERG 1782: Hindenberg, Gottlob Joachim: Gesammlete Nachrichten vom Heiligen Grabe in der Prignitz, in: Johann Bernoulli's Sammlung kurzer Reisebeschreibungen und anderer zur Erweiterung der Länder- und Menschenkenntniß dienender Nachrichten, Berlin/Leipzig 1782, Bd. 6, S. 415–432 und Bd. 7, S. 321–338.

HINTZE 1964: Hintze, Erwin (Hg.): Die norddeutschen Zinngießer und ihre Marken, Bd. III, Neudruck der Ausgabe von 1921–1931, Aalen 1964.

HOFFMANN-AXTHELM 2007: Hoffmann-Axthelm, Dieter: Der Pritzwalker Judenhof, in: Mitteilungen des Vereins für Geschichte der Prignitz 7, 2007, S. 5–16.

HOHMANN 1950: Hohmann, Elisabeth: Fastentücher, in: Zeitschrift für Kunst, Heft 2, 1950, S. 152–164.

HOLLAND/POTTHOFF 2008: Holland, Yngve Jan; Potthoff, Andreas: Die Stiftsdamenhäuser und der Damenplatz, in: Das Kloster Stift zum Heiligengrabe. Bestandsforschung und Denkmalpflege (= Arbeitshefte des Brandenburgischen Landesamtes für Denkmalpflege und Archäologischen Landesmuseums 16, 2007), Berlin 2008, S. 134–145.

HÖLSCHER 2003: Hölscher, Petra: Die Akademie für Kunst und Kunstgewerbe zu Breslau. Wege einer Kunstschule 1791–1932 (= Bau + Kunst. Schleswig-Holsteinische Schriften zur Kunstgeschichte, Bd. 5), Kiel 2003.

HORNSCHEIDT 2003: Hornscheidt, Katharina: Die Werkstatt für Evangelische Paramentik im Kloster Stift zum Heiligengrabe, Diplomarbeit der FHTW Berlin, 2 Bde., 2003 (Typoskript).

HORNSCHEIDT 2007: Hornscheidt, Katharina: Die Werkstatt für Evangelische Paramentik im Kloster Stift zum Heiligengrabe, in: Jahrbuch für Berlin-Brandenburgische Geschichte 66, 2007, S. 332–353.

HORNSTEIN 1986: von Hornstein, Erika: Adieu Potsdam. Mit zahlreichen Fotos und einem Nachwort von Carola Stern, Köln ²1986.

HÜBINGER/VOLKMANN 2008: Hübinger, Petra; Volkmann, Torsten: Gartendenkmalpflegerische Untersuchungen zur Klosteranlage. Entwicklungsgeschichte, Bestand und bisherige gartendenkmalpflegerische Restaurierung, in: Das Kloster Stift zum Heiligengrabe. Bestandsforschung und Denkmalpflege

(= Arbeitshefte des Brandenburgischen Landesamtes für Denkmalpflege und Archäologischen Landesmuseums 16, 2007), Berlin 2008, S. 169–183.

Jakoby 2001: Jakoby, Barbara: Elisabeth von Saldern: Hofdame und Äbtissin, in: Adelige Rückkehrer im Land Brandenburg. Ihr heutiges Engagement und das Wirken ihrer Vorfahren 1806–2000, hg. von der Berlin-Brandenburgischen Geschichtswerkstatt e.V., Berlin 2001, S. 87–96.

Jarchow 1998: Jarchow, Margarete: Hofgeschenke. Wilhelm II. zwischen Diplomatie und Dynastie 1888–1914, Hamburg 1998.

Jeitner 2007: Jeitner, Christa-Maria: Zur textilen Handarbeit in Zisterzienserinnenklöstern der Mark Brandenburg – Beobachtungen, Befunde, Rückschlüsse, in: Sachkultur und religiöse Praxis (= Studien zur Geschichte, Kunst und Kultur der Zisterzienser, Bd. 8), hg. v. Dirk Schumann, Berlin 2007, S. 320–383.

Jeitner 2008: Jeitner, Christa-Maria: Mittelalterliche liturgische Textilien in der Mark Brandenburg und ihre Weiternutzung nach der Einführung der Reformation, in: Badstübner, Ernst; Knüvener, Peter; Labuda, Adam S.; Schumann, Dirk (Hg.): Die Kunst des Mittelalters in der Mark Brandenburg. Tradition – Transformation – Innovation, Berlin 2008, S. 456–469.

Joest 2002: von Joest, Eleonore: Verein zur Förderung und Erhaltung des Klosters Stift zum Heiligengrabe, in: Mitteilungen des Vereins für Geschichte der Prignitz 2, 2002, S. 84–89.

Junker/Wieder 2004/05: Junker, Horst; Wieder, Horst: Zur personellen Ausstattung des Museums für Vor- und Frühgeschichte seit 1829. Personalverzeichnis, Kurzbiographien, Stellenübersicht, in: Das Berliner Museum für Vor- und Frühgeschichte. Festschrift zum 175-jährigen Bestehen (= Acta Praehistorica et Archaeologica, Bd. 36/37), Berlin 2004/05, S. 513–592.

Kernchen/Guthke 1966: Kernchen, Bruno; Guthke, Albert: Finder und Fundort des Xenusion auerswaldae, in: Prignitz-Forschungen, Bd. 1 (= Veröffentlichungen des Heimatmuseums Pritzwalk) Pritzwalk 1966, S. 13–17.

Kieckebusch 2008: von Kieckebusch, Werner: Chronik des Klosters zum Heiligengrabe, hg. v. Müller-Bülow zu Dohna, Brigitte; Simmermacher, Gabriele (= Studien zur Geschichte, Kunst und Kultur der Zisterzienser, Bd. 28), Berlin 2008.

Kirsch 2006: Kirsch, Eberhard: Haushaltskeramik der Biedermeierzeit vom ehemaligen Friedhof an der Taubenstraße in Cottbus, in: Einsichten. Archäologische Beiträge für den Süden des Landes Brandenburg 2004/2005 (= Arbeitsberichte zur Bodendenkmalpflege in Brandenburg, Bd. 16), 2006, S. 87–103.

Klietmann 1969: Klietmann, Kurt-Gerhard: Das adelige Fräuleinstift Heiligen Grabe und sein Orden, in: Die Ordens-Sammlung 1969, S. 310–317 (identisch mit Klietmann, Kurt-Gerhard: Das adelige Fräuleinstift und sein Stiftsorden, in: Festschrift zum 100-jährigen Bestehen des Herold zu Berlin 1869–1969, Berlin 1969, S. 159–165.)

Kloster Stift zum Heiligengrabe 2002: Helfen Sie uns, das Kloster Stift zum Heiligengrabe zu sanieren. Ein Aufruf des Vereins zur Förderung und Erhaltung des evangelischen Klosters Stift zum Heiligengrabe e.V., hg. vom Kloster Stift zum Heiligengrabe, Berlin 2002.

Klumpp 1977: Klumpp, Katharina: Kloster Stift zum Heiligengrabe, Berlin 1977.

Köhler 1966: Köhler, Karl-Heinz: Ein Pergamentblatt aus dem 14. Jahrhundert, in: Prignitz-Forschung 1, Pritzwalk 1966, S. 77–79.

Körner 1907: Körner, Josef: Das Industriewerk der Königlichen Herrschaft Cadinen. »Sonderausstellung der Königlichen Majolika- und Terrakotta-Werkstatt Cadinen« (Begleitheft), Hohenzollern-Kunstgewerbehaus Friedmann & Weber, Berlin 1907.

Kötzsche 1987: Kötzsche, Lieselotte: Das wiedergefundene Hostiengrab im Kloster Heiligengrabe/Prignitz, in: Berliner Theologische Zeitschrift 4, 1987, S. 19–32.

Kugler 1998: Kugler, Annette: Vom katholischen Frauenkloster zum evangelischen Damenstift – die weiblichen Zisterzen Lindow, Marienfließ und Heiligengrabe in der Reformation, in: Schmidt, Oliver H.; Frenzel, Heike; Pötschke, Dieter (Hg.): Spiritualität und Herrschaft. Konferenzband zu »Zisterzienser – Multimedia – Museen« (= Studien zur Geschichte, Kunst und Kultur der Zisterzienser, Bd. 5), Berlin 1998, S. 119–131.

Kugler 2001a: Kugler, Annette Kugler: »Pour la Conservation de la maison royale«, in: Ulrich Knefelkamp (Hg.): Zisterzienser. Norm, Kultur, Reform. 900 Jahre Zisterzienser (= Schriften des Interdisziplinären Zentrums für Ethik an der Europa-Universität Viadrina Frankfurt/Oder), Berlin 2001, S. 323–339.

Kugler 2001b: Kugler, Annette: Das evangelische Damenstift Heiligengrabe. Eine weibliche Lebenswelt in Brandenburg-Preußen, in: Preußens Frauenzimmer, Preußens FrauenZimmer, Ausstellungskatalog, hg. von Röper, Ursula; Oelker, Simone; Reuter Astrid, Berlin 2001, S. 79–86.

Kugler-Simmerl 2003: Kugler-Simmerl, Annette: Bischof, Domkapitel und Klöster im Bistum Havelberg 1522–1598. Strukturwandel und Funktionsverlust (= Studien zur brandenburgischen Landesgeschichte, Bd. 1), Berlin 2003.

Kühne 2005: Kühne, Hartmut: Wallfahrt? Deutung der Heiligengraber Wallfahrtsüberlieferung im historischen Umfeld, in: Rupprecht 2005, S. 33–60.

Kühne/Schumann 2006: Kühne, Hartmut; Schumann, Dirk: Die Wallfahrtskirche St. Annen in Alt-Krüssow, Berlin 2006.

Lechler 1929: Lechler, Jörg: Der Werdegang der Landesaufnahme, in: Walther Matthes: Urgeschichte des Kreises Ostprignitz, Leipzig 1929, S. V–VII.

Lehfeld 1731: Lehfeld, Joachim: Der ritterliche Kampf und herrliche Adel der Gläubigen […] Bey dem Hochadelichen Leich-Begängniß Des .[…] Christian Ludwigs von Rohr […] Des Hochadelichen Jungfräul. Klosters zum H. Grabe Hochverdienten Hauptmanns, Nachdem derselbe Anno 1731. den 15. Februarii Mittags zwischen 12. und 1. Uhr im Herrn selig entschlaffen, und den 19. ejusd. in der Stille beygesetzet worden, Stendal 1731.

Lehfeld 1732: Lehfeld, Joachim: Der kräftigste Trost=Grund der Gläubigen in Trübsalen. Gedächtniß=Predigt bey Beerdigung der weiland hochwürdigen und hochwohlgebohrnen Fräulein, Erl. Annen Catharinen von Grabow […], Halle 1732.

Lichtenstein 1932: Lichtenstein, Hans: Der Vorwurf der Hostienschändung und das erste Auftreten der Juden in der Mark Brandenburg, in: Zeitschrift für die Geschichte der Juden in Deutschland 4, 1932, S. 189–197.

LÜBBE 1960: Lübbe, Hermann: Art. Neufichteanismus, in: Religion in Geschichte und Gegenwart. Handwörterbuch für Theologie und Religionswissenschaft, hg. von Galling, Kurt, Bd. IV, Tübingen 1960, S. 1410f.

MALTITZ 1894: von Maltitz, Emil: Zur Geschichte des Zisterzienser-Jungfrauenklosters und Stiftes zum Heiligengrabe bei Wilsnack in der Priegnitz. Aus urkundlichen Quellen zusammengestellt, in: Archiv der Brandenburgia 1, 1894, S. 36–84.

MATTHES 1929: Matthes, Walter: Urgeschichte des Kreises Ostprignitz, Leipzig 1929.

MEINER 2008: Meiner, Jörg: Möbel des Spätbiedermeier und des Historismus. Die Regierungszeiten der preußischen Könige Friedrich Wilhelm IV. (1840–1861) und Wilhelm I. (1861–1888). Mit Beiträgen von Afra Schick, Ulrike Eichner und Marc Heincke (Stiftung Preußische Schlösser und Gärten Berlin-Brandenburg: Bestandskataloge der Kunstsammlungen – Angewandte Kunst. Möbel), Berlin 2008.

MEYER-RAVENSTEIN 2006: Meyer-Ravenstein, Veronika (Hg.): Fünf Frauen. Jahrgänge 1924–1929. Wege ins Leben, Berlin 2006.

Mitteilungen: Mitteilungen des Vereins zur Förderung der Heimatforschung und des Heimatmuseums für die Prignitz in Heiligengrabe (ab 2. Jg.: Mitteilungen des Heimat- und Museumsvereins in Heiligengrabe), Kyritz 1913–40.

MOHN 2001: Mohn, Claudia: Das Zisterzienserinnenkloster Heiligengrabe. Zur mittelalterlichen Baugeschichte eines Frauenklosters, in: Schumann, Dirk (Hg.): Architektur im weltlichen Kontext (= Studien zur Geschichte, Kunst und Kultur der Zisterzienser, Bd. 4), Berlin 2001, S. 409–449.

MOHN 2001: Mohn, Claudia: Zur Baugeschichte von Kloster und Stift Heiligengrabe, in: Preußens FrauenZimmer, Ausstellungskatalog, hg. von Röper; Ursula; Oelker, Simone; Reuter Astrid, Berlin 2001, S. 17–25.

MOHN 2006: Mohn, Claudia: Mittelalterliche Klosteranlagen der Zisterzienserinnen. Architektur der Frauenklöster im mitteldeutschen Raum (= Berliner Beiträge zur Bauforschung und Denkmalpflege, Bd. 4), Petersberg 2006.

MOHN 2008: Mohn, Claudia: Typisch Frauen? Die Bauanlagen mittelalterlicher Zisterzienserinnenklöster, in: Das Kloster Stift zum Heiligengrabe. Bestandsforschung und Denkmalpflege (= Arbeitshefte des Brandenburgischen Landesamtes für Denkmalpflege und Archäologischen Landesmuseums, 16), Berlin 2008, S. 21–33.

MÖLLER 1961: Möller, Hans-Herbert: Dome, Kirchen und Klöster in Brandenburg und Berlin. Nach alten Vorlagen, Frankfurt a.M. 1961.

MÖLLER 1993: Möller, Bernd: Klerus und Antiklerikalismus in Luthers Schrift An den christlichen Adel deutscher Nation von 1520, in: Dykema, Peter A. u.a. (Hg.): Antiklerikalism in late medieval and early modern Europe, Leiden u.a. 1993, S. 353–365.

MÜLVERSTEDT 1884: Siebmachers großes und allgemeines Wappenbuch, Bd. 6, 6. Abth.: Abgestorbener Adel Provinz Sachsen (exl. der Altmark), bearb. von Mülverstedt, George Adalbert von, Nürnberg 1884.

Museum des Dreißigjährigen Krieges 1998: Museum des Dreißigjährigen Krieges, red. v. Katrin Hinz, Wittstock 1998.

Nachruf, 1924: Nachruf [auf Adolphine von Rohr], in: Mitteilungen des Heimat- und Museumsvereins in Heiligengrabe 7. Jg., Heft 1, 1924, S. 3–16. [wieder abgedruckt in: NEESE 1992/2005, Bd. II, S. 252–255].

NEESE 1992/2005: Neese, Nora (hg. im Auftrag von alten Stiftskindern): Stift Heiligengrabe. Ein Erinnerungsbuch, Teil I–VI, Salzgitter 1992–2005.

NEESE 1994: Neese, Nora: Evangelisches Damenstift Heiligengrabe, Berlin 1994.

NIEKAMMER 1929: Niekammer's landwirtschaftliche Güter-Adreßbücher / 7: Landwirtschaftliches Adreßbuch der Rittergüter, Güter und Höfe der Provinz Brandenburg, 4/1929.

NOACK/SPLETT 1997: Noack, Lothar; Splett, Jürgen: Bio-Bibliographien. Brandenburgische Gelehrte der Frühen Neuzeit. Berlin-Cölln 1640–1688(= Veröffentlichungen zur brandenburgischen Kulturgeschichte der frühen Neuzeit, Bd. 1), Berlin 1997 .

OELKER 2003: Oelker, Simone: Xenusion auerswaldae Pompeckj. Relikt einer verlorenen Museumssammlung, in: Museumsblätter. Mitteilungen des Museumsverbandes Brandenburg, Heft 2, 2003, S. 31.

OELKER/REUTER 2002: Lebenswerke. Frauen im Kloster Stift zum Heiligengrabe zwischen 1847 und 1945, hg. v. Oelker, Simone; Reuter, Astrid, Bonn 2002.

PIECK 1955: Pieck, Wilhelm: Junkerland in Bauernhand. Rede zur demokratischen Bodenreform, Kyritz, 2. September 1945, Berlin 1955.

PLATE/PLATE 1987: Plate, Christa; Plate, Friedrich: Die Ergebnisse der Ausgrabungen in der Wunderblutkapelle des Klosters Heiligengrabe, in: Ausgrabungen und Funde. Nachrichtenblatt der Landesarchäologie 32, 1987, S. 94–99.

POLTHIER 1933: Polthier, Wilhelm: Geschichte der Stadt Wittstock, Berlin 1933.

POMPECKJ 1927: Pompeckj, Josef Felix: Ein neuer Zeuge uralten Lebens, in: Forschungen und Fortschritte 3. Jg., Nr. 7, 1927, S. 51f.

POMPECKJ 1928: Pompeckj, Josef Felix: Ein neues Zeugnis uralten Lebens. Palaeontologische Zeitschrift 9, 1928, S. 237–313.

POPE-HENNESSY 1996: Pope-Hennessy, John: Italian Renaissance Sculpture. An Introduction to Italian Sculpture, Volume II, London ⁴1996.

POTRATZ 2001: Potratz, Rainer: Die gesichtslose Klasse. Das Junker-Bild in der Propaganda von KPD und SED in Brandenburg 1945–1989, in: Adelige Rückkehrer im Land Brandenburg. Ihr heutiges Engagement und das Wirken ihrer Vorfahren 1806–2000, hg. von der Berlin-Brandenburgischen Geschichtswerkstatt e.V., Berlin 2001, S. 197–206.

QUENSTEDT 1927: Quenstedt, Friedrich August: Ein Grundstock zu einer geologischen Lehrsammlung der Mark, in: Mitteilungen des Heimat- und Museumsvereins 10. Jg., 1927, Heft 1/2, S. 6-13.

QUENTE 1912: Quente, Paul: Das langobardische Urnenfeld von Dahlhausen, in: Prignitzer Volksbücher 39, Pritzwalk 1912.

REHBERG 2000: Rehberg, Rolf: Albert Guthke – Zum Gedenken an den Gründer des Heimatmuseums Pritzwalk, in: Pritzwalker Heimatblätter 9, 2000, S. 31–37.

RIEDEL 1838: Riedel, Adolph: Codex diplomaticus Brandenburgensis, Bd. A I, Berlin 1838, S. 463–506.

ROHR 1912: von Rohr, Adolphine: Geschichte der Klosterschule zu Heiligengrabe, Wittstock 1912/15.

Rohr 1915: von Rohr, Adolphine: Paul Quente, in: Mitteilungen des Heimat- und Museumsvereins in Heiligengrabe, 3. Jg. 1915, Heft 1/2, S. 6–9.

Rohr 1916: von Rohr, Adolphine: Ein bisher unveröffentlichter Brief Friedrich Wilhelms IV., in: Mitteilungen des Heimat- und Museumsvereins in Heiligengrabe, 4. Jg., Heft 2, 1916, S. 15–20.

Rohr 1924: von Rohr, Adolphine: Gedichte, in: Mitteilungen des Heimat- und Museumsvereins in Heiligengrabe [Erinnerungsheft für Frau Äbtissin von Rohr, geb. von Gersdorff], 7. Jg., Heft 1, 1924, S. 7–16.

Rohr 1963: von Rohr, Hans Olof: Qui transtulit. Eine Stammreihe der von Rohr, Hannover 1963.

Röper 1995/96: Röper, Ursula: »Die vielen unnützen jungen Damen sind dem Könige über die Massen zuwider«. Ein Beitrag zur Frauenpolitik Friedrich Wilhelms IV., in: Jahrbuch Stiftung Preußische Schlösser und Gärten Berlin-Brandenburg, Bd. 1, 1995/96, S. 275–282.

Röper 1997a: Röper, Ursula: Ein weibliches Bischofsamt. Bemerkungen zum Leben der Louise von Schierstedt (1794–1876), Äbtissin in Heiligengrabe während der Regierungszeit Friedrich Wilhelms IV., in: Der verkannte Monarch: Friedrich Wilhelm IV. in seiner Zeit, hg. von Krüger, Peter; Schoeps, Julius H. in Verbindung mit Dieckmann, Irene (= Brandenburgische Historische Studien, Bd. 1), Potsdam 1997, S. 287–326.

Röper 1997b: Röper, Ursula: Marianne von Rantzau und die Kunst der Demut. Frömmigkeitsbewegung und Frauenpolitik in Preußen unter Friedrich Wilhelm IV. (= Ergebnisse der Frauenforschung, Bd. 43), Stuttgart/Weimar 1997.

Röper 1999: Ursula Röper: Ein »angemessener Wirkungskreis« auch dem »weiblichen Theile der evangelischen Kirche«. Ein Beitrag zur christlichen Frauenbildung in Preußen zur Zeit Friedrich Wilhelms IV., in: Jahrbuch für Berlin-Brandenburgische Kirchengeschichte 62, 1999, S. 83–97.

Röper 2001: Röper, Ursula: Ein Alphabet für Frauenzimmer. Überlegungen zur Lektüre von Stiftsdamen, in: Preußens FrauenZimmer, Ausstellungskatalog, hg. von Röper; Ursula; Oelker, Simone; Reuter Astrid, Berlin 2001, S. 71–78.

Röper 2002a: Röper, Ursula: König Friedrich Wilhelm IV. und die Heiligengraber Äbtissin Louise von Schierstedt, in: Mitteilungen für Geschichte der Prignitz 2, 2002, S. 61–71.

Röper 2002b: Röper, Ursula: »Als eine Frau lesen lernte, trat die Frauenfrage in die Welt.« Die Heiligengraber Stiftsschule im bildungspolitischen Kontext des 19. Jahrhunderts, in: Lebenswerke. Frauen im Kloster Stift zum Heiligengrabe zwischen 1847 und 1945, hg. von Oelker, Simone; Reuter, Astrid, Bonn 2002, S. 16–27.

Röper-Vogt 1994: Röper-Vogt, Ursula: Wozu könnten »alte Klöster herhalten«? Friedrich Wilhelm IV. und die Rezeption von Klosterarchitektur im 19. Jahrhundert, in: Brandenburgische Denkmalpflege, 3. Jg., 1994, Heft 2, S. 75–80.

Roth 1990: Roth, Martin: Heimatmuseum. Zur Geschichte einer deutschen Institution (= Berliner Schriften zur Museumskunde, Bd. 7), Berlin 1990.

Rudloff 1911a: Rudloff, Richard: Heiligengrabe I. Geschichte seiner Entstehung und Entwicklung bis zum Abschluss der Reformation (= Prignitzer Volksbücher. Hefte zur Heimatkunde der Prignitz, Heft 29), Pritzwalk 1911.

Rudloff 1911b: Rudloff, Richard: Heiligengrabe II. Geschichte des Klosters vom Siege der Reformation bis zur Gegenwart. (= Prignitzer Volksbücher. Hefte zur Heimatkunde der Prignitz, Heft 30) Pritzwalk 1911.

Rupprecht 2005: Rupprecht, Friederike (Hg.): Von blutenden Hostien, frommen Pilgern und widerspenstigen Nonnen. Heiligengrabe zwischen Spätmittelalter und Reformation. Mit Beiträgen von Felix Escher, Elisabeth Hackstein, Hartmut Kühne und Dirk Schumann, Berlin 2005.

Saenger 1937: von Saenger, Hedwig: Heiligengrabe 1287–1937, Kyritz 1937.

Schäfer 1931/32: Schäfer, K. N.: Märkische Fronleichnamsverehrung und ihre kulturellen Auswirkungen vor Luther, in: Wichmann-Jahrbuch des Geschichtsvereins katholische Mark 2/3, 1931/32, S. 98–107.

Schatz 2004: Schatz, Helmut: Die Krummstäbe Kaiser Wilhelms II., in: Cistercienser Chronik 111. Jg. 2004, Heft 1, S. 95–101.

Schatz 2005: Schatz, Helmut: Die Krummstäbe Kaiser Wilhelms II., in: Orden und Ehrenzeichen 38, 2005, S. 34–38.

Schierling, 1985: Schierling, Maria: Ulrike von Levetzow, in: Neue deutsche Biographie, Bd. 15, Berlin 1985, S. 392–393.

Schmale 1997: Schmale, Wolfgang: Das 17. Jahrhundert und die neuere europäische Geschichte, in: Historische Zeitschrift 264, 1997, S. 587–611.

Schmidt 1888: Schmidt, Gustav: Rostocker Drucke zu Halberstadt. Text der Legende zu Heiligengrabe nach dem Halberstädter (deutschen) Exemplar, in: Jahrbuch des Vereins für mecklenburgische Geschichte 53, 1888, S. 341–347.

Schneider 2006: Schneider, Hans: Der fremde Arndt. Studien zu Leben, Werk und Wirkung Johann Arndts, Göttingen 2006.

Schubrig 1907: Schubrig, Paul: Donatello, Stuttgart/Leipzig 1907.

Schulenburg 1929: von der Schulenburg, Thisa: Wallenstein im Kloster, in: Der Querschnitt, 9. Jg., Heft 11, 1929, S. 765–768.

Schulenburg 1983: von der Schulenburg, Tisa: Des Kaisers weibliche Kadetten. Schulzeit in Heiligengrabe – zwischen Kaiserreich und Revolution, Freiburg i.Br./Basel/Wien 1983.

Schulenburg 1986: von der Schulenburg, Tisa: Ich hab's gewagt. Bildhauerin und Ordensfrau – ein unkonventionelles Leben, Freiburg i.Br./Basel/Wien 1986.

Schumacher 1989: Schumacher, Gabriele: 35 Jahre Heimatmuseum Perleberg, in: Pritzwalker Heimatblätter 2, 1989, S. 24–28.

Schumann 2005: Schumann, Dirk: Die Legendentafeln des Zisterzienserinnenklosters Heiligengrabe, in: Rupprecht 2005, S. 61–77.

Schumann 2008a: Schumann, Dirk: Heiligengrabe und die Backsteinarchitektur um 1300. Die Gründung, der Bau und das Problem der Datierung, in: Das Kloster Stift zum Heiligengrabe. Bestandsforschung und Denkmalpflege (= Arbeitshefte des Brandenburgischen Landesamtes für Denkmalpflege und Archäologischen Landesmuseums 16, 2007), Berlin 2008, S. 88–105.

Schumann 2008b: Schumann, Dirk: Die spätgotische Baugeschichte des Zisterzienserinnenklosters Heiligengrabe und die

Heiliggrabkapelle, in: Das Kloster Stift zum Heiligengrabe. Bestandsforschung und Denkmalpflege (= Arbeitshefte des Brandenburgischen Landesamtes für Denkmalpflege und Archäologischen Landesmuseums 16, 2007), Berlin 2008, S. 114–125.

SEHLING 1909: Sehling, Emil (Hg.): Die evangelischen Kirchenordnungen des XVI. Jahrhunderts, Bd. 3: Die Mark Brandenburg – Die Markgrafenthümer Ober-Lausitz und Niederlausitz – Schlesien, Leipzig 1909.

SEIDEL 1907: Seidel, Paul: Der Kaiser und die Kunst, Berlin 1907.

SIGNORI 2007: Gabriela Signori: Das Siegel. Gebrauch und Bedeutung, Darmstadt 2007.

SIMON 1928: Die Legende vom Ursprunge des Klosters Heiligengrabe. Nach dem Drucke von 1521 neu herausgegeben und erläutert von Dr. Johannes Simon (Sonderdruck der Mitteilungen des Heimat- und Museumsvereins), Heiligengrabe 1928.

SIMON 1929A: Simon, Johannes: Kloster Heiligengrabe von der Gründung bis zur Einführung der Reformation 1287–1549, in: Jahrbuch für Brandenburgische Kirchengeschichte 24, 1929, S. 3–136.

SIMON 1929B: Simon, Johannes: Bilder aus dem Leben in einem märkischen Frauenkloster um 1500. Nach alten Rechnungsbüchern des Klosters Heiligengrabe, in: Brandenburger Jahrbuch 4, 1929, S. 52–66.

SOBIK 1987: Sobik, Fred: Heiliges Grab und Wunderblut – die Wallfahrt im ehemaligen Zisterzienserinnenkloster Heiligengrabe, in: Pötschke, Dieter (Hg.): Geschichte und Recht der Zisterzienser (= Studien zur Geschichte, Kunst und Kultur der Zisterzienser, Bd. 2), Berlin 1997, S. 168–177.

SPIX 1997: Spix, Boris: Die Bodenreform in Brandenburg 1945–47: Konstruktion einer Gesellschaft am Beispiel der Kreise West- und Ostprignitz (= Zeitgeschichte – Zeitverständnis, 2), Münster 1997.

STEINECK 1986: Steineck, Erna: Brich dem Hungrigen dein Brot. Leben und Werk Eva von Tiele-Wincklers aus Briefen und Schriften, Wuppertal 1986.

STRASSENBURG 2006: Straßenburg, Lieschen: Lieschen. Eine märkische Bäuerin erzählt ihr Leben. Aufgezeichnet und mit einem Nachwort von Dagmar Wahnschaffe, Hamburg ²2006.

STROHMAIER-WIEDERANDERS 1988: Strohmaier-Wiederanders, Gerlinde: Reformation in Heiligengrabe, in: Delius, Hans u.a. (Hg.): »Dem Wort nicht entgegen…«. Aspekte der Reformation in der Mark Brandenburg, Berlin 1988, S. 77–85.

STROHMAIER-WIEDERANDERS 1989: Strohmaier-Wiederanders, Gerlinde: Untersuchungen zur Gründungslegende von Kloster Heiligengrabe, in: Jahrbuch für Berlin-Brandenburgische Kirchengeschichte 57, 1989, S. 259–275.

STROHMAIER-WIEDERANDERS 1995: Strohmaier-Wiederanders, Gerlinde: Geschichte vom Kloster Stift zum Heiligengrabe, Monumenta Brandenburgica, Bd. 3, Berlin 1995.

THÜMMEL 2003: Thümmel, Hans Georg: Das Heilige Grab. Liturgie und Ikonographie im Wandel, in: Bartsch, Tatjana; Meiner, Jörg (Hg.): Kunst – Kontext – Geschichte. Festschrift für Herbert Faensen zum 75. Geburtstag, Berlin 2003, S. 67–83.

WARNSTEDT 1963: von Warnstedt, Christopher Freiherr: Die von Königsmarck, in: Zeitschrift für Niederdeutsche Familienkunde 38, 1963, S. 35–45.

WIESE 1994: von Wiese, Ursula: Vogel Phoenix. Stationen meines Lebens, Bern 1994.

WINTZINGERODE 1945: von Wintzingerode, Gudela-Elisabeth (gen. Gudelies): Aufzeichnungen aus schwerster Zeit, in: Neese 1992/2005, Bd. 1, S. 290–313. (Ms. in: StAH, Nr. 1383).

WIPFLER 2003: Wipfler, Esther: »Corpus Christi« in Liturgie und Kunst der Zisterzienser des Mittelalters (= Vita regularis, Abhandlungen, 18), Münster 2003

WITKOWSKI 1993: Witkowski, Gudrun: Brandenburgische Lichtstöcke aus Ziegelton, in: Veröffentlichungen des Brandenburgischen Landesmuseums für Ur- und Frühgeschichte 27, 1993, S. 179–193.

WOLF 1988: Cadiner-Majolika, hg. v. Wolf, Margot, Gengenbach 1988.

ZÜHLSDORF 1994: Zühlsdorf, Dieter: Keramik-Marken Lexikon. Porzellan und Keramik Report 1885–1935 Europa (Festland), Stuttgart ²1994.

# Personenregister

Simon, Johannes (), Historiker   14, 22, 30.

Snethlage, Karl Wilhelm Moritz (1792–1871), Theologe   52

Söhngen, Oskar (1900–1983), Theologe, Vizepräsident der EKU   120

Sommerfeld, Emma von (†1905), Stiftsdame   84

Steineck, Erna (1905–1992), Diakonisse   115f.

Steinwehr, Henriette von (1768–1843), Äbtissin   57f., 61, 66

Stosch, Jutta von, (1890–1968), Stiftsdame   118, 128, 132

Stosch, Kathinka von Stosch, (1865–1944), Stiftsdame   88f.

Strack, Johann Heinrich (1805–1880), Architekt   77

Stüler, Friedrich August (1800–1865), Architekt   56, 77

Tiele-Winckler, Eva von (1866–1930), Diakonisse   114

Tippelskirch, Luise von (1837–1923), Stiftsdame   88f.

Tode, Alfred (1900–1996), Archäologe, Prähistoriker   128

Uslar, Rafael (1908–2003), Prähistoriker   128

Viktoria Luise, Prinzessin von Preußen (1892–1980)   98f.

Wagner, Friedelind (1918–1991), Stiftsschülerin   99

Wagner, Winifred (1897–1980), Festspielhausleiterin   99

Waldeck und Pyrmont, Bathildis von (1873–1962)   86

Waldeck, Elisabeth von   86

Waldemar, Markgraf von Brandenburg (1281–1319)   13

Wartenberg, Eva von (†1637), Domina   107

Wedel-Gödens, Roswitha von (im Stift 1942–44), Stiftsschülerin   102f.

Wegerer, C. von (tätig um 1890), Maler   82

Weinlöben, Johann (†1558), Kanzler, Visitator   34

Wentzel, Adelheid von (1828–1920), Äbtissin   82–84, 92

Wentzel, Wilhelm von (1791–1868), Generalleutnant   82

Werder, Renate von (1902–1952), Stiftsdame   118

Werthern, Ingeborg-Maria von (1913–1996), Pfarrerin, Äbtissin   88, 106f., 111, 116–118, 121f.

Weyl, Hans Hermann (* 1863), Maler   84f., 127f.

Wilhelm I., König von Preußen und deutscher Kaiser (1797–1888)   73, 79, 82

Wilhelm II., König von Preußen und deutscher Kaiser (1859–1941)   68, 81, 82, 84, 86–88, 90–92, 98

Winterfeld, David von († 1645), Stiftshauptmann   107

Winterfeldt, Hans Karl von (1707–1757), General   53

Winterfeldt, Henriette von (1710–1790), Äbtissin   13, 49, 53f., 57, 62

Wintzingerode, Gudela-Elisabeth von (1902–1946), Stiftsdame   106, 109, 113

Witzleben, Margarete von (1885–1967) Stiftsdame   118

Wulff, Edith (* 1932), Diakonisse, Oberin a.D.   115f.

Wulffen, Gertrud von (1884–1965), Stiftsdame   118

Wulffen, Martha von (1841–1907), Stiftsdame   88f., 94

Zeisig, Max (1867–1937), Maler, Fotograf   14, 18, 126f.

## Abbildungsnachweis

Kloster Stift zum Heiligengrabe
    S. 12f., 87 (links), 96, 103, 109f., 118f.;
    S. 80, 126 (Max Zeisig, Perleberg);
    S. 17, 32, 34, 40, 42, 44–48, 53, 55 (links), 58–60, 63, 68,
    71–74, 76, 78, 82–84, 87 (rechts), 89, 93f., 101 (links), 104,
    108, 115, 121, 123, 127 (Pierre Abboud, Berlin);
    S. 26, 51, 54, 67, 70, 86, 90f., 98, 101(rechts)f., 105, 128, 131
    (Hagen Immel, Potsdam)
Archiv Lukas Verlag, Berlin
    S. 20, 24, 27–30
Archiv der Autorin
    S. 19, 22, 23, 38, 55(rechts), 56, 57, 75, 85, 95, 107, 120, 129
Stiftung Diakonissenhaus »Friedenshort«, Heiligengrabe
    S. 114, 117
Stadt- und Regionalmuseum Perleberg
    S. 10, 14
BLDAM
    S. 124
BLHA
    S. 64

Reproduktionen
    S. 18, nach: Mitteilungen 8, 1925
    S. 31, nach: Mitteilungen 8, 1925
    S. 36, nach: RUPPRECHT 2005, S. 122/123

**Abbildung auf dem Umschlag**
Blanca [Agathe Adelheid] von der Hagen:
Einführung der Marie von Lancizolle zur Stiftsdame in der
Heiliggrabkapelle, 1862
Bleistift auf Pappe, aquarelliert
[Kat.-Nr. VI.10]

**Abbildungen auf den Kapitelvorsatzseiten**
S. 10    Fastentuch, Detail, 14. Jahrhundert [Kat.-Nr. I.4]
S. 20    Legendentafel mit Stifterwappen der Anna von Rohr,
         1532 [Kat.-Nr. II.9]
S. 32    Bronzegrapen, 16. Jahrhundert [Kat.-Nr. III.7]
S. 40    Barocke Christusfigur aus der Stiftskirche, 17. Jahrhun-
         dert [Kat.-Nr. IV.2]
S. 48    Stiftsorden »PAR GRACE« an gris de line-farbener
         Schärpe, 1740 [Kat.-Nr. V.6]
S. 64    Handschreiben König Friedrich Wilhelms IV. an
         Äbtissin von Schierstedt, 1849, fol. 2 [Kat.-Nr. VI.3]
S. 80    Äbtissin Adolphine von Rohr mit Äbtissinnenstab,
         vor 1910
S. 96    Stiftsschülerinnen, 1933
S. 110   Stiftsdamen mit Äbtissin von Werthern vor der Para-
         mentenwerkstatt, 1954 [Kat.-Nr. IX.10]
S. 124   Inventar des Heimatmuseums Heiligengrabe, Bd. III,
         fol. 32, 1939 [Kat.-Nr. X.8]